U0855050

本书编委会

编委会主任

王文举　刘　军

编委会副主任

何明珂　王佳宁

编委会成员

王文举　刘　军　何明珂　王佳宁

王成林　王可山　刘崇献

主编

王佳宁

编辑出版

中国大运河智库联盟秘书处

北京物资学院大运河研究院

编辑部

刘崇献　王君也　庄国波　刘晓峰　邹旭鑫　徐宇枢

REPORT OF CHINA GRAND CANAL THINK TANK

中国大运河智库报告

【第二卷】

八省市总体评估和大运河国家文化公园建设

王佳宁 主编

王文举 刘 军 编委会主任

GCTT 大运河智库

经济管理出版社
ECONOMY & MANAGEMENT PUBLISHING HOUSE

图书在版编目（CIP）数据

中国大运河智库报告．第二卷．八省市总体评估和大运河国家文化公园建设/王佳宁主编．—北京：经济管理出版社，2021.11
ISBN 978-7-5096-8268-5

Ⅰ.①中… Ⅱ.①王… Ⅲ.①大运河—流域—区域经济发展—研究报告②大运河—流域—社会发展—研究报告③大运河—文化—国家公园—建设—研究—浙江 Ⅳ.①F127②K928.42

中国版本图书馆CIP数据核字(2021)第232785号

责任编辑：胡　茜　杨　娜　姜玉满　詹　静　亢文琴
责任印制：黄章平
责任校对：张晓燕

出版发行：经济管理出版社
（北京市海淀区北蜂窝8号中雅大厦A座11层　100038）
网　　址：www.E-mp.com.cn
电　　话：(010) 51915602
印　　刷：北京虎彩文化传播有限公司
经　　销：新华书店
开　　本：720mm×1000mm/16
印　　张：21
字　　数：331千字
版　　次：2021年12月第1版　　2021年12月第1次印刷
书　　号：ISBN 978-7-5096-8268-5
定　　价：88.00元

·版权所有　翻印必究·
凡购本社图书，如有印装错误，由本社读者服务部负责调换。
联系地址：北京阜外月坛北小街2号
电话：(010) 68022974　　邮编：100836

目录

·大运河智库·智纲

·大运河智库·智识

·大运河智库·智思

·大运河智库·智策

·大运河智库·智鉴

·大运河智库·智远

· 大运河智库 · 智纲

智

1. 聪明。

《孟子 · 公孙丑下》："王自以为与周公孰仁且智？"

2. 智慧，智谋。

《淮南子 · 主术训》："众智之所为，则无不成也。"

《史记 · 项羽本纪》："汉王笑谢曰：'吾宁斗智，不能斗力。'"

纲

1. 网上的总绳。

《尚书 · 盘庚上》："若网在纲，有条而不紊。"

事务的总要。 如：大纲；总纲；纲举目张。

2. 行列。

鲍照《舞鹤赋》："离纲别赴，合绪相依。"

智纲，即大运河智库洞烛先机的"论纲""纲要"

中国大运河文化保护传承利用总报告：2019～2021年

中国大运河智库联盟调研组*

内容提要： 受国家发展改革委社会司委托，中国大运河智库联盟暨北京物资学院大运河研究院（以下简称大运河智库）负责《大运河文化保护传承利用规划纲要》和《大运河国家文化公园建设方案》（以下简称《大运河规划暨文化公园方案》）年度实施情况的评估工作。在实施进程中，大运河智库进行20余次实地调研和专题研讨，以规范分析和实证分析相结合的方式，选择合适的技术路线，抽样两个直辖市各两个核心区（北京的通州区、朝阳区，天津的武清区、西青区）、5个省各两个拓展区（江苏扬州市、淮安市，浙江嘉兴市、绍兴市，山东聊城市、枣庄市，河北沧州市、衡水市，安徽淮北市、宿州市），以及河南开封市，累计以15个地级市（区）为蓝本，做好《大运河规划暨文化公园方案》年度实施情况

---

* 调研组组长、总报告执笔：中国大运河智库联盟理事长、首席研究员王佳宁。调研组成员、专题报告执笔：中国大运河智库联盟大运河国家文化公园研究中心主任庄国波教授。大运河智库观察员：张佳彬副研究员、金巍副教授、陈昀教授，中国大运河智库联盟北京物资大运河研究院孙静副教授、白硕副研究员。

的评估。形成1项总报告、8项专题报告、1个评估指标汇总表和大运河智库系列专报。现按照总体评估、成效评估、影响评估、问题评估和对策建议五部分合成总报告，亦即《大运河规划暨文化公园方案》落实情况的评估结论和建议。

关键词： 大运河智库；大运河文化带；大运河生态带；大运河旅游带；六省两市大运河文化

一、总体评估

《大运河规划暨文化公园方案》是中央现有文化类政策类型中唯一能够对六省两市产生积极空间干预的政策手段。它不仅作用于空间差异的弥合、区域发展的协调，而且能够在促进优势区域加快崛起的过程中找到提高大运河文化保护传承利用的空间抓手。

（一）《大运河规划暨文化公园方案》协调发展凸显与中央政策的契合性：高度衔接，深度融汇

《大运河规划暨文化公园方案》是贯彻落实五大发展理念的具体体现。《大运河规划暨文化公园方案》高度衔接、深度融汇了京津冀协同发展、长江经济带发展、长三角区域一体化发展以及黄河流域生态保护和高质量发展四个区域重大发展战略。

（二）《大运河规划暨文化公园方案》因应区域政策的空间性：统一布局，分类指导

《大运河规划暨文化公园方案》延伸的“四梁八柱”架构，以及《大运河规划暨文化公园方案》呈现的核心区、拓展区和辐射区梯次，体现了统一布局和分类指导。

（三）《大运河规划暨文化公园方案》匹配相对开放性：服从整体，合作多赢

为了疏解北京非首都功能而展现的以运河商务区建设为轴心的北京城市副中心建设，以及在京津冀协同发展战略框架下“通武廊”水系和岸线的联合治理，体现了服从整体和合作多赢。

（四）《大运河规划暨文化公园方案》表征利益主体性：局部干预，上下协同

《大运河规划暨文化公园方案》是以缩小差距和打造文化带、生态带、旅游带为目标进行的局部干预。同时，也是“多元主体、上下协调”的公共干预。

二、成效评估

（一）《大运河规划暨文化公园方案》的落实已成为促进内循环有效需求的“资源库”

目前，大运河山东济宁以南段有近 900 千米航道仍处于正常通航状态，运河的航运、水利及生态调节功能仍在发挥积极作用。无论是从遗产保护还是从大运河功能发挥、更好地满足民生物质文化需求的角度，围绕大运河文化带建设都可以规划设计大量可行的建设项目，大运河文化带可以为增加有效需求提供丰富资源。

（二）《大运河规划暨文化公园方案》的推进已成为供给侧结构性改革的“竞技场”

大运河沿线区域不仅是我国经济较为发达、文化较为繁荣的区域之一，而且产业基础好、高科技企业众多。浙江、江苏等沿海省份在深入实施创新驱动发展战略，推进科技创新、产业创新、业态创新等领域已经取得积极进展，对于沿线其他省市具有良好的示范效应。大运河沿线区域发挥自身优势，推进文化遗产“活化”、科技与文化产业融合，提升文化产品服务质量，有助于形成文化带内部相互竞争的积极态势。

（三）《大运河规划暨文化公园方案》的执行已成为统一市场的“试金石”

大运河文化带是跨区域线性文化带，文化带建设成效与区域制度环境及统一市场建设密切相关。大运河沿线地区是我国市场化发展较为成熟、营商环境评价较好的地区，文化带的基础设施互联互通，要素流、商品流、信息流的畅通与否可以成为检验统一市场建设进展的重要标志。

（四）《大运河规划暨文化公园方案》的展望已成为推动文明交融的“方向标”

大运河文化带是黄河文化与长江文化、中华文明与西方文明的重要交会地，是展示中华文明的重要地标与国家名片。大运河文化保护传承利用，对内能够凝聚人心、实现国家认同，对外可以传播中国形象、展示中华文明，是推动文明互鉴的重要平台，可以为推动全球治理体系改革，建设“人类命运共同体”提供坚定信心和强大动力。

三、影响评估

（一）对拓展区政府与核心区政府关系的影响

核心区渐次减少了对拓展区的依赖，这在浙东运河沿线较为明显。而江苏、河北两省的大多数拓展区将选择性支持核心区及至相关小城镇。

（二）对拓展区政府之间的横向关系影响

拓展区政府之间延续同质化竞争，这在京杭大运河沿线表现得较为明显，整体效能有待提升。

四、问题评估

（一）管理主体不一，内容冲突较多

现行的各类空间规划是由不同部门按照职能分工、行业特点和专业优

势，从不同层次、不同角度组织制定的。因目前尚无统一的管理部门和高层次协调机构，各类规划在涉及空间开发基本思路、开发重点、调控目标、总体布局等重大原则问题上难免产生偏差、歧义甚至矛盾。

（二）体系建设滞后，实际效能不高

中央虽明确提出建立空间规划体系的要求，但对空间规划的基本内涵，空间规划体系应包含的规划类型、层次结构、功能分工、协调方式、编制时序等均未做出明确规定。大运河各类空间规划仍处于相对独立的并行状态，规划之间的层次关系不清晰，规划期限、重点内容、统计口径、分类标准、技术方法等方面存在明显的对接障碍，这导致空间规划难以有效发挥空间管制与调控作用。

（三）重视程度有别，进度参差不齐

从近三年各省份及核心区政府工作报告中提到的大运河、大运河国家文化公园的频次以及相关词条可以看出，大运河文化带建设在省际及省内各地级市（区）间的推动力度、功能定位、建设进展有所不同。此外，政府主办的展览、活动、赛事以及政府投资的重点项目、工程数量及力度也有所不同。

（四）“保护”工作艰巨，治理方略不优

1. 遗产保护难度大，遗迹保护、修复与利用面临挑战

河南段、安徽段部分河段故道淤没地下，一些“非遗”项目后继乏人、经费短缺、缺乏展示平台。

2. 生态修复任务艰巨，对环境治理提出更高要求

例如，开封水环境质量欠佳、运河故道水生态修复任务艰巨；安徽淮北、宿州部分城乡经济发展挤占河湖生态空间，而运河是仍在使用的活态文化遗产，加之这两个地方又是采矿区、炼焦区等，大运河文化遗产保护与能源、交通、水利等经济发展之间势必存在难以调和的矛盾。

3. 遗产保护与发展建设仍然存在矛盾，社会经济功能开发不足

例如，大运河河北段不通航，南运河的沧州城区段基本常年有水，而南

运河的有些河段则断流。多段运河古道被割裂，形成断头；个别河段水量稀少，水质也较差，有污染现象；有些水利设施和水利工程老化，没有发挥应有作用，休闲观光等社会功能也未能完全实现。

（五）协同机制缺失，联合管控较难

1. 关于承载航运河段，尚未建立跨行政区联合监管机制

例如，大运河江苏段尚未实现对水资源、水环境、水生态、交通、岸线管理、堤防养护等涉水事项的统一长效管理。管护机制缺乏有效合力，既缺乏水利部门与其他行业、部门的协同管理机制，也未建立区域间协调管理机制，职能交叉、分工不明确、规划不衔接、地方各自为政等现象依然存在。各行业管理能力也存在不平衡，水利部门在对苏南运河管护的人员力量、基础设施、经费保障等方面尚无法满足管理需求，区域之间管理能力不平衡，缺少统一的协商机制；综合监测能力尚未整合到位，监测手段和方法较传统。

2. 关于观光旅游河段，缺少跨地区协同合作机制

京杭大运河黄河以北主要按照遗产保护的相关要求，结合水资源条件，科学实施必要的航道疏浚、边坡护岸处理、碍航设施改造等，以推动北京通州段、天津段、雄安新区白洋淀—南运河段、河北段优先实现旅游通航，但未见跨京、津、冀三省份的通航。

（六）文化挖掘不足，经济功能被忽视

1. 对大运河文化的挖掘、研究、阐释与利用有待深化

目前，大运河承载的文化价值和精神内涵挖掘不够，大运河的文化脉络和历史内涵尚未厘清，遗产活态传承载体和传播渠道有限，不利于大运河文化的创造性转化和创新性发展。

2. 地方文化特色与大运河文化要素的结合不充分

大运河文化遗产作为开封宋文化 IP 核心构成的作用发挥不足；大运河西青段特色优势尚未全面彰显，运河文化开发不平衡。大运河江苏段沿线文化历来兼容并蓄、多元交融，但该段运河的文化脉络和历史内涵、承载的文化价值和精神内涵尚未厘清、挖掘不够，遗产活态传承保护宣传不足。

3. 大运河文化要素嵌入当地文创产业程度有待提升

大运河沿线文化产业相对发达，但是基于自身优势的文化创意产业定位有待明确和优化，对于大运河相关文化产品的开发、服务拓展等进展不明显。如北京作为全国文化中心，其文化产业基础较好，但对大运河文化要素缺乏嵌入式开发。通州区拥有宋庄文化创意产业园，但未能将“大运河文化”嵌入所在的产业集群中，从而未能在发展中形成一种大运河文化与文创产业共生现象。

（七）法理地位不清，制度保障欠缺

落实《大运河规划暨文化公园方案》主要是依据中办〔2019〕10 号和 44 号文件推进相关工作，缺乏明确的法律保障，难以对其他空间规划发挥基础约束作用。此外，现有法律法规未对各类空间规划的功能定位、主体内容、相互关系以及监督程序等做出明确规定，各类空间规划间的法律关系模糊。

五、对策建议

（一）将《大运河规划暨文化公园方案》从政策性文件上升为全国性法规或各自出台地方性法规

为防止不同功能区之间、同一功能区的不同行政区之间出现重复建设和同质化竞争的情况，以及可能出现的辐射区、拓展区和核心区三个层面各自的利益掣肘，切实保障《大运河规划暨文化公园方案》的实施，保持《大运河规划暨文化公园方案》的一贯性和连续性，防止政策因人事调整而出现大的变化，有必要对《大运河规划暨文化公园方案》的实施进行立法，通过法制化的手段来规范和约束地方政府行为。鉴于现有的《中华人民共和国土地管理法》和《中华人民共和国城乡规划法》尚不能涵盖和配套《大运河规划暨文化公园方案》，建议通过立法解决。通过地方性法规对主体功能区规划目标的确立、区域类型的划分、规划实施过程的监管以及规划实施效果的考评等进一步加以明确。建议省级政府尽快制定大运河保护办法，整合各类执法资源，强化执法力量建设，建立健全大运河文化带，建设联合执法、

综合执法机制，依法及时查处各类违法事件。在国家和省级政府指导意见下，以及上位立法的基础上，地方人大通过“小切口”立法，制定本地大运河文化带保护迫切需要的专项法规，以符合当地大运河文化带保护传承利用的目标和定位。

（二）加强战略衔接，把大运河文化保护传承利用等重要决策部署融入京津冀协同发展、长江经济带发展、长三角一体化发展、黄河流域生态保护和高质量发展的国家战略

深入挖掘大运河对所在城市建设发展的影响，深入阐释核心区所在城市与大运河兴建发展的逻辑关系，厘清战略衔接的背景与基础。优化遗产资源利用，推动大运河文化遗产保护与城市文化遗迹保护及新城发展的相互支撑、协调发展。从政策层级维度来看，省级层面要抓好规划引领和工作统筹，加强与大运河沿线省、市的工作沟通联系，加强省内沿线市（区）的工作统筹，相关部门要明确各自责任和分工；从政策主体维度来看，要保护好、传承好、利用好大运河文化历史资源，大运河相关政策主导部门和政策参与部门要找准问题切入点，协同精准发力；从政策工具维度来看，综合使用市场化工具如合同外包、分权与权力下放、产权交易等，工商管理技术如战略管理、绩效管理、顾客导向、全面质量管理等，以及社会化手段如志愿者服务、公众参与或听证会制度等方式。

（三）科技创新与信息技术为大运河相关文化服务与产品升级提供新的支撑，建设大运河文化带管理与推广云平台

走“互联网＋大运河”的信息化提升之路。在管理方面，利用物联网技术监测运河水质及岸线违法施工情况；借助无人机航拍、卫星图像对比和无人艇巡检，巡查运河沿线古迹和河道生态等；在景区布设二维码，提供导游服务的同时，对游客分布和流动进行统计和预测，为决策提供依据；对码头、仓储、船舶和待运货物进行智能化匹配，打造运河智慧物流平台等。在推广方面，设计开发统一的大运河形象视觉识别系统，并广泛应用于实体及虚拟空间的宣传；建设与开发集线上线下、河面陆上于一体的体验型文化场馆综合体，重塑公众对大运河文化的信息感知、传播、获取、利用新体系；

提取并整合海量的运河人文、地理、旅游、生态数据，用多媒体方式记录大运河文化带的发展历程；利用信息化技术培育新型大运河文化业态和文化消费模式，以高质量大运河文化供给增强人们对大运河文化的获得感。

（四）深入挖掘大运河文化内涵，推进大运河文化活动整合与景观文化建设，提升民众休闲娱乐服务品质

“十四五”规划更加关注人民群众获得感、幸福感、安全感，深刻反映了党中央在新的历史起点上对怎样更好地满足人民期待做出的时代回应。通过一系列河道治理、环境整治工程，大大增强了周边群众的获得感；以大运河文化带为抓手优化城市空间，贯通健康休闲绿道，提升部分河段游船航道品质，人民幸福感提升日渐显现。建议形成大运河主题系列活动、培育大运河活动品牌，鼓励公民个体参与活动、提交实物及影像资料；提倡企业以技术支持、项目投入、资金支持等方式参与环境治理、遗产保护、文旅开发等；鼓励社会组织以公益活动、第三方评估等方式宣传推广、参与社会治理等；以群众文化活动为平台，引领社会组织打造运河文化月、申遗纪念周等公共文化活动平台，引导社会组织参与文化产品和服务的提供，并设计大运河文化进校园的项目，推动社会各主体的多元参与。扩大大运河文化的社会影响，促进文旅消费升温，不断提升人民获得感、幸福感与安全感。

（五）加强组织与制度保障，完善政策支持体系，促进大运河文化遗产创新创业与文化产业高质量发展

首先，加大文化创新创业政策支撑，完善文化创新创业政策。对大运河文化遗产所在区域进行适应性文化改造，完善运河文化遗产与沿线古城建筑、景观设计，改造升级文化产业园区，吸引创业者与文创企业，推动地方文化产业集群集聚发展。其次，出台鼓励文化消费的政策措施，调动社会公众文化消费的积极性。从降低成本、文化惠民、时间保障、支付便利等环节，提出消费优惠、带薪休假等可行举措，发挥撬动作用，推动解决“愿消费”的问题。最后，加大文化遗产创新创业扶持力度，降低文化产业准入门槛。重视文化遗产创业项目培育孵化，帮助创业企业拓展资金来源渠道。

（六）将河岸整治、生态修复、堤坝加固等工程列入国家、省重点建设工程，设立大运河文化基金以提高文化软实力，加大资金支持力度

大运河流经区域河岸整治、生态修复任务十分艰巨，建议积极争取将河岸整治、生态修复、堤坝加固等工程列入国家、省重点建设工程，加大资金支持力度。建议在拓展区、核心区选择性设立市（区）级大运河文化旅游基金，作为财政资金预算长期战略性政府投资基金，按照市（区）政府引导、骨干企业参与、多元投入的运行原则，对大运河文创产品开发、文化服务出口、文旅项目策划等给予金融支持，在已有的政策推动下，引导文化市场主体、广大社会力量参与大运河相关工程与项目之中。

（七）《大运河规划暨文化公园方案》的空间尺度需不断细化

一方面立足于区域发展总体战略奠定的基本格局，另一方面要反映各地区域政策精准化发展的方向，使区域管理和调控更有针对性，以有效地避免区域政策“一刀切”和政策“泛化”的弊端，更好地体现出区域政策分类指导和差异化的原则。

（八）《大运河规划暨文化公园方案》需注重体制改革联动，允许率先“试水”

拓展区层面的体制改革应及早实现区县联动，如扬州、淮安已经单列事业性质的机构。应鼓励区位条件有优势、资源禀赋有潜力的核心区率先探索。

（九）《大运河规划暨文化公园方案》的调整应更加兼顾不同功能区域的拓展区诉求

建议兼顾拓展区利益诉求，调动地方贯彻落实《大运河规划暨文化公园方案》的积极性。具体细化政策和规划由拓展区和核心区制定和提出，交由辐射区政府批准。辐射区政府在政策制定过程中发挥审批和监督作用，保证中央、辐射区战略意图得到很好的落实。

（十）《大运河规划暨文化公园方案》应加快产业转型升级

一是发展智慧产业，包括技术服务、创意产业、互联网产业；二是建设智慧城市，提高全流域的数据化建设水平；三是积极促进投资领域转型，加大对公共服务领域的投资；四是重视发展以养生、养颜、养老为主体的健康产业；五是发展以观光农业、采摘农业、体验农业为代表的绿色产业。

（十一）组建决策咨询机构，借力新型社会智库助推拓展区现代服务业发展

鉴于政府机构和人员的有限理性，借力新型社会智库可不失为一个明智之举。新型社会智库不同于官方智库，与官方智库相比，新型社会智库的独立性和自主性更强，因而更能谋划出适应现代服务业自身发展规律的科学化举措。具体来讲，拓展区政府可以采取项目竞标或者委托的方式，让新型社会智库参与研究现代服务业发展的中长期规划和政策措施，委托其进行基础数据的调查，对政策措施的实施效果进行总体评估或专项评估。

（十二）注重政策体系、机制、协调，使《大运河规划暨文化公园方案》的落实规范化、市场化和长效化

一是推进政策体系化、规范化。一方面，应当将区域发展总体战略和主体功能区战略有机结合以指导区域发展宏观布局，综合新区、改革试验区建设和区域规划等政策并配合产业政策、财政政策和金融政策等手段形成完备的区域政策体系；另一方面，合理划分区域政策调控的空间尺度，实现区域政策调控空间的精细化和规范化。二是政策机制市场化、多元化有待拓展。《大运河规划暨文化公园方案》的制定在体现中央战略意图的同时，应更加关注地方自主性的发挥，引入地方政府、企业和社会团体等多元主体参与政策的研究制定，调动各类主体的积极性以保障区域政策的有效落实。同时，应更加依赖地方自主发展和市场机制实现区域经济有序健康发展。三是政策协调机制化、长效化有待跟进。一方面，应当设立协调区域关系的领导机构，从组织上推动区域矛盾的解决；另一方面，建立长效化的区域协调机制，尤其是区域利益共享和补偿机制，并采取有效手段保障区域协调成果的落实。

（十三）创新实施机制，保障《大运河规划暨文化公园方案》发展目标的实现

参考发达国家推进空间规划实施的成功经验，探索由中央财政建立区域发展基金，形成完善的资金保障体系。围绕生态文明建设，创新完善财政、土地、人口、环保等配套政策，推进完善《大运河规划暨文化公园方案》中国土空间开发保护制度，建立空间规划实施的长效机制，切实保证规划目标和任务的落实。积极引进第三方评估，确保规划实施效果评价的客观公正性。

（十四）改进媒体报道方式，使《大运河规划暨文化公园方案》的国内外宣传张弛有度

《大运河规划暨文化公园方案》落实情况的媒体报道涉及决策背景、决策方式、经济因素、社会因素、文化因素等诸多方面，应注重深度，避免表态式、“蜻蜓点水”式报道，注重在国际上讲好中国大运河故事，在国内体现公众对大运河文化保护传承利用的认同。

专题报告一：
京杭大运河北京通州区和朝阳区评估报告

2017年2月24日，习近平总书记在视察北京大运河森林公园时强调，保护大运河是运河沿线所有地区的共同责任，北京要积极发挥示范作用。2017年7月，北京市委书记蔡奇在就大运河文化带保护利用调研时指出，传承保护好大运河文化带，是中华文明传承延续的一件大事、好事。北京作为全国文化中心，责无旁贷，应当做出应有贡献，起到带头示范作用。大运河北京段全长82千米，横跨昌平、海淀、西城、东城、朝阳、通州六区，沿线文物等级高、分布密集、时代跨度长、类型丰富，既是明清北京城连接西北部园林的纽带，也是古代中国连接南北方的大动脉，现在还是连接北京中心城区与副中心的项链，地位重要。

北京大运河文化带核心区包括通州区与朝阳区，大运河智库针对《大运河规划暨文化公园方案》中涉及的原则、定位、布局、目标及保护传承利用的要求、重大工程等，评估如下：

一、通州区大运河文化带建设亮点与问题

通州段是中国大运河最北方的河段——通惠河的端点段落，是通惠河在北京通州境内的一段河道，是通惠河与北运河交接的重要河段，始建于13世纪末（元代初期），西起永通桥，向东至通州北关闸汇入北运河，长约5

千米。通州是京杭大运河孕育的一座历史名镇，是大运河北端的璀璨明珠，称京门，水陆要会，为都城之左辅雄藩，经济命脉，为首都建设、繁荣、稳定发挥了重要作用。

（一）建设亮点

北京通州位于千年大运河北首，《通州区大运河文化带保护建设规划》《通州区大运河文化带保护建设三年行动计划（2020 年—2022 年）》提出，承载千年历史的大运河通州段将在 2022 年基本建成城市副中心的“黄金水道”和“城市名片”，到 2025 年将再现大运河北首盛景。在空间布局方面，规划提出了“一河、三区、多点”的发展格局。按照世界文化遗产保护要求，加强对大运河古桥、古闸、古坝、古码头的保护和再利用。其中包括对路县故城、通州古城、张家湾古镇进行整体保护和利用，打造城市副中心的大运河文化标识区。

1. 多规融合，推进文化遗产保护传承与城乡统筹发展

通州区在文化遗产系统保护上举措颇多，包括开启重要文物的保护和修缮工程扎实推进等；在文物修复与保护上，北京市要求站在中华文明传承高度，对大运河沿线古桥、古闸、古码头、古仓库和古建筑遗迹进行保护利用，在建设中对丰富的历史文化遗产严加保护，深入挖掘和保护大运河文化底蕴，谋划建设大运河源头遗址公园等，突出整体保护、全面保护、古今交融的理念，使大运河历史风貌有序恢复，同时也促进了历史文化创造性转化和创新性发展。《通州区“三庙一塔”景区及周边区域规划方案》《通州区大运河文化带保护建设规划》《通州区大运河文化带保护建设三年行动计划（2020 年—2022 年）》等先后出台，体现了北京市通州区在文化遗产保护、文化内涵挖掘方面与城乡统筹发展方面的多规融合，以及大运河文化带的保护、传承、利用的统筹协调。

案例：2018 年，通州古城核心区保护已形成《通州区“三庙一塔”景区及周边区域规划方案》，并启动了古城核心区、张家湾古镇、桥闸码头总体保护等相关规划编制。北京市通州区“三庙一塔”景区拥有深厚的

历史文化，曾是通州和大运河1400余年不变的地标，见证了大运河和漕运的兴衰。随着北京城市副中心的建设，如今的“三庙一塔”景区虽已不再是通州航标，但它仍然是历史变迁的见证和通州重要的文物景观，连同其周边历史遗迹，承载着大运河浓厚的人文气息。借助北京城市副中心建设的良好契机，以空间复兴为主题，在“城市复兴”理念的指导下，以城市设计的手法对“三庙一塔”及周边片区进行整体风貌提升、文化氛围重塑、功能植入、城市修补，塑造大运河文化标志节点。《通州区大运河文化带保护建设规划》《通州区大运河文化带保护建设三年行动计划（2020年—2022年）》中提出，在空间布局方面，要形成“一河、三区、多点”的发展格局。“一河”即以大运河河道及两侧为大运河文化带规划主体部分。“三区”即运河水城展示区、运河文旅体验区和运河生态观光区。“多点”即时代文化创新点，主要包括宋庄艺术创意小城镇、台湖演艺小城镇、张家湾设计小镇、环球影城主题公园等；历史遗产传承点，主要包括通州古城、路县故城、漷县古城、张家湾古镇等；休闲文化体验点，主要包括一批特色古村落等。对路县故城、通州古城、张家湾古镇进行整体保护和利用，打造城市副中心的大运河文化标识区。开展路县故城遗址考古发掘，并进行原址整体保护，建设汉代路县故城遗址博物馆和路县故城考古遗址公园。通州古城将勾勒出由通州古城墙、古城门和护城河等构成的历史风貌。张家湾古镇将在加强考古调查勘探和发掘的基础上，保护性开发运河码头、运河河道，保护琉球国人墓地、城墙遗迹、大运河古道等漕运遗址，恢复通运桥、善人桥及下码头等。

2. 齐抓共管，生态环境治理与历史水系保护平行推进

通州区充分发挥北运河对首都城市副中心防洪排涝的重要作用，把河湖治污作为水环境建设的主要抓手，开启了多项河道治理专项工程，大运河北京段生态环境持续改善。游船通航是运河水系环境提升的重要标志。2019年10月，通州区城市副中心段通航11.4千米，并开始完成夜间照明工程，使大运河两岸景观整体规划、打造高品质生态景观廊道向前推进一大步。随着北运河通州段综合治理工程的实施，预计2021年北运河通州段40千米河道

将实现全线通航。另外，通惠河通州段综合治理工程正在推进，未来也将实现游船通航。通州区还结合南长河公园、西海子公园等生态建设，构建大尺度绿色开放空间，更好服务群众休闲游憩，实现了生态环境治理与历史水系保护平行推进的效果。

案例：关于通州北运河综合治理的施工方案、技术方案、景观设计方案等，北京市与河北省、天津市也进行了充分沟通，确保运河治理在整体水平上保持一致。2019 年实现通航的北运河通州城区段，11.4 千米河道两侧绿树成荫、林海延绵、水鸟云集的景观给游客留下了深刻印象。正在治理的城区下游段，景观设计也颇为精心，并且更加凸显自然之趣。距离市界不远的杨洼闸是 2021 年通航段的终点，此处河道宽 140 米，蔚蓝的水面分别向上游和下游延伸，与两岸林带相映衬，看起来磅礴大气。不仅水鸟逐年增多，运河里的水生动物族群也渐渐庞大起来。在计划 2021 年通航的甘棠闸至杨洼闸段，还将打造两大景区，分别是“绿道花谷”和“延芳画廊”。其中，“绿道花谷”利用榆林庄闸、杨洼闸等形成水面，建设集防洪、水质净化、生态景观功能为一体的湿地公园。“延芳画廊”通过延芳湿地公园建设，带动周边大片林地的发展，形成自然优雅的景观带。运河沿岸还将建设慢行道、休息区、观景区、休闲娱乐区等服务设施。利用此前的河堤路、巡河路，打造集骑行、步行等功能为一体的慢行系统，让游客有的看、有的玩，能在运河边停驻下来。通航工程是北运河通州段综合治理工程的一部分。此外，运河治理涉及京津冀三地，位于上游的北运河（通州段）在综合治理上也离不开下游河北省和天津市的配合、协助。例如，这次河道清淤，就与河北省进行了多次沟通，对方将下游的曹甸橡胶坝落坝后，大大降低了上游水位，从而有利于上游河道综合治理的开展。整个综合治理预计在 2022 年完工，北运河通州段未来将形成能自我修复的生态环境，河道水质会得到有效净化，逐步形成排洪通畅、岸线自然、水清岸绿、人水和谐的河流生态系统。

3. 资源整合，创建集多功能于一体的5A级文旅综合景区

2017年，通州区启动大运河5A级景区建设，整合周边景点，策划沿河两岸新兴旅游项目，把运河作为通州旅游产品的重要识别要素，形成大运河旅游风景区，打造具有地域特色的通州大运河旅游品牌。因此，将整合“三庙一塔”、西海子公园、大运河森林公园等文旅资源。2019年10月，北运河城市副中心段游船通航，推出了三条游船旅游线路和一条夜游线路。下一步，北京市将继续开展河道整治、景观改造、船闸码头建设和桥梁过河设施改建等，实现北运河全线游船通航和潮白河、通惠河部分河段通航。通过完善服务设施，拓展体验性、互动性的特色文化内容，打造集休闲、度假、体验、购物于一体的景区。

案例：为深入贯彻落实将大运河保护好、传承好、利用好的重要指示精神，按照北京市委市政府推进大运河文化带建设的有关要求，通州区政府确定创建北京（通州）大运河文化旅游景区为国家5A级旅游景区，这标志着创建工作进入实质性推进阶段。通过协调推进北京（通州）大运河文化旅游景区水上游线联通工作，实现以水串联大运河森林公园、运河公园、“三庙一塔”景区三大核心景区，形成有节点、有联系、有特色的运河旅游文化带。辐射范围涉及绿心、环球主题公园、路县故城、通州古城、张家湾古镇、西海子公园。在项目推进过程中，落地实施一批符合国家5A级景区标准的旅游项目、文化展示、文化展览、演艺产品和国际活动等，力求在打造大运河文化旅游品牌的同时，深度挖掘运河文化影响力与创造力。“‘万舟骈集’是过去的通州八景之一。在漕运繁盛的时候，从南方来的运粮船浩浩荡荡聚集在运河北端，这浩大的场景在运河沿线其他城市都不会出现，只有在通州。”通州区文旅局相关负责人介绍。在5A级景区创建中，拟通过“千帆船市”这一项目，再现当年“万舟骈集”的盛景。所谓“千帆船市”，就是在运河畔停泊若干艘体现运河沿线城市风情特色的船只，每一艘船就是一座运河沿线城市的缩影，各有各的特色造型。船上售卖当地的土特产品、工艺品、美食等，甚至还有代表当地文化特色的演出。游客每登上一艘船，就能体验一座运河沿线城市的文化风情。

此后，通州大运河文化旅游景区将全面整合运河沿线文化旅游资源，实现以水串联“三庙一塔”、运河公园、大运河森林公园三大核心景区，形成有节点、有联系、有特色的运河旅游文化带。就中长期而言，景区将以“环球影城”为一基点，“大运河”为一长廊，有机串联运河商务区（大型休闲购物中心）、时尚文化创新点（宋庄艺术小镇、台湖演艺小镇、张家湾设计小镇）、历史遗产传承点（通州古城、路县故城、漷县古城、张家湾漕运古镇）、休闲文化体验点（西集生态休闲小镇、儒林村等一批特色古村落）等，形成“现代时尚文明＋古老文化遗产”的两翼空间格局；充分发挥环球影城的外溢效应，在未来5～10年，将城市副中心打造为全球知名的国际旅游目的地。此外，2020年9月，位于通州台湖镇双益发文创园的萧太后河文化馆完成装修，400余平方米的面积内，1000余件民间收藏品在这里以公益展的形式面向公众展出。人们可在这里通过静态展陈、纪录片等多种形式了解萧太后河的历史变迁过程、治理情况，以及相关的故事传说。

4. 深挖历史，大运河宣讲团走进村镇居民的日常生活

在推进大运河文化带建设过程中，通州区组建了大运河文化宣讲团，以时间为线，穿越古今，通过对大运河历史的变迁及大运河流经通州这片热土所带来的人、事、物的讲述，凝聚共识，把文化转化为时代的力量，全力推进北京城市副中心建设。通州区大运河文化宣讲团为本地居民提供了了解运河文化的机会，在传承和发扬运河文化、运河精神的同时，增强了当地居民文化自信、民族自信的信念，进一步为“生态台湖演艺小镇”建设、北京城市副中心建设助力。

案例：2019年7月30日下午，通州区举办2019年大运河文化宣讲团首场巡回宣讲，来自不同单位、不同岗位的十位宣讲员从不同角度，层层递进，讲述自己和运河之间的故事，深入介绍了大运河的历史地位和价值。这次宣讲活动包括《中国大运河的世界之最》《非遗匠人运河情》《地名背后的漕运故事》《通州的红色“火种”》《舌尖上的“通州味儿”》《一个农民的文学梦》《咱的大运河又美了》《相约未来之城》8个主题演讲。通州区“非遗”传承人、大运河研究会专家、运河畔的村民和基层工

作者等10位宣讲员，讲述了自己和大运河之间的故事，介绍了大运河的历史地位和价值。据了解，该项工作自2018年10月启动，工作团队邀请了通州相关知名专家学者、文化名人对宣讲的内容进行指导，并深入西集、漷县、张家湾等运河古镇及文化历史场馆，对相关人物进行了采访，翻阅了各类历史文献资料，最终确定了宣讲主题。

为传承运河文化，弘扬运河精神，让更多的人了解运河文化、喜爱运河文化，2019年8月26日，台湖镇宣传部邀请了通州区大运河文化宣讲团为全镇各村（社区）村民、机关工作人员宣讲运河故事，近200人参加此次活动。接下来，通州区大运河文化宣讲团将深入全区各街乡、各单位，深入村、社区、学校，开展巡回宣讲，让更多的通州人感受运河文化，喜欢运河文化，传承运河文化。

（二）存在问题

1. 多规并举力度不足，需加快规划暨国家文化公园的统筹推进

北京市通州区以项目化思路推动各项工作，取得了显著的成就，但在统筹大运河文化带与国家文化公园建设方面的进展并不明显。应该充分利用已有自然、文化、历史等资源，有序推进大运河文化公园在运河文化展示区、运河生态景观区和疏解整治提升区的建设，演绎出漕运、水工、盐业、工商等各具特色文化形态，将大运河沿线传统文化、革命文化和社会主义先进文化有效贯通。

2. 文化要素未嵌入产业集群，需推进大运河相关文化产业发展

北京作为全国文化中心，文化产业基础较好。通州区拥有宋庄文化创意产业园，可以通过嵌入式开发，即在确保和谐发展的前提下，将大运河文化嵌入所在的产业集群中，在发展中形成一种大运河文化与文创产业共生现象，为文创产业提供全新的大运河文化要素，同时也为大运河文化的产品化、产业化提供实体依托。

二、朝阳区大运河文化带建设亮点与问题

大运河文化带北京段在朝阳包括通惠河、萧太后河，以及坝河三大水系。朝阳区积极开展河道沿线的疏解整治促提升工作，围绕大运河文化带建设，结合中小河道治理，大力推动河道两侧滨水绿色空间的景观提升，打造色彩丰富、体现朝阳区历史文化与记忆的城市滨水景观。

（一）建设亮点

朝阳区依托大运河文化带的文化价值，打造朝阳段特色文化、旅游的集合型资源，创造国内外解读中华历史的新窗口，为中心城区极大地开拓了各类创新资源。城市建设在传承历史文化的背景下发展，同时与现代化经济体系相互促进，将成为构建美好社会的夯实力量，对促进人文发展有着非凡的历史意义。

1. 科学布局，以大运河建设促进城市更新

营城建城之务任重而道远，朝阳区统筹大运河两岸公共空间、城市功能、交通组织和滨水景观，建设一条蓝绿交织的文化带、生态带与旅游带。通过创新发展轴缝合城市功能，结合现状六环路入地改造建设六环公园，打造一份独特的城市遗产，有效织补城市空间，引导两侧城市功能互动发展和创新功能集聚；在“一带、一轴”交会处规划建设城市绿心，高水平建设一批现代化公共文化设施，形成市民活力中心。在大运河文化带朝阳段保护建设上，将充分把握朝阳作为首都核心区和城市副中心连接轴的区位特点，以大运河为纽带，挖掘大运河历史文化底蕴，串联人文和生态景观。

案例： 近年来，朝阳区一直坚持推进大运河文化带保护建设，恢复古都历史风貌，传承大运河历史文化。朝阳区大运河文化带建设秉承着顺应自然规律、遵循中华传统的原则，构建清新明亮的多组团集约紧凑发展的生态城市布局，形成“一带、一轴、多组团”的城市空间结构，对丰富生城市布局，发展生产、生活、生态三大空间无疑起着积极作用。通过创

新发展轴缝合城市功能，结合现状六环路入地改造建设六环公园，打造一份独特的城市遗产，有效织补城市空间，引导两侧城市功能互动发展和创新功能集聚。例如，作为通惠河畔的重要历史景观，神木厂历史景观的修复建设已初步成型。按照设计，这处历史景观的修复建设主要分为三大部分，包括在神木厂遗址建设神木保护廊房，并在廊房西侧建设《神木谣》碑御碑亭，南侧建设皇木博物馆，展示金丝楠木和大运河漕运等有关历史文化。平津闸和永通桥的修复工作也即将动工，恢复古闸口和古桥风貌，两处遗址修缮后，都将为市民了解漕运历史文化提供佐证。

2. 相辅相成，以河道治理工程促进老城内历史水系保护

朝阳区积极开展河道沿线的疏解整治促提升工作，围绕大运河文化带建设，结合中小河道治理，大力推动河道两侧滨水绿色空间的景观提升，打造色彩丰富、体现朝阳区历史文化与记忆的城市滨水景观。按照《朝阳分区规划（国土空间规划2017年—2035年）》，朝阳区将着力打造“一纵四横，河网交织，湖泊湿地星罗棋布”蓝网系统，依托朝阳区蓝网水系，活力亲水、舒适宜人的一流城市滨水休闲空间将不断满足市民群众日益增长的休闲游憩需求。营城建城之务任重而道远，朝阳区统筹大运河两岸公共空间、城市功能、交通组织和滨水景观，能够为朝阳区建设一条蓝绿交织的生态文明带。朝阳区把河湖治污作为水环境建设的主要抓手，开启了多项河道治理专项工程，聚焦通惠河、萧太后河等开展综合治理，加强老城内历史水系保护，研究制定古河道恢复和景观设计方案。

案例：2020年7月，朝阳区坝河滨水空间一期（使馆区示范段）工程获区发改委批复立项。该工程的实施不仅能提升第四使馆区周边环境品质，而且能为坝河后期治理工作提供经验与示范作用。坝河起点为东直门，终点入温榆河，全长21.7千米，为北京城区重要的排洪通道，也是北京大运河文化带建设的重要部分。坝河滨水空间全线建设工作体量大，计划整体设计，分三期实施。第一期实施“将台—东坝段”，起点为酒仙

桥路，终点至机场第二高速，长度8.2千米，属于金盏国际合作服务区内的主要水系部分河道，北临第四使馆区，为第四使馆区重要的生态环境资源，计划2022年完工。目前，正在实施的坝河使馆区段工程在一期工程范围内，建设内容包括景观绿化工程、水利工程、外电源工程，计划2020年底前完工。该工程实施不仅能提升第四使馆区周边环境品质，而且能为坝河后期治理工作提供经验与示范作用。坝河滨水空间第二、三期将实施其余13.5千米，计划2025年底前全面建成。滨水空间展示城市水脉特色，有利于提高城市环境质量、丰富城市景观、促进城市社会经济发展。近年来，朝阳区大力推进“一纵四横，河网交织，湖泊湿地星罗棋布”蓝网系统建设，满足市民群众日益增长的休闲游憩需求。截至目前，萧太后河沿线22个景观，亮马河国际风情水岸80万平方米景观廊道，通惠河畔神木厂历史景观，温榆河廊道漕运文化和古驿道文化……朝阳区加大对辖区4条主河道沿线人文和生态景观的建设和串联，培育沿线旅游精品，展现运河蕴含的文化宝藏，推动大运河文化创新发展。根据四大河段的不同优势和特色，朝阳区将构建通惠河文化生态走廊、坝河（亮马河）景观廊道、萧太后河人文画廊、温榆河生态精品廊道等“四廊多节点”空间体系，推动大运河文化创新发展。

3. 公益为先，推进大运河文化遗产的传承与利用

2018年7月，“大运河文化带文化遗产创新创意设计大赛”在朝阳启动，大赛以纯公益的方式，充分利用科技和互联网的技术手段，打造文创对接平台，创作一系列兼具审美价值、实用价值和市场价值的文创产品，同时也宣传大运河文化遗产，打造大运河历史文化IP。大运河文化带的历史价值，通过比赛以鲜活、实用的方式注入寻常人的生活中、思想里，将文化遗产传承的历史价值与民族精神凝聚起来，以打造一个观念为切入点进行普及与传递。大赛为大运河沿线地区的文博机构和国内外优秀设计力量提供对接合作平台，让收藏在博物馆里的文物接地气，进入大众生活的平常视野中，实现文化事业与文化产业的良性互动。朝阳区还计划持续举办大运河题材文化活动，让大运河文化活起来、大运河文化品牌竖起来。

案例：大运河不只是一条沟通南北水系的人工河，更是孕育出京津、燕赵、中原、齐鲁、淮扬、吴越等多地域历史文化景观，形成壮美千年的大运河文化带。2018 年，朝阳区文联推出了首部以大运河为题材的现代京味话剧《白鹭归来》，讲述萧太后河由污染严重的“牛奶河”到白鹭翻飞、水清岸绿的变迁故事。《白鹭归来》以海外学子白鹭回国参与萧太后河综合治理的经历为主线，讲述了治理过程中与疏解腾退、劳动力安置、大运河文化保护等相关的温情故事。萧太后河是连接北京中心城区和城市副中心的重要排水通道，一度因为两岸低级次产业聚集、生产生活污水直排，沦为垃圾遍地、污染严重的“牛奶河”。2016 年，朝阳区启动了萧太后河系综合治理工程，通过疏解低级次产业、河道全面截污纳管、大尺度绿化美化，使萧太后河实现了由“牛奶河”到水清、岸绿、景美、韵深的华丽变迁，并且迎来了对环境要求苛刻的候鸟——白鹭。

不仅是白鹭归来，美景还将继续，2019 年，朝阳区启动萧太后河景观提升及生态修复工程，全线按照国家 5A 级旅游景区标准全面提升配套设施，打造国际一流的滨水绿色文化休闲廊道，为市民提供休闲娱乐的好去处。

除了大运河主题话剧外，朝阳区还注重以开发文创产品的方式让文化遗产走进公众生活。由国家文物局指导、中国文物保护基金会主办的“大运河文化带文化遗产创新创意设计大赛”旨在通过创意设计成果的展示利用、产业开发，吸引全社会关注大运河文化带建设，推动大运河文化的可持续发展。本次大赛的参赛主体包括大运河沿线省市地区的各级各类文博机构、国内外美术院校、创意设计机构及专业人员、国内外 IP 授权以及文创产品设计开发机构等。中国大运河是世界文化遗产，大运河文化带积淀了丰富的文化遗产，大赛的宗旨就是让大运河文化带文化遗产再现新的活力，融入当代生活。大运河沿线分布着 400 多家各级各类博物馆与国家级文物保护单位，长期以来它们收藏、保护、展示着大运河文化带最精华、最具代表性的文化遗产。而大赛将实现“壹拾百千万”的目标，即“一次创意设计培训，十场专题讲座，百家博物馆参与，千名设计师团队，万件数字化文物精品”。

大运河文化带沿线地区文化遗产丰富，作为世界文化遗产的文化价值和文化功能正在不断彰显。通过大赛的举办，能够为沿线地区各级各类博物馆与优秀设计力量和产业机构对接提供全新的、可持续的资源服务，为社会提供更多具有创意和活力的博物馆衍生文创产品。

4. 改道修桥，朝阳区对重点文化遗产进行保护修缮

北京市朝阳区管庄乡八里桥村东南，全国重点文保单位、始建于明代的永通桥（因为距通州八里地，俗称“八里桥”）静静地横跨在通惠河上。作为北京现存三大古石桥之一的八里桥，在过去573年里一直肩负着交通功能。随着大运河文化带的保护建设规划及五年行动计划的制定与实施，2019年12月，新建的新八里桥竣工通车。沿线重要遗产点——八里桥光荣“退役”，被原地保护起来。该桥退役后，朝阳区将对其进行保护修缮，逐步拆除老桥路面结构，恢复原本石头桥面，对栏板、望柱、桥面、桥身等部分进行修缮，安装安全技术防范设施，对石狮子等石雕文物安全进行保护，同时计划将八里桥老桥与八里桥公园建设相结合，打造八里桥文化主题公园，再现八里桥长桥映月美景。

案例：“八里桥”是连接原京城与通州之间的重要桥梁，历史上曾是直通北京的要津，其历史积淀丰厚，文化遗存众多。八里桥通体象牙白，如一弯新月横跨在通惠河上。桥面两侧的护栏上雕刻着“疏浚开槽”“运粮之航”“汇食八方”等有关通惠河和老八里桥的故事画面。桥身采用黄金麻和芝麻灰品种的花岗岩，护栏石材用的则是草白玉，颇有古意。本着“不能高于老桥”，避免影响老桥历史风貌的原则，有关部门从三个设计方案中选定了卧虹式桥。2019年12月30日，“八里桥”新桥（永通新桥）正式竣工通车，这意味着作为全国文物保护单位的“八里桥”老桥，停止了其573年的交通功能，正式“退役”。老桥退役后，朝阳区将对老桥进行保护修缮，逐步拆除老桥路面结构，恢复原本石头桥面，对栏板、望柱、桥面、桥身等部分进行修缮，安装安技防设施，对石狮子等石雕文物安全进行保护。2020年6月底，按照北京市文物局对八里桥整体修缮方案的完善要求，朝阳区文旅局在面临桥梁本体状况不稳定、石板位置不

清、工程档案不齐全等诸多困难的情况下，启动了部分沥青清除工程，对古桥桥面进行勘探，以查找沥青下的古桥面石。经过四次探坑，最终在引桥与老桥衔接处70厘米深的位置发现了第一块老石板，这也证明了古桥的桥面石存在缺失。尘封已久的八里桥老石板重见天日，为完善修缮方案提供了重要依据。

朝阳区计划将八里桥老桥与八里桥公园建设相结合，打造八里桥文化主题公园，再现八里桥长桥映月美景。新八里桥位于老八里桥西侧152米处，桥梁全长81.0米、宽26.6米，双向6车道，其中机动车道4条，非机动车道2条，另外还设有2条人行道。通车后，新八里桥将替代老八里桥的交通承载功能，成为联络通燕高速和京通快速的重要通道。新八里桥单拱跨度达55米，具备更强的泄洪能力。

建新不拆旧，一河架双桥，新老八里桥遥相呼应，为古老的京杭大运河再添双桥辉映的新景。伴随着新八里桥的建成通车，八里桥古桥也正式“退役”，开启修缮保护模式。目前，修缮方案已经完成且通过了国家文物局审批，朝阳区文旅局正根据上级部门的建议修改方案。方案确定后，将启动桥身修缮、文物保护和安全技术防范设施建设等工作，还原古桥“本色”。同样动工的，还有平津闸和神木厂的修复工作，恢复古闸口和神木厂历史风貌，两处遗址修缮后，都将为人们了解漕运历史文化提供佐证。朝阳区未来还将以修缮后的八里桥为中心，把八里桥音乐公园进行整体文化景观提升，通过挖掘、展示周边朝阳门石道历史原状，展示漕运文化和八里桥之战等爱国主义教育内容，将运河文化内涵植入公园，让市民在休闲之余感受大运河文化。如今的八里桥，老桥与新桥交相辉映，静静地矗立在朝阳和通州两区的交界处。如今的大运河，在逐渐恢复昔日的繁华模样，它蜿蜒流淌，伴随着建设北京城市副中心的进程，焕发着别样的风采。

（二）存在问题

1. 公共文化展示渠道单一，尚未实现多样性

随着国家的大力扶持和人们对其了解的日益加深，已有的传统的博物

馆、图书馆、艺术馆、历史古街等文化设施与新闻、报纸等媒体等对大运河文化展示、宣传已远远不够，还应不断拓展微博、公众号等移动网络上非物质文化遗产内容的介绍，以及“非遗”专题类节目的推广与专题博览会等，通过拓展大运河文化展示途径与平台，不断优化大运河主题的公共文化服务体系。

2. 群众感知度低，亟待提升游客体验

目前，大运河朝阳段历史文化感知较弱，需要加强对运河历史文化的宣传展示，增加相关文化活动内容，增强社会群体对运河文化的认同感，传承大运河文化遗产的重要价值。对于感知情绪偏低的区域以及新建设的文化遗产展示休闲区域，可以通过增强社会群体的文化体验等活动提升大运河文化遗产的活力。

三、通州区和朝阳区建设趋势判断

（一）系列政策的出台为北京大运河核心区建设带来新的机遇

除大运河专项规划外，近年来北京针对文化产业颁布了《北京市文化产业高质量发展三年行动计划（2020—2022 年）》《关于应对新冠肺炎疫情影响促进文化企业健康发展的若干措施》《中国（北京）自由贸易试验区总体方案》，北京将在推动中外文化服务与文化产品流通、构建运河特色文化产业体系、加速运河文化的文旅融合等方面迎来新机遇。

建议在核心区设立区级大运河文化旅游基金，作为财政资金预算长期战略性政府投资基金，按照区政府引导、骨干企业参与、多元投入的运行原则，对大运河文创产品开发、文化服务出口、文旅项目策划等给予金融支持，在已有的政策推动下，以北京市朝阳区文化创意产业园、通州区宋庄创意产业集聚区为抓手，引导文化市场主体、广大社会力量参与大运河相关工程与项目之中。

（二）科技创新为大运河相关文化服务与产品升级提供新的支撑

2020 年 9 月中国国际服务贸易交易会上，“穿越时空的大运河”小程序亮相全国文化中心建设成就展区，通过剧场解说、3D 模型演示、历史长卷互动等形式，再现大运河古今风貌，通过数字化技术让世界遗产重焕生机，有力推动了大运河文化的保护和传承。北京作为全国文化中心、科技创新中心，将以大运河文化带建设为契机，充分发挥科技创新的资源优势，加速提升地区文化创新能力。在“内容为王”的时代，通过大运河文化本土性的深入挖掘与信息科技的创新应用，在展示魅力运河、打造文旅融合模式、开发文创服务与产品等方面将迎来全方位的品质升级。

建议通州区大运河森林公园、朝阳区庆丰公园等核心区大运河主题公园开发“互联网 +”智慧景区，与第三方社交、旅游、文化、餐饮、住宿、交通、票务等平台合作，将“大运河智慧景区”与其他第三方平台业务“捆绑”营销。通过可视化的景观与简便化的操作设计，吸引移动终端流量，打通线上浏览、预订、支付、售后等渠道，不断优化消费模式。将文化系统“内循环”转变为市场“大循环”，采用技术共享、合作共建等手段，畅通向社会组织购买服务的通道，积极引导社会组织参与营销、推广与运作。

（三）多主体建言献策为大运河文化带建设带来新的思路

大运河文化带建设作为新时代中央做出的重大决策部署，其规划决策应当建立在多元智力支持基础之上，包括充分发挥大运河沿线重要节点城市高等学校、研究机构的智力优势以及民间通过打造大运河文化保护传承利用的高端智库、深化政府购买服务，积极推进跨领域合作研究，加快研究成果转化。此外，中共中央办公厅、国务院办公厅印发的《大运河文化保护传承利用规划纲要》中提到推进美好运河家园建设，广大人民见证大运河历史变迁、传承大运河文化历史、享受大运河建设成果，理应为大运河建设路径建言献策。

建议“十四五”规划期，北京市大运河核心区政府、北京市大运河主管部门以官网专题、社区活动等方式广开言路，在开放平台上广纳社情民意，共商运河建设。同时，可向社会征集大运河文物、文献及创作作品、规章制度及项目建议等。百姓的大运河由百姓共同参与其文化的保护与传承利用。

（四）大运河文化活动与景观建设将为民众休闲娱乐带来新的体验

运河文化展示区包括白浮泉水源文化、颐和园古都文化、万寿寺古都文化、什刹海—玉河京味文化、通惠河沿线创意文化、通州古城漕运文化、城市副中心大运河文化七个展示区。运河生态景观区重点围绕南长河公园、大通公园—庆丰公园、潮白河森林公园、大运河森林公园区域形成较大范围的运河生态景观标志区，为人民群众的日常生活带来了明显的改善。“十四五”规划更加关注人民群众获得感、幸福感、安全感，深刻反映了党中央在新的历史起点上对怎样更好地满足人民期待做出的时代回应。这与规划中提出的实现政府治理和社会调节、居民自治良性互动，城乡治理和谐有序，切实提升人民群众获得感、幸福感和安全感相互呼应，从而体现了大运河文化带建设的长远性与科学性。北京在全国文化中心规划中就大运河文化带提出构建“一河、两道、三区”的空间格局，将通过一系列河道治理、环境整治工程，大大增强周边群众的获得感；以大运河文化带为抓手优化城市空间，贯通健康休闲绿道，提升部分河段游船航道品质，人民幸福感提升日渐显现。

建议形成大运河主题系列活动、培育大运河活动品牌，可探索在核心区的重点景区内推出大型实景演出与主题戏剧表演等大型文娱项目，以申遗纪念日、京杭对话等主题活动为载体，开展学术交流、体育赛事以及群众观光等活动，扩大大运河文化的社会影响、促进文旅消费升温，不断提升人民获得感、幸福感与安全感。

（五）共建共治共享理念的深入与贯彻将实现新的社会治理格局

大运河文化带建设涉及方方面面的治理问题，包括遗产与生态保护、文化与旅游开发等。一方面，这些问题不可避免地涉及沿线政府、居民、企业及社会组织等多方主体的切身利益；另一方面，这些问题大多具有跨域性、复杂性的特点。因此，大运河文化带的建设和治理迫切需要集中多方力量，吸引多元参与，实现合作共治。大运河主管部门着力点也应从办文化向管文化转变，注重理顺当地政府、社会与市场之间的关系，积极探索和创新各类社会主体有效参与大运河文化建设的机制、模式和途径，不断完善城市大运河领域公共文化服务功能。

建议依托政府开放的数据门户搭建大运河全媒体数字平台，鼓励公民个体参与活动、提交实物及影像资料；提倡企业以技术支持、项目投入、资金支持等方式参与环境治理、遗产保护、文旅开发等；鼓励社会组织以公益活动、第三方评估等方式宣传推广、参与社会治理等；以群众文化活动为平台，引领社会组织打造运河文化月、申遗纪念周等公共文化活动平台，引导社会组织参与文化产品和服务的提供，并设计大运河文化进校园的项目，推动社会各主体的多元参与。

专题报告二：
京杭大运河天津武清区和西青区评估报告

天津市重视大运河天津段的保护传承利用和大运河国家文化公园建设工作。2020 年 4 月 24 日，天津市大运河文化保护传承利用领导小组调整为天津市大运河文化保护传承利用暨长城、大运河国家文化公园建设领导小组，市委常委、常务副市长马顺清担任组长。领导小组负责统筹指导和推进天津市大运河文化保护传承利用和长城、大运河国家文化公园建设各项主要任务及重点工程，研究审议相关重要政策和其他重要事项，协调解决跨省市、跨区、跨部门的重大问题。大运河智库针对《大运河规划暨文化公园方案》中涉及的原则、定位、布局、目标及保护传承利用的要求、重大工程等，对武清区和西青区评估如下：

一、武清区建设现状、存在问题和对策

天津市武清区的 2020 年政府工作报告中提出，深化“通武廊”（指北京市通州区、天津市武清区、河北省廊坊市）小京津冀改革试验，做深做实系列合作协议，加强大气和水环境联建联防联治，开展永定河综合治理和生态修复，协同推进大运河文化保护传承利用和大运河国家文化公园规划建设。

2020 年 6 月 1 日，武清区成立区大运河文化保护传承利用暨大运河国家文化公园建设领导小组。区委副书记、区长倪斌担任组长，区委常委、常务

副区长吴丽祥，区委常委、宣传部部长薛梅，副区长刘东海、徐继珍、赵春兴担任副组长，区相关职能部门领导担任成员。领导小组下设办公室，办公室设在区发改委。

（一）建设现状

1. 多措并举，擦亮大运河文化名片

（1）加大大运河治理力度，还大运河以“健康”。天津市很早就启动了沿线包括武清区在内的7个区大运河治理行动，天津市生态环境局一直对大运河进行水质监测，到2019年底，大运河天津段5个劣五类断面已全部消除；落实属地责任制，加强对大运河水域垃圾清理以及河道管控；2020年4月开始，天津市全面启动“健康大运河”专项行动，沿线7个区已全部编制完成具体方案，将利用半年时间，集中清理大运河垃圾，并建立管理台账，不解决不销号；治水的同时，同步推进大运河沿岸治污工作，实行多部门联动，对大运河沿岸乱堆乱占点位进行集中清理。为了更好地做好大运河保护，天津市通过打通水系对其持续补水，截至目前已累计向大运河补水超过3亿立方米。

案例：武清区委、区政府认真学习贯彻习近平总书记关于大运河文化保护传承利用的重要指示批示精神，按照天津市委、市政府部署要求，统筹保护、传承、利用工作，擦亮这张亮丽的世界文化名片。要求加大文化遗产保护力度，全面梳理大运河武清段遗址遗迹，做好重要文物保护和修缮工作，深入挖掘文化遗产潜在的经济、文化、品牌等多重价值，提升大运河文化武清段乃至天津段文化影响力。进一步加大河道水系保护力度，有效改善水体质量，提升区域防洪排涝标准，有序推进分时、分段通水通航；进一步加大生态环境保护力度，规划建设两岸生态廊道，加快沿线生态修复和景观提升，保护好、传承好、利用好大运河宝贵的文化遗产。

大运河武清段全长近63千米，是大运河天津段的重要组成部分，天津段全长近183千米，武清段占其1/3。大运河武清段为一级河道，现河道水量总体不足，水深较浅。沿线桥梁、闸坝众多，其中桥梁22座、闸坝6座。大运河武清段沿线共有遗址58处。其中，国家级文物保护单位1个，市级文物保护单位1个。

案例：武清区编制了大运河城区段总体规划，确定的用地规模为59.35平方千米，现状建成区为29.34平方千米。北运河南北贯穿武清城区，北起龙凤河八孔闸，南至黄庄老米店闸，全长约15千米。共涉及4个街道办，24个村庄需要进行拆迁改造。通过打造具有鲜明特色的沿河滨水景观，形成具有标志性特色的国际水岸都市。通过恰当的功能区定位，形成有机合理的城市综合生态链。这种集科技化、生态化、社会化、景观化于一体的现代化新城，将具备国际性旅游功能、21世纪的居住功能、强大齐全的商务功能、可持续发展的生态功能。

（2）深入挖掘大运河历史内涵，提升武清文化影响力。武清区按照高质量发展要求，突出传承与保护，清晰构建大运河文化保护传承利用的空间布局和规划分区，打造大运河璀璨文化带、绿色生态带、缤纷旅游带。按照绿色发展的要求，突出优化运河文化的生态基底，推进河道水系治理管护，加强生态环境保护修复，促进城乡区域协调，统筹带动沿河两岸经济文化发展。

案例：结合武清区实际，突出大运河古韵，充分利用武清区文化底蕴深厚的优势，深入挖掘和丰富大运河文化内涵，突出大运河的历史脉络和当代价值，提升武清区文化影响力。

武清区位于京、津两大直辖市之间，素有“京津走廊”“京津明珠”美誉，大运河纵贯全境。大运河武清段是元朝利用潞河疏浚而成，古书有载：“潞水绕其左，浑河衍其西，北拱神京而层峦叠嶂，南窥渾海而万物朝宗。当水路之冲衢，洵畿辅之咽喉。”因地处要冲，武清自古为兵家必争之地。

大运河由武清北部水牛村入境，南至小街出境，境内河段长 62.3 千米，途经河西务、蔡村、杨村等地。自元朝定都大都后，“百司庶府之繁，卫士编民之众，无不仰给于江南”（《元史·食货志》）。为了执掌漕运、水道和巡河监护，于沿河重要口岸设置管理机构。武清境内河西务镇，元代曾设漕运总司，明代设户部分司、巡司，当时江南漕粮由官军海运抵达天津，入大运河经武清溯流而上。清代雍正五年（1727 年）设北运河关务同知，还先后在杨村驻主簿、通判、南汛把总，筐儿港、三里浅设汛把总。康熙、乾隆曾先后题写“导流济运”和“导流还济运”的治河御碑，保存至今。光绪十八年（1892 年），直隶总督李鸿章创办轮船招商局后，控制了漕运。

武清曾为泉州、雍奴二县之地。《武清县志·河渠》载：“邑名雍奴，本泽国也。东有白河，西有永定，凤河绕其北，三角淀汇其南，其间支流、小淀不可枚举。”武清因曾与海为邻，水资源十分丰沛。东汉曹操凿泉州渠，为大运河水系的形成奠定了基础。隋炀帝凿永济渠，将武清境内的运河与永定河相连通，使武清兼具河海之利。宋、辽时有萧太后运粮河三条水道入武清经北运河直达北京。金时有漕河接大运河，北穿武清全境直抵京城。武清历来是漕运要道，河西务镇世称转运枢纽，元代先后设 14 仓。明代钞关由天津移此，商民攒聚，舟航辐辏，时有京东“第一大镇”之称。境内运河沿途码头各镇，店铺货栈林立，甚为繁荣。直至光绪二十七年（1901 年）废止漕运。

武清因运河而繁荣兴盛。千百年来，大运河所带来的南北文化在此交融，为武清留下了深厚的历史文化资源和独特的人文精神。

2. 以项目为抓手，全力探索运河两岸发展新路径

武清区加强对大运河两岸核心监控区与滨河生态空间的分类管控，突出对生态环境和传统风貌的保护，带动武清区整体景观环境及文化品质的提升。依托运河文化遗产和资源，推动武清区大运河国家文化公园建设，打造运河重要节点，全力构建以点带面、以面带全、以节点集聚要素资源，辐射带动周边的发展格局。通过强化文化遗产保护传承、推进河道水系治理管

护、加强生态环境保护治理、推动文化和旅游融合发展、促进城乡区域统筹协调等措施，全面展示运河文化魅力，构筑京津文化高地。

案例：武清区对标国家和天津市委、市政府各项决策部署，以大运河文化保护传承利用为引领，调动各方力量，早谋划、早对接大运河沿线项目建设，全力探索运河两岸绿色发展、高质量发展的新路径，使运河文化与其两岸发展互相融合、互相促进。具体举措如下：

（1）实现季节性旅游通航。大运河武清段通航等级初步确定为Ⅵ级旅游通航，适航月份为春末夏初的5月、6月和秋季的9月、10月、11月，共计5个月。通航区域以筐儿港水利枢纽为界，以北至木厂闸段，全长近43千米，部分河段水深4米，河道最宽处100米；以南至老米店闸段暂不考虑通航，全长近20千米。

（2）着力布局景观节点。优化运河沿线滨河生态空间，对景观节点进行统筹布局，新建或完善一批湿地公园、森林公园、郊野公园和特色小镇、旅游村等。初步确定河西务漕运小镇、下伍旗森林小镇、大良湿地百草园、南蔡村丁家瞿农业观光园、郑楼湾旅游度假村5个点位。

（3）下大力气新建文旅设施。在北运河郊野公园原址新建一批文旅设施，打造大运河文化公园。在区委党校旧址新建一座大运河博物馆，并将武清文博馆、大运河书画院等迁至大运河博物馆，将挖掘的古沉船残骸（或复制品）置于博物馆。打造雍阳古街，复制再现昔日古塔凌云、凤台春晓、水秀门桥、奎阁灯光、西郊花柳、潞水帆樯雍阳六景。新建康乾行宫，并结合实景演出等方式，再现康熙皇帝、乾隆皇帝治水患、下江南驻跸武清时的情景。建造碑林公园，以康熙皇帝亲笔题写的“导流济运”、乾隆皇帝亲笔题写的“导流还济运”石碑以及乾隆“阅筐儿港减河水坝作诗”碑为基础，将历代皇帝、官员、文人墨客题写的诗文、书法作品刻拓成碑，立碑成林。

(4) 深入挖掘筐儿港水工遗存。筐儿港水利枢纽始建于清代康熙三十九年(1700年),至今已有300多年历史,仍然发挥着重要作用,承担着拦洪、分洪、排沥、排污和蓄水灌溉等任务,继续造福民生。此外,筐儿港枢纽虽屡经变迁,但其分水高州基址一直未变,是为数不多的、现存比较完整的北运河减河遗迹,对研究运河水利史有着相当高的价值。一是深入挖掘筐儿港水工遗存,讲好水闸历史和帝王传说;二是以科普教育等方式传承运河文化,再现大运河水利工程之辉煌,向游客展示古人治水的智慧和今人治水的先进经验。

(5) 擦亮郊野公园运河景观带。郊野公园运河景观带是"通武廊"大运河沿岸的标志性休闲景观,其起点位于八孔闸路与北运河交点附近,是北运河与数条灌溉渠的交叉点,故河网密布。该景观带按照"足下文化、野趣、自然"三者相结合的理念,打造集花果飘香、观光采摘和优质苗木生产于一体的运河风光带,集滨水、果林、农业观光于一体。重点突出"综合建设、联动发展"的建设理念,以运河景观带带动周边发展、以周边配套反衬运河效应,形成了以运河为核心辐射至两路(东至武香路、西至103国道)的综合开发模式。

(6) 打造大运河国家文化公园。大运河国家文化公园是武清区的又一个亮点。根据《武清2035发展战略研究》的具体要求,用运河文化赋能武清经济社会发展。要与全区高质量发展的整体布局相结合,与建设公园城市,建设京津明珠、幸福武清相结合,与乡村振兴战略相结合,抢抓机遇,高质量推进大运河国家文化公园武清段规划建设,打造好核心区域和重要节点,让千年悠悠运河成为武清的一张亮丽名片。

(二) 存在问题

1. 体制机制不畅,协同难度大

大运河保护传承利用工作是一项系统性工程,涉及部门众多,如果缺乏强有力的统一领导,体制机制不畅,城市之间难以协同,条块之间难以协同,因此,难以在短期内形成高效的区域交流与合作、突发环境事件的应对、大气污染的联防联控机制等。同样地,也难以有效对接国家发展战略、促进运河沿线城市协作联动。

（1）京津冀协同问题。大运河通航应在京津冀协同发展框架下进行总体考量。三地区是否要统一通航标准，水源调配问题，旅游路线共建问题等，都需要三地区进行沟通和对接。

（2）市直与区县协调问题。一是河道管理方面。北运河为一级河道，整体由市水务局管理，其中，北运河津冀交界处至老米店闸由北三河管理中心管理，老米店闸至屈家店闸由永定河管理中心管理。二是文物保护和发掘方面。武清区的十四仓遗址、六处沉船遗址的发掘被写入了国家和天津市规划中，要求此项工作由区政府牵头，但区文旅部门不具备专业的考古人员和设备，无法完成此项工作。因此，这些问题都需要多方协调才能解决。

2. 缺水严重，复航难度大

由于运河是仍在使用的活态文化遗产，大运河文化遗产保护与工业、交通、水利、城乡建设等经济发展之间存在较大的矛盾。此外，京津冀历来缺水较为严重，该地区生态资源环境承载能力低、河道和岸线与传统历史风貌保护难度大。尽管“通武廊”地区运河有一些补水，但是仍难以从根本上解决问题。故而，运河全面复航的现状短期内难以改变。

3. 表象研究多，深度挖掘少

目前，大运河承载的历史文化价值和精神内涵挖掘大多停留在表层，文化脉络和丰富内涵尚未厘清，遗产活态传承载体和传播形式单一，缺乏创造性转化和创新性展示。此外，各地开展的运河文化活动大同小异，缺乏个性和亮点，同质化现象严重，有独特的武清地方文化符号和具有表现力、感染力的活动还不多。

4. 基础数据少，难以支撑科学规划

《大运河天津段核心监控区国土空间管控细则（试行）》的出台为保护大运河沿线生态环境、规范两侧生态空间提供了政策依据，但仍存在以下问题：

（1）矢量数据缺乏，从宽掌握。由于运河堤角线、文物保护线、河道蓝线等矢量数据缺乏，导致在划定2千米管控线时只能从宽掌握，目前只能将103国道定为西堤角，武清开发区内多个项目均被划入管控范围。

（2）划定2千米管控线缺乏科学依据，开发区内多个已供地项目被管控线切成两部分，导致项目无法继续推进。

（3）《天津市武清区国土空间总体规划（2018—2035 年）》尚未定稿，但大运河沿线规划设置的点位必须符合规划要求，因此很多项目和点位存在不确定性。

（三）对策建议

1. 做好顶层设计和政策协同

从政策层级维度看，国家级层面需做好顶层设计，主要是立法、协调和引领工作；市级层面要抓好地方立法、协调和统筹工作，加强与运河沿线省、市的工作沟通与联系，加强天津市内沿线区的工作协调，相关部门要明确各自责任和分工，切实保护好、传承好、利用好大运河天津段历史文化资源。

从决策咨询维度看，建议成立专家咨询委员会，充分发挥大运河文化研究专家、产业化研究专家等的专业意见和建议，科学施测、合理施测、精准施测，综合使用市场化工具和绩效管理、全面质量管理等手段，有效配置资源。

从产业配比维度看，逐渐降低第二产业比重，提高科技、教育、文化、旅游等第三产业比重，提高文旅融合的紧密度，打造环境友好型宜居武清。

2. 精编运河文化乡土读本

为了使运河学研究和大运河精神深入人心，可以以南开大学、天津大学、天津财经大学等高校为依托，借鉴北京物资学院、南京邮电大学、扬州大学、聊城大学、枣庄学院、河南财经政法大学、浙江外国语学院等高校的相关专家学者研究成果，加强大运河文化的系统研究，多层次、全方位、不间断地深化对大运河文化内涵的认知，展现遗存承载的文化，活化流淌伴生的文化，弘扬历史凝练的大运河文化。

当地文化部门可以主动地和教育部门沟通，积极引导广大大中小学生增强文化自觉与文化自信，积极开展非物质文化遗产进校园活动，邀请当地知名的非物质文化遗产项目传承人，遴选一些基础好的大中小学，将其打造成非物质文化遗产培训基地。有条件的可以布置非物质文化遗产展览室，突出大运河沿线非物质文化遗产项目的文化多样性和地域性特点。展览应接地气、人性化，最好要有非物质文化遗产项目演示，广大学生与传承人能够交流。同时设置学生体验区，这样可以提高互动性、趣味性和沉浸感，学生能更直观、立体地体验非物质文化遗产的技艺和魅力，更能深刻地感受非物质文化遗产在丰富知识、开阔视野、提高文化品位等方面起到的积极作用，激发学生对中国传统文化、传统技艺的浓厚兴趣，以及对生活的热爱之情和对美好未来的向往。

3. 不断提升“通武廊”合作水平

在省（直辖市）级层面，加强京津冀全面合作，尤其是人大方面的深化合作，共同推进大运河文化保护传承利用。首先，京津冀人大之间加强交流，形成合力，探索推动工作新途径。可以采取联合或联动方式，定期开展座谈交流、代表考察、执法检查等，提高京津冀人大代表联动监督效率和效果。其次，京津冀人大之间紧密配合，信息共享，建立长效协同机制。大运河文化带的保护传承利用是一项长期工作，需要持续发力、久久为功，京津冀人大之间应紧密沟通、集聚智慧、共享资源，推动联系常态化、机制化。最后，深化京津冀人大代表之间协同调研、提案联署等，凝聚京津冀一体化发展共识，为国家层面立法贡献丰富实践。京津冀人大代表可以共同开展工作调研和立法研究，整合立法资源，明晰立法思路，提出符合京津冀大运河保护传承利用工作实际的制度性建议。

通州、武清、廊坊三地紧邻，三地在凸显各自特色的同时，率先实现宣传推介一体化、新媒体平台一体化、异地执法一体化，探索区域旅游合作新途径。“通武廊”三地作为区域性重点城区（城市），在京津冀协同发展中扮演着更加重要的角色，也是京津冀协同发展的旅游“金三角”，对于带动整个区域发展有着非常独特的作用。

4. 发挥“互联网 +”的巨大潜能

基于5G技术、区块链、大数据、物联网等技术的迅猛发展，可以适时建设大运河文化带天津段管理与宣推平台。

在管理方面，利用物联网技术监测运河水质及岸线违法施工情况；借助无人机航拍、卫星图像对比和无人艇巡检，巡查运河沿线古迹和河道生态等；在景区布设二维码，提供导游服务的同时，对游客分布和流动进行统计和预测，为决策提供依据；对码头、仓储、船舶和待运货物进行智能化匹配，打造运河智慧物流平台等。

在宣传推广方面，设计开发统一的天津大运河形象视觉识别系统，并广泛应用于实体及虚拟空间的宣传推广。深入发掘地域文化资源，积极发展与大运河相关联的创意设计、文艺创作、体育活动、娱乐休闲、沉浸式旅游等特色产业，优化产业结构布局，发掘集群效应，培育一批有特色、有竞争力的文旅融合实体。推动大运河文化与互联网、区块链、大数据、物联网、人工智能等高新科技深度融合，建设与开发集线上线下、河面陆上于一体的体验型文化场馆综合体，重塑公众对大运河文化信息感知、传播、获取、利用新体系。利用信息化技术培育新型大运河文化业态和文化消费模式，以丰富的大运河文化呈现提升人们对大运河文化的亲近感和理解。

二、西青区大运河建设进程、面临问题与对策建议

（一）天津西青区大运河文化带建设进程

西青区，既是天津市的市辖区，也是天津四个环城区之一，位于天津市西南部，东与红桥区、南开区毗邻，南靠独流减河与静海区隔河相望，西与武清区和河北省霸州市接壤，北依子牙河。大运河西青段称为南运河，又称御河、永济渠，原为古老河道，后经人工开凿，成为京杭大运河北段的主要河道。当前，南运河不仅承载了原有的航运功能，而且蕴含了独特的文化功能。作为南运河重要部分的静海段，在西青区的整体发展中具有重要地位，因此，对南运河西青段的运河文化进行挖掘和建设，将对西青区的发展，对天津甚至京津冀的发展起到重要作用。主要做法包括以下几个方面：

1. 积极对接国家战略，发挥西青优势

天津市已成立天津市大运河文化保护传承利用暨长城、大运河国家文化公园建设领导小组统筹大运河文化保护传承利用相关工作。2020 年 3 月，天津市制定出台《大运河天津段核心监控区国土空间管控细则（试行）》，以守住生态保护红线、岸线起始线、文化遗产线，落实滨河生态空间非建成区“正面清单”和核心监控区产业准入“负面清单”，保护自然生态环境、传统历史风貌和文化遗产。西青区正全力推进“元宝岛”地块的杨柳青国家大运河文化公园项目建设，并成立了西青区杨柳青大运河国家文化公园项目建

设工作领导小组和指挥部，以此为抓手，讲好西青故事，使其成为文化传承的载体、文化建筑的胜地、文化交流的平台、文化消费的场所和市民休闲的家园。该区已出台《关于建立西青区大运河文化遗产联合监管协调机制的工作方案》，强化横向协作、完善沟通机制，加大联合监管执法巡查力度，为西青区大运河保护传承利用工作奠定了坚实基础。

案例：杨柳青大运河国家文化公园

杨柳青镇是天津市西青区政府所在地，西青区政治、经济、文化中心，地处京畿要冲，位于津城西厢，东临中北镇、西营门街道，西有张家窝镇，西南接辛口镇，西北连武清区，北临北辰区。杨柳青镇是天津市与环渤海经济区最大的乡镇，总面积6517万平方米，总人口161247人。杨柳青镇位于静静流淌的京杭大运河旁，历史沉积久远，文化底蕴深厚。杨柳青镇有丰富的民间艺术，传承了千年文脉，是大运河孕育的千年历史文化名镇，2018年入选最美特色小城镇50强，并凭借杨柳青木版年画入选2018~2020年度“中国民间文化艺术之乡”名单。该镇拥有多项中国民间艺术瑰宝，如国家级非物质文化遗产杨柳青木版年画、保存最完整的清代民居建筑群落石家大院、安家大院，以及曾经“入京赶考”的学子古道文昌阁、普亮宝塔等。

西青区推出以元宝岛为核心的杨柳青国家大运河文化公园项目，该项目位于杨柳青镇，占地面积2300余亩，计划投资总额52亿元，其采取了“国际咨询”模式，邀请了国内外顶尖规划大师、景观大师策划。杨柳青国家大运河文化公园将更多反映中国文化，以文化为核心的旅游、观光、休闲、消费将成为杨柳青镇建设文旅特色小镇的最大亮点，重点体现中国文化传统和天津地域特色。通过深度挖掘历史，打造具有东方意蕴、西青文化的一园、一镇、多节点的大运河文化公园天津示范区。其中，“一园”即以面积约1平方千米的杨柳青元宝岛为中心，通过空间设计、生态建设、运营发展等顶层规划，努力将其打造成大运河文化重要的承载地和生态休闲走廊；“一镇”以杨柳青文化中心建设为重点，创新建设模式，将功能空间进行分离、重组，以小体量的模式织补镇域空间，逐步激活杨柳青镇空间价值。天津市西青区将采用 PPP 的建设模式，引入社会资本共同建设杨柳青国家大运河文化公园和其他运河项目。据初步估算，项目投入将在 50 亿～60 亿元，预计 2020 年中期开工建设。同时，该项目还将向运河上下游的辛口、中北、西营门等沿线拓展，打造各具特色的精品运河文化，整体项目计划到 2023 年基本完工。

2. 依托新抓手，发扬西青运河文化

2019 年西青区成立大运河文化保护传承利用领导小组，为大运河文化带西青段保护提供协调机制和组织。随后，2020 年成立的西青区杨柳青大运河国家文化公园项目建设工作领导小组和指挥部，为西青区大运河国家文化公园项目建设提供了抓总机构。西青区充分利用领导工作小组，研究和推进西青段大运河文化保护传承利用有关工作，以及杨柳青大运河国家文化公园项目。大运河文化保护传承利用领导工作小组于 2019 年 6 月召开第一次会议，要求进一步提高政治站位，增强“四个意识”，坚定“四个自信”，做好大运河统筹保护、传承、利用工作。要按照高质量发展要求，突出传承保护，清晰构建大运河文化保护传承利用的空间布局和规划分区，打造大运河璀璨文化带、绿色生态带、缤纷旅游带。要按照绿色发展的要求，突出优化运河文化的生态基底，推进河道水系治理管护，加强生态环境保护修复，促进城乡区域协调，统筹带动沿河两岸经济文化发展。

在此基础上西青区结合自身大运河文化带现状，充分利用西青文化底蕴深厚的优势，深入挖掘和丰富大运河文化内涵，突出大运河的历史脉络和当代价值，积极开展文旅活动，推出年画主题等数百种文创新品。举办“运河明珠”主题论坛，邀请专家建言献策，充分调动各方力量，早谋划、早对接大运河沿线项目建设，全力探索运河两岸绿色发展、高质量发展的新路径，使运河文化与其两岸发展互相融合、互相促进。开展首届“运河记忆”微电影大赛、第三届“运河记忆”非物质文化遗产宣传展示、大运河文化传承保护主题宣传等活动，提高民众的自觉意识和责任感，引导居民积极参与大运河文化遗产保护工作。

案例：西青区举办“运河明珠”主题论坛

2020 年 7 月 7 日，西青区举办杨柳青大运河国家文化公园“运河明珠”主题论坛，邀请专家学者深入挖掘大运河西青段文化，主要为杨柳青大运河国家文化公园建设出谋划策。论坛作为社会各界关心和建言献策大运河文化带建设的平台，能够充分调动社会各界围绕“运河明珠”论坛主题，充分发表意见，积极建言献策，旁征博引，科学论证，传播了许多新的观点和思想，为杨柳青大运河国家文化公园建设开拓了思路。西青区政府在举办“运河明珠”主题论坛的过程中，也能充分借鉴有关地区在规划引领、文化研究等方面好的经验和做法，围绕运河文化内涵和底蕴，积极拓展思路，运用系统化思维，在保护中传承、在传承中利用、在利用中永续发展，加强规划协调和衔接，通过杨柳青国家大运河文化公园建设讲好西青故事，使其成为宣传大运河文化、展示中华文明、彰显文化自信的亮丽名片。

3. 加强文化遗产保护，惠及西青发展

在西青区杨柳青大运河国家文化公园项目建设工作领导小组和指挥部的指导下，高标准筹备编制了相关发展规划。一方面，编制了《杨柳青运河古镇保护建设方案（2019—2023 年）》。到 2023 年底，力争将杨柳青运河古镇打造成为一个传统风貌有效保护，历史文脉延续发扬，文化旅游融合发展，功能环境显著提升，运作机制富有活力的底蕴深厚、魅力绽放的特色古镇。另一方面，抓紧筹备编制大运河文化保护传承利用规划。目前，各项前期工作已经启动。

同时，西青区文旅局根据大运河文化西青段历史文化遗产保护现状，向各单位传达了《关于建立西青区大运河文化遗产联合监管协调机制的工作方案》的主要内容，要求各单位进一步提高政治站位，明确目标责任，严格执行大运河文物保护相关法律政策，把好沿岸建设开发审批关口，强化横向协作完善沟通机制，加大联合监管执法巡查力度，确保大运河文物本体安全，加速推进大运河文化带建设，助力全区绿色发展、高质量发展。西青因运河而生、因运河而兴、因运河而美。大运河是西青的“母亲河”，衍生出大运河文化在内的极具西青特色的“西青八大文化”，为西青发展提供了深厚的历史文化底蕴和强有力的精神文化支撑。在京津冀协同发展背景下，深耕京津冀、高铁沿线文旅市场，并以此为平台，对西青区重点景区及优质产品进行全方位、多层次的宣传营销，推广核心文旅品牌，可以提升西青文旅知名度与影响力。

（二）天津西青区大运河文化带建设存在的问题

结合西青区在京津冀协调发展中推进大运河文化保护传承利用的情况，发现在西青区大运河文化带和大运河文化公园建设过程中存在以下亟须解决的问题。

1. 西青段大运河特色优势尚未全面彰显，大运河文化开发不平衡

第一，从微观看，西青区的运河文化具有文、武两大特色，但目前只突出了杨柳青古镇的“文”，而忽略了精武镇的“武”；从宏观看，由于天津市重点推出杨柳青大运河国家文化公园项目，于无形中提高了西青段杨柳青古镇在大运河文化带建设中的地位，使其明显高于天津市其他六个区，处于主动与领导的地位，因此也导致其他区域的特色优势难以彰显。例如，静海区丰富的南运河文化资源、红桥区三岔河口特殊的河段位置、武清区筐儿港作为北运河具有代表性的枢纽工程等，这些运河区位优势都难以得到显现。

第二，京津冀运河资源再发掘问题。西青区已成功举办“运河记忆”非物质文化遗产展等专题活动，有力地串联了京津冀运河资源，但广度和深度都有待加强，特别是近年来京津冀旅游一体化发展思路的创新，更体现出运河资源统一谋划和深度挖掘工作的缺失。缺乏区域整体打造思路的布局，仅是各地单打独斗的零散行动，带动作用明显不足。

2. 西青区大运河文化遗址的后续考古发掘有待推进

按照联合国教科文组织规定，大运河世遗拥有者应对运河文化遗产节点周边地区进行后续考古发掘，并将新发掘成果向联合国教科文组织下属的世界文化遗产委员会进行申报，获得权威认定后即可获得新的遗产节点。然而西青区自 2014 年大运河申遗成功至今，一直没有进行由联合国教科文组织规定的这一考古发掘工作，因此也就未能提供新的运河考古发掘成果。

3. 西青区大运河文化公园建设有待完善

第一，杨柳青大运河国家文化公园标识建设不完善。西青区除了杨柳青镇有大运河文化标识外，西青区南运河的其他节点都没有设立大运河文化标识，并且部分景点作为最具代表性的“遗产河段”，仍非常缺乏与之匹配的运河文化遗产标识。

第二，杨柳青大运河国家文化公园项目建设进度存在问题。项目周边建设控制地带内，按相关要求，开发建设前应完成相关考古和报批工作，目前共考察出800余处，按照建设计划，需要2020年8月20日前完成国家局审批，但文物及考古工作审批需必要的流程和时间，因此面临审批时间长的问题，影响整体建设进度。

第三，大运河核心监控区项目审批问题。2020年5月，天津市出台了《大运河天津段核心监控区国土空间管控细则（试行）》，并制定了《关于做好大运河天津段核心监控区建设项目审查流程工作的意见》，对运河沿线1千米及2千米范围内的建设项目进行了详细管控。然而，由于目前各项工作尚在初步推进阶段，存在多规合一、平台矢量图缺失、建成区范围界定不确定等交叉问题，因此给一些急需推进的项目带来了一定阻碍。

（三）天津西青区大运河文化带建设的对策建议

西青区认真贯彻落实党的十九大报告指出的发展文化事业和文化产业、加强文物保护和文化遗产保护传承的部署和要求，对大运河西青段实施整体规划建设，全力打造和推动大运河文化带和大运河国家公园建设，采取市场化方式，引进社会资本对大运河沿岸项目进行投资、开发，让百姓共享大运河文化带建设带来的美好生活。具体对策建议如下：

1. 多元化资本市场融资，盘活民间资本

首先，在融资多元化方面。在大运河文化带整体规划的基础上，积极调动、引进民间资本投资、开发大运河文化带项目，建立以政府为主导、市场化运作、多元化投入的大运河文化共建机制，降低社会资本进入门槛，鼓励各类非公有资本共同参与设立天津市和西青区大运河保护开发基金。另外，还可以通过发行专项债券的形式，成立西青段大运河文化旅游发展基金，大力推动大运河文化旅游发展基金和专项债券相互合作，探索股债联动模式，充分发挥政府与市场的双重作用，从而在创新投融资体制的基础上，撬动更多金融和社会资本参与大运河文化带建设。

其次，在资金使用方面。结合大运河文化带西青段文化遗产保护和建设的实际情况，一方面，资金要重点用于文化博物馆、文化公园、文化长廊等标志性载体建设；另一方面，要进行运河文化资源的普查、抢救、研究、整理，以及历史遗存、文物古迹的修复维护，从而加快大运河西青段建设。

2. 打好“精品”和“特色”两张牌，加强大运河文化带西青段的文化保护

首先，西青段作为京杭大运河南运河的重要组成部分，需要围绕运河沿线不同的地域文化进行开发建设。以大运河为轴，因地制宜地打造不同历史文化生态旅游景观带、打造各具特色的精品大运河，提升城市品位，带动相关产业发展，如辛口镇农耕运河文化板块、中北镇海派运河文化板块、杨柳青镇古镇运河文化板块和西营门街现代城市运河文化板块，从而形成绚丽多姿的水工设施、文物古迹、科技教育、文学艺术、诗词碑刻、风情习俗、饮食文化、名人轶事、神话传说等“精品”和“特色”结合的大运河历史文化生态旅游景观。

其次，深入挖掘沿岸历史传说、掌故等民间文化、艺术资源，完善非物质文化遗产保护传承体系，健全民间文化传承人、非物质文化遗产项目代表性传承人的补贴、激励机制，积极传承运河文脉。在保护好、挖掘好、传承好大运河的同时，西青区还需建设文化旅游产业与市民文化公共设施高度融合的载体空间，打造展示中华文明的西青金名片。

3. 加快形成西青段大运河文化建设的人才队伍，形成人才保障

首先，增强“非遗”文化感召力，打造天津“非遗”设计的金字招牌。非物质文化遗产作为中华文化的重要载体，是展现国家和城市软实力的重要文化源泉。就天津“非遗”文化而言，在天津原有城市文化挖掘、培育、塑造基础上，城市规划应充分结合天津运河沿线历史文化街区、名镇、名村的保护与开发，让彰显“津味”的非物质文化遗产的特色和风韵得到进一步的传承与创新，从而不断提升天津“非遗”文化的感召力、生命力和影响力。此外，应从城乡文旅产业融合发展视角，进一步加强对天津“非遗”老字号原址、原貌的保护，推动老字号“非遗”文化的传承振兴与创新设计，发掘

其在促进城乡经济高质量发展上的独特价值，开发独具天津特色的“津味”文创产品与服务，打造天津“非遗”设计的金字招牌。

其次，构建以高质量设计人才培养高地为建设目标的体制机制。为有效保护和传承非物质文化遗产，国家出台了众多的法律、法规及鼓励、扶持政策，例如《中华人民共和国非物质文化遗产法》（2011 年）、《国家级非物质文化遗产代表性传承人认定与管理办法》（2019 年）等。目前，在天津与“非遗”相关的政策，只有 2018 年 12 月 14 日天津市第十七届人代会常务委员会第七次会议通过的《天津市非物质文化遗产保护条例》。除此之外，参考依据主要是国家及文旅部制定的法律、法规文件。天津是一座有着 600 多年历史的文化名城，尤其是运河沿线城镇和乡村，拥有丰富的非物质文化遗产资源。对天津“非遗”传承、保护与活化设计而言，最重要的是非物质文化遗产保护、传承及活化设计的高质量人才的挖掘和培养。“非遗”政策制定应契合天津实际，从文旅融合视角出发，建立健全天津“非遗”人才培养的“天津范式”。

最后，非物质文化遗产为天津“设计之都”注入文化基因和发展活力。2018 年，天津启动申报联合国“设计之都”。从客观条件来讲，相比北京、上海、深圳、武汉等国内已有“设计之都”称号的城市，天津在城市文化建设、“双创”型企业发展、艺术设计人才培育方面存在一定差距。然而，天津因河而生，运河文化作为天津“设计之都”的“文化灵魂”显得尤为重要，运河沿线的非物质文化遗产作为天津地域传统文化的典型代表，将为天津“设计之都”建设注入文化基因和发展活力。应通过运河“非遗”文化融入城市、融入高校、融入社区等多管齐下的融入方式，充分挖掘、发挥“非遗”文化的魅力和影响力，促进天津文化大繁荣、大发展。

4. 完善大运河文化带和大运河文化公园建设的保障机制

一是加快京津冀文旅资源联动。成立京津冀大运河旅游联盟，依托天津南站交通枢纽，围绕杨柳青大运河国家文化公园建设，串联光合谷旅游度假区、稻香国家现代农业产业园、辛口沙窝萝卜特色小镇、白洋淀、雄安新区等旅游资源，以生态观光休闲、乡村自驾为主题，开展路线策划，并开通专线巴士、专线游船等，助力推进运河旅游资源开发。

二是协助推动杨柳青大运河国家文化公园项目建设。一方面，在考古勘探、项目审批、专项推进等领域给予支持，特事特办，帮助项目加快建设；另一方面，建议天津博物馆等单位，将曾经在西青发掘出土、征集到的文物、年画相关旧物（如画版、画家原稿、粉本等）、漕运相关旧物、赶大营相关旧物等适当调拨到西青，助力西青区发掘有关西青，特别是杨柳青、大运河西青段的历史文化资源，帮助西青现有的非物质文化遗产申请市级、国家级“非遗”。

三是持续完善工作体制机制。对于运河沿线项目推动，建议市规划、市住建等相关部门，以专题座谈会、基层走访服务等形式，定向为沿线各区解决项目推进中的各类问题，针对性破除当前工作障碍，助力运河保护与经济发展和谐共进。

下一步，围绕大运河文化保护传承利用，结合京津冀文化和旅游协同发展战略，西青区将继续深入落实好全市关于沿线项目建设的有关要求，科学合理地处理好保护传承和综合利用的关系。坚持生态优先、绿色发展理念，注重生态环境保护，统筹规划实施岸线防护、绿化、景观等项目建设。以文化为灵魂，深入保护好、传承好和利用好大运河文化遗产，加快杨柳青国家大运河文化公园项目建设，开发大运河文化旅游精品，弘扬传统优秀文化。

专题报告三：
京杭大运河江苏扬州市和淮安市评估报告

江苏省扬州和淮安两市在大运河文化带中具有特殊地位，吴王夫差在淮安和扬州之间开凿邗沟，这是世界上第一条有确切纪年的大型运河，也是中国大运河最早开发的一段。大运河智库针对《大运河规划暨文化公园方案》中涉及的原则、定位、布局、目标及保护传承利用的要求、重大工程等，对扬州市和淮安市评估如下：

一、建设现状

扬州作为唯一全域划入核心区的地级市，在大运河文化带中具有特殊地位，它既是中国大运河的原点城市、中国大运河联合申遗牵头城市、南水北调东线源头城市，也是长江经济带和大运河文化带的交会点城市，多个国家战略、国家工程在扬州交汇叠加，肩负着中华文明与世界文明交流对话的国家责任。扬州经济发展水平一直平稳，处于较高水平，人民生活持续改善，城乡居民收入同步增长。2019 年实现地区生产总值按可比价计算，增长 6.8%，增幅列江苏省第三。较好的经济发展速度对大运河文化带建设有支撑作用。2007 年以来，扬州每年举办一次世界运河城市论坛，中国大运河博物馆落户扬州，首届大运河文化旅游博览会成功举办，首届运河文化嘉年华获得市民、游客热烈欢迎，扬州有成为大运河文化带建设示范城市的先决条件。

2014 年 6 月 22 日，中国大运河成功列入《世界遗产名录》，长达 8 年的大运河申遗之路画上圆满句号。大运河申遗成功后，扬州共有 10 个遗产点、6 段河道列入《世界遗产名录》。其中，10 个遗产点分别为：刘堡减水闸、盂城驿、邵伯古堤、邵伯码头、瘦西湖、天宁寺行宫（含重宁寺）、个园、汪鲁门宅、卢绍绪盐商住宅、盐宗庙。淮扬运河扬州段遗产区 6 段河道分别为：古邗沟故道、高邮明清大运河故道、邵伯明清大运河故道、里运河、扬州古运河、瓜洲运河。

淮安是国家历史文化名城，有 11 处国家级、156 处省市级文保单位。淮安是大运河沿线的人文荟萃之地，是江苏大运河文化的鲜明代表和标识符号，公元前 486 年，吴王夫差在淮安和扬州之间开凿邗沟，这是世界上第一条有确切纪年的大型运河，也是中国大运河最早开发的一段，全长约 150 千米。位于邗沟北端的淮安由此与运河相伴相生。

淮安作为大运河申遗的重要节点之一，为大运河文化的保护传承做出了积极贡献。中国大运河淮安段列入《世界遗产名录》的有 1 段河道和 5 个遗产点，分别是淮扬运河淮安段和清口枢纽、双金闸、清江大闸、洪泽湖大堤、总督漕运公署遗址。实际上，淮安作为大运河申遗的重要节点之一，列入申遗文本的共有 2 处遗产区（清口枢纽、漕运总督遗址）、1 段河道（淮扬运河淮安段）、5 处遗产点（清口枢纽、双金闸、清江大闸、洪泽湖大堤、总督漕运公署遗址）。

虽然遗产点的数量不是最多，但是清口水利枢纽是由多个遗产点组成的，在大运河淮安段的保护规划和清口水利枢纽专项保护规划中，涉及的各类水工设施有 60 多个，包含了张福河、太平河、古黄河、盐河等多个河道，还有闸、坝、堰、堤、转水墩等各类水工设施，有埽工、石工、砖工、木龙等多种水工技术，在中国几千年运河发展史上的大多数水工设施、水工技术在淮安都能找到实例。

遗产区总面积 3970 万平方米，缓冲区总面积 6289 万平方米。清口是京杭大运河与黄河、淮河的交汇点，治黄、导淮、济运、通漕、减灾等一系列关键工程设施在此修建，形成了复杂的清口水利枢纽工程。清口枢纽遗产点分布于淮阴区、清河区、清浦区、淮安区、洪泽县，遗产区面积 3967 万平方米，缓冲区面积6275万平方米。

大运河淮安段是大运河全线历史最早、延续最久、变迁最复杂的河段，至今仍发挥着重要的航运、水利、生态、旅游和经济功能。

（一）文化研究与文化创作成绩斐然

扬州依托高校、研究机构和文化团体的研究和创作基础优势，重视文化研究和创作，已出版或即将出版如《世界运河名录》等多本学术著作和实用工具书。

2019年5月3日首届大运河文化旅游博览会在扬州开幕，视听盛宴展现了运河文化意蕴。2019年9月26日至10月6日由扬州市人民政府主办的“2019运河文化嘉年华”活动在扬州举办。活动以“千年运河·精彩生活”为主题，旨在进一步保护好、传承好、利用好大运河历史文化资源，塑造好“千年运河”的文化旅游品牌。其间举办璀璨绚丽的灯光秀、精致绝伦的“非遗”展示、争奇斗艳的花船巡游、趣味横生的木偶皮影表演和现代马戏演出、激情动感的运河民谣音乐节、多角度展示运河城市历史文化风貌的运河城市摄影展、品味舌尖上的运河美食荟等19项活动，让中外嘉宾及游客用视觉、听觉、味觉立体化感受扬州这座未来“世界运河文化之都”的文化魅力。26日开幕式在扬州宋夹城举行，扬州以古老的入城仪式欢迎来自9个运河国家和地区以及运河沿线35座城市的嘉宾。

为深入贯彻落实习近平总书记重要指示批示精神和中央、省委关于大运河文化带建设的决策部署，充分发挥文学工作者在保护传承利用大运河文化中的独特作用，2019年6月10～14日，江苏省作协组织30余位作家、编辑深入大运河江苏段沿线城市，开展大运河文化主题创作采风活动。此次采风在扬州启动，途经淮安等地。

案例：世界运河历史文化城市合作组织（World Historic and Cultural Canal Cities Cooperation Organization，WCCO）是由世界各国运河城市和相关经济文化机构结成的非营利性国际组织，2009年9月在民政部注册登记成立。WCCO从事的是全球运河城市间的国际交流，关注文化传承、环境保护、城市治理、可持续发展等全人类共同关注的主题。

目前在民政部登记注册的国际性民间组织有36家，这些组织的总部或者秘书处大多在北京，北京以外的只有6家，设在地市级的仅3家，在江苏省的仅1家，那就是组织驻地和秘书处都设立在扬州的WCCO。WC-CO现有城市、机构、企业、个人会员共89个，其中国内运河沿线会员城市41座，国外25座。

WCCO诞生在中国，是在中国大运河申报世界遗产的过程中长大的非营利性国际组织，而在申遗过程中有一项重要活动，那就是举办“世界运河城市论坛”。

“世界运河城市论坛”从2007年开始在扬州举办，每年一次。在这个论坛上，世界各地运河城市及运河的管理者、研究者、爱好者互相交流经验，分享运河城市建设的智慧、运河遗产保护利用的案例。这一论坛已成为推介中国运河文化，讲述中国运河故事的重要渠道，在世界百余座运河城市中产生了广泛的影响力。

WCCO也十分注重文化研究，与多家研究机构联合出版图书，比如与上海社会科学院联合编撰《世界运河古镇绿色发展报告》，与南京大学双语词典研究中心合作整理、编撰《世界运河名录》等。

2019年央视中秋晚会在淮安里运河畔成功举办，向全球充分展现了水清岸绿景美的运河治理成果。晚会融亲情思念、家国情怀、传统文化、地方元素于一体，通过直播与全球华人一起共度月圆之夜。晚会舞台搭建在淮安运河边，远看是榷关内外“南船北马”，近看则有“淮上明珠”“青砖黛瓦”，古朴气息将观众带回数百年前的繁华都会。整场晚会将底蕴深厚的古代淮安与包容开放的当代淮安相融合，伟人故里、运河之都、美食之乡等一系列淮安符号均有呈现，展现了“厚重、清新、热情、包容、开放、向上”的淮安城市气质及“包容天下、崛起江淮”的淮安城市精神。晚会实况在央视多个频道同步现场直播，全球华人通过电视和网络一睹淮安风采、品味淮安味道。

近年来，淮安市按照中央、省委要求，持续发力、聚焦打造淮安“运河之都”城市名片，提升城市品质，保护、传承、利用大运河文化遗产，淮安里运河文化长廊已初步建设，成为大运河文化带上的样板。淮安始终坚持以保护为先、开发为次的发展之路，从高起点规划入手，把挖掘传承运河文化、地域特色文化以及生态保护和修复作为重点，结合旅游开发和产业布局，取得了阶段性成果。

在大运河文化遗产保护方面，淮安市不遗余力，坚持修旧如旧，恢复历史文化遗存原貌，投资约1500万元对陈潘二公祠、吴公祠、斗姥宫、清江浦楼进行布展提升。清江浦楼已成为城市的地标；清江浦记忆馆记录着城市发展的根源，记载了淮安600年开埠以来的历史变迁；整修后的陈潘二公祠、吴公祠等，以现代科技手段展现了束水攻沙、蓄清刷黄、筑圩抗捻等惊绝世间的奇工妙计；祠堂附近的斗姥宫，再现了道教神祇的威严阵仗。历时4年，在河下原址恢复重建的沈坤状元府，其老宅区和园林区已完成布展并对外开放，2017年仅国庆期间就接待游客逾5万人次，成为里运河文化长廊又一个旅游热点。

板闸是明代早期修建在运河淮安段的著名“四闸”之一，对研究中国明清水利史、运河史都具有巨大的意义和价值。国家文物局专家认为板闸遗址是大运河申遗成功之后运河沿线一处最重要的新发现。项目施工过程中发现板闸遗址后，淮安市委市政府立即下令进行保护，收回开发地块，把板闸与古河道、古堤坝、古建筑遗址等保护起来以待系统发掘。经国家文物局批准，淮安市博物馆对遗址进行了两次发掘，发掘总面积2000余平方米。目前，板闸遗址规划设计方案已获国家和省市文物部门批准，计划投资3亿元实施建设集板闸遗址本体保护与展示、中国船闸博物馆、板闸遗址展示馆等工程为一体的板闸遗址公园。

在修复保护和项目建设中，淮安做到了和谐统一，不仅保留了大运河的文脉乡愁，而且使其焕发出新时代的雄伟姿态，形成了古韵新味的淮安名片。

在淮安市有一批学者活跃在大运河文化研究领域，发表了一系列研究成果，出版了《江苏运河文化遗存调查与研究》等著作，还在《光明日报》等主要报纸上发表了研究成果。在淮安，学者还挖掘整理了大运河史料，出版了《淮安里运河故事》《淮安运河文化研究论文集》等系列丛书，开展了运河文化遗产宣传教育进校园、进社区活动。此外，还实施了大运河文化资源布展解读工程，建成中国漕运博物馆、淮扬菜博物馆、清江浦记忆馆、洪泽湖博物馆四座运河文化专题博物馆。“一事一策”推进了十番锣鼓、洪泽湖渔鼓等“非遗”项目保护，成功举办了中国（淮安）大运河文化带城市非物质文化遗产展示等系列活动。大力弘扬淮扬菜文化、戏曲文化、漕运河工文化，传承大运河历史文化根脉，“包容天下、崛起江淮”的新时期淮安精神在推介运河文化中得到了生动诠释和涵养。

（二）强化水资源管理成效显著

在水生态文明建设方面，扬州也是全国试点城市，无论是水面积、水文化、水景观，还是水资源、水功能、水贡献，都是国内有代表性、有特点的城市。扬州连续多年实施“绿杨城郭新扬州”和“清水活水”工程，恢复湿地4000亩以上，努力打造“天蓝、水清、树绿”的生态生活环境。沿京杭大运河和南水北调东线输水廊道、淮河入江水道两岸1千米范围内，规划建设江淮生态大走廊，重点实施区域生态红线保护、植树造林、河湖湿地生态修复和流域水污染防治，要把大运河扬州段建设成为清水走廊和绿色走廊。“十三五”期间总投入近300亿元实施清水活水、良好湖泊保护、农村环境综合整治等八大工程68个项目，确保一河清水向北流。全力打造生态运河，实施唐子城护城河水系的恢复和治理，再现了历史风貌。

强化生态系统保护，启动高宝邵伯湖“三退三还”工程。按四星级以上景区的标准，在大运河沿线区域建成6个单体面积超过10万平方千米的生态中心；新增成片造林10.9万亩、修复湿地1.5万亩，自然湿地保护率达53.9%以上。

强化生态空间管控。以南水北调源头水质和区域饮用水源为重点，在大运河沿线及周边划定了洪水调蓄区2个、饮用水水源保护区及清水通道维护区19个，重要湿地或湿地公园5个，自然保护区3个，共计1070余平方千米生态空间管控区域，占全市生态空间管控区域79%以上。严格生态红线管控措施，加大生态环境保护力度，并对生态红线区域进行检查考核。强化生态环境监管执法，环境执法数量和质量明显提升。

扬州建立由生态环境、住建、水利、交通、农业等十多个部门组成的全市水污染防治联席会议制度，搭建联防联控平台，定期调度、协商和指导水污染防治重点、难点工作任务。在京杭大运河上设立重点控制断面，由市县两级党政领导担任“断面长”，对水质达标负责。将南水北调相关考核断面纳入省水环境区域补偿范围，并建立了全市横向水环境区域补偿机制，将补偿断面由5个增加到21个。

统筹推动“水十条”工作，2016年以来科学谋划、有序推进重点水污染治理工程374项。高邮市、江都区都编制了重点断面水质发送强制污染减排实施方案。开展京杭大运河（南水北调东线）和通榆河清水通道沿线两侧1千米范围内化工企业关停搬迁工作，累计关停搬迁京杭大运河等重要输水通道两侧1千米范围内化工、小电镀、船厂、砂石码头、混凝土搅拌站等327家。

淮安以推进国家级水生态文明城市试点工作为抓手，严格划定运河沿线生态红线，全面实行四级“河长制”及“断面长制”，统筹推进大运河全流域河道水质提升、湿地生态修复、环境综合整治等工作。深入推进大运河沿线“263”专项行动，有序推进西南化工片区及沿河化工企业搬迁工作，着力解决“两违”“三乱”问题，先后完成4条省定黑臭水体治理任务，开展25个入河排污口和水源地风险排查，累计清除场地房屋2.8万平方米、砂石货场13.6万平方米，7个断面水质稳定达到三类标准，运河周边整体环境得到持续改善。下一步，淮安市将按照“生产生活生态统筹、水域水量水质并重、预防保护治理齐抓”原则，持续推进大运河水安全保障、水资源保护、水环境治理、水生态修复等工程，整体性改善和提升大运河生态环境，着力将运河打造成为“美丽淮安”的高颜值生态廊道，持续放大“水懂我心、自然淮安”全域生态旅游品牌及“淮味千年”农产品区域公用品牌效应，努力将大运河生态优势转化为推动淮安高质量跨越发展的强劲动能。

（三）工作协调机制运行良好

2017年12月5日，扬州市成立大运河文化带建设工作联席会议，由市委常委、宣传部长和副市长担任召集人，成员为各有关局负责人，联席会议办公室设在市委宣传部，由宣传部副部长担任办公室主任。联席会议设经济长廊、文化长廊和生态长廊三个建设组，分别由发改委、宣传部、环保局牵头成立。2018 年 8 月 20 日，这个联席会议调整为扬州市大运河文化带建设工作领导小组，由市委书记担任组长、市长担任第一副组长，其他相关市领导担任副组长，成员由各有关部门负责人组成。领导小组办公室设在市委宣传部，办公室主任由宣传部长兼任，宣传部、发改委、文广新局等部门负责同志兼任办公室副主任。

淮安创新成立了实体化管理协调机构——市大运河办和运营实施主体——市文旅集团，不仅是深化文化体制改革领域的一次重要探索以及工作走在前列的重要举措，更为全省、全国大运河文化带建设创建了样板，充分彰显了淮安市委市政府推进大运河文化带和国家文化公园建设的信心决心和责任担当。

（四）立法先行发挥“保护伞”作用

扬州恪守世界文化遗产保护要求，先后颁布实施了《大运河扬州段遗产保护规划》《扬州市大运河遗产保护办法》《大运河扬州段世界文化遗产保护办法》等法规，推动“文物单体保护”向“文化遗产区保护”转变。设立运河文化保护缓冲区，抢救性保护好具有重要历史价值的水工遗存，严防城市化进程对体现先贤先民创造精神的河道遗存造成不可逆的破坏，进一步促进运河遗产本体保护与生态环境保护的有机融合。

2019 年 11 月 29 日，江苏省首个专门性地方性法规《淮安市大运河文化遗产保护条例（草案）》由市司法局面向社会征求意见。2020 年 2 月 24 日，市人大法制委员会召开全体会议审议了这一条例，并决定提交市人大常委会会议二审表决，目前已从 2020 年 6 月 1 日起正式施行。

（五）专项规划与地区规划陆续发力

2019 年 9 月 23 日，《大运河扬州段文化旅游带概念规划》专家论证会举行。来自规划、建筑、文旅等方面的 7 位知名专家精准把脉，发表了真知灼见，助力扬州市提升大运河保护传承利用的水平。作为“2019 运河文化嘉年华”系列活动之一，此次论证会由世界运河城市论坛系列活动筹委会主办、扬州市自然资源和规划局承办。

2020 年 3 月 30 日，淮安市召开全市大运河国家文化公园建设推进会，省城规院汇报了《淮安市大运河文化保护传承利用实施规划》编制情况。

2020 年 6 月 24 日，扬州市自然资源和规划局发布招标公告，以 48 万元开始对外招标《大运河国家文化公园扬州段建设保护规划》编制项目。

《新华日报》曾报道，扬州率先编制《大运河文化保护传承利用规划》和《大运河国家文化公园建设保护规划》，切实做好“一本规划，一张蓝图”。在统筹大运河沿线城乡经济社会发展，推进大运河文化带项目建设中，扬州始终坚持以文化为引领，以人民为中心，围绕“古为今用、推陈出新”，坚持科学规划，突出地域特色，以“一馆一园”为龙头，全力推进重点项目建设。

1. 系统化、项目化、清单化统筹全市重点项目

紧密结合扬州大运河文化带保护传承利用的空间布局，围绕“一条主轴、一个核心功能板块、六大文化片区、多个特色节点”，初步梳排了 10 大类共 100 个、总投资约 1130 亿元的大运河扬州段文化保护传承利用重点项目，包括中国大运河博物馆（筹）、瓜洲古镇核心区（大观楼）建设、玉文化创意园、邵伯运河风情小镇、仪征南门大码头古街、宝应县大运河文化传承展示中心、高邮湖生态保护与修复工程等。

2. 按照“至高性、系统性、协调性”要求推进中国大运河博物馆如期建成

围绕打造“世界运河文化之都”的龙头工程、中国大运河文化带的地标工程、新时代扬州城市建设的经典工程，全力加快大运河博物馆主体工程建设，已于 2020 年 10 月底交付南京博物院布展，2021 年 6 月正式对外开放。

3. 高起点、高标准、高要求推进中国大运河非遗文化园建设

作为大运河博物馆重要旅游休闲配套项目，将打造集文化体验、文化演艺、“非遗”传承、休闲度假、创业创新于一体的综合非遗文化产业园区。目前，滨水空间及相关基础设施作为中国大运河非遗文化园先导部分已经实质性开工，后期将大力开展招商引资，把中国大运河非遗文化园建设打造成为大运河国家文化公园江苏段的示范工程。

（六）国家文化公园管理体制不断完善

2020 年 3 月 30 日，江苏首家市级大运河文化带规划建设管理机构即淮

安市大运河文化带规划建设管理办公室成立，该办公室作为市级管理协调机构，将统筹规划、督导推动大运河文化带和大运河国家文化公园建设。同时成立的还有淮安市文化旅游集团股份有限公司，该公司将具体负责实施大运河国家文化公园建设，成为国有文旅资产管理运营主体、重大文旅项目投资建设主体、重要惠民文旅事业落实主体、新兴文旅业态培育主体。

（七）大运河国家文化公园建设与宣传成效明显

中国大运河博物馆选址江苏扬州三湾，位于开发东路南侧，三湾公园内，由扬州三湾投资发展有限公司开发建设，中国建筑西北设计研究院有限公司设计。

中国大运河博物馆将对大运河进行全流域、全时段的展示，展示内容包括隋唐大运河、京杭大运河、浙东运河的2500年发展历史，以及其对中国历史进程的重大影响。规划中的博物馆紧邻大运河河道，馆内展厅面积达1.6万平方米。

2020年5月29日上午，大运河（淮安段）国家文化公园建设暨中国水工科技馆规划咨询会在北京举行，包括院士在内的10名各界专家应邀担任顾问，一起为大运河文化带建设出谋划策，提供智慧支持。

案例：一座博物馆与一座古城的复兴

在扬州三湾公园景区，中国大运河博物馆的主体施工已经完成。很快，一艘巨船的形象将拔地而起，这艘“船”就是中国大运河博物馆的主体建筑。

船在中国文化中有着特别的含义，它总是承载着什么，从远处来往远处去，就像中国大运河博物馆，收藏着2500年历史，蕴藏着穿越时空的智慧，启迪着我们把目光投向未来。

一座博物馆，浓缩大运河2500年水韵精华。

打造世界运河文化旅游目的地，展示复原运河人文风情，是扬州三湾景区的建设目标，中国大运河博物馆无疑是其中的点睛之笔，也是中国大运河文化带的一个地标。

博物馆布展将以大运河发展变迁为脉络，以大运河全流域、江苏段特质为重点，展示大运河带给民众的美好生活。目前已经确定的常设展有两个，其中“世界文化遗产——中国的大运河”以隋唐运河、京杭大运河、浙东运河为主线，将大运河发展史中的重要节点，例如邗沟与大运河的关系等一并加入展示；“应运而生”则通过实景展示运河沿岸人文风情，表现大运河为沿线城市带来的发展和繁荣，观众可以看到运河上来往的船只，运河两岸人民的生活方式，甚至还可以吃到运河边的特色小吃。此外，“隋炀帝与大运河”“运河边的非物质文化遗产”“运河上的舟楫”“大运河与紫禁城”等临时展览也已在原则上确定。

一座公园，辉映古代智慧与现代文明。

三湾片区占地3.59平方千米，这里将被打造成体现古人智慧、再现大运河历史辉煌的场域，成为扬州这座古城的经典片区。

如果说中国大运河博物馆将纵贯中国南北、穿越数千年的历史集于一体，那么与之相配套的其他规划则体现了传承创新的现代文明。

一条文化带，让运河之水泽被当下启迪未来。

大运河文化带建设尤其是中国大运河博物馆的选址和建设，让三湾脱胎换骨，焕发青春，一个集“非遗”、艺术、剧院、影视、养生等为一体的文化片区呼之欲出。它的西侧是充满蓬勃发展动力的扬州经济开发区，东侧是充满着生活气息的城市综合区，北侧是被整体保护、严格控制开发的扬州古城，三湾对于提升城市文化品位、丰富城市片区功能的规划意义不言而喻。

在漫长的历史时空中，扬州是一座因运河兴而兴，因运河衰而衰的城市，如今它的复兴再度与大运河息息相关。当下连接着历史和未来，而这种联系可以从一座博物馆与一座城市的故事中观察到清晰的路径，品读出悠远的韵味。

（八）大运河资源适度利用推动经济与社会发展

大运河既是生态之河、文化之河，也是交通之河、发展之河。历史上的大运河扬州段以漕运、军事功能为主，如今大运河扬州段已经成为集交通、运输、行洪、排涝、灌溉、供水等为一体的重要水道，并发挥着越来越重要的作用，成为运河遗产活态利用的代表。大运河扬州段作为二级航道，也是全国航运密度较大的内河航道之一，每年运输量都在 3 亿吨以上，相当于 6 条京沪高速扬州段的运量，施桥船闸船舶通过量是三峡大坝的 2.2 倍。大运河也是南水北调东线工程的重要输水廊道，6 年来累计抽水 170 亿立方米，惠及苏北、安徽、山东和京津冀地区的数亿人民群众。

在大运河文化带、生态带、旅游带建设方面，扬州注重打造永恒城市经典，讲好运河名城故事、开发运河文旅产品、搞好运河文旅服务。高标准建设三湾大运河核心示范园，精心打造以湾头、瓜洲、邵伯等为代表的运河风情特色小镇，同时联合运河沿线城市开发运河旅游产品，叠加“非遗”、园林等传统文化优势，开发运河游精品线路。

（九）淮扬菜博物馆彰显饮食文化特色

淮扬菜发源于扬州，并在扬州得到了传承、发展和壮大，是扬州悠久历史文化的绮丽瑰宝。2001 年 8 月，中国烹饪协会认定扬州为全国首个菜系之乡——淮扬菜之乡。2005 年 4 月，扬州市淮扬菜历史文化博物馆在何园开业。2009 年 4 月，中国烹饪协会批准在扬州建立中国淮扬菜博物馆并予授牌。

淮安也有一座博物馆。作为淮扬菜文化的发源地，淮安就有这么一座博物馆——中国淮扬菜文化博物馆，它充分展示了淮扬菜之乡的深厚饮食文化底蕴，依托博物馆这一平台，也更为广泛地弘扬了中华美食文化。该馆于 2016 年被评选为江苏省科普教育基地。

二、面临问题

（一）大运河文化标识视觉识别系统不明确

江苏大运河沿线城市基本树立了各自的运河文化旅游宣传语，如淮安以“最运河、最淮安、最市井”为原则，传承漕运文化、运河文化；大运河“生长原点”扬州积极打造“运河第一城”。但目前各城市大运河文旅统一的标识尚未推广使用，影响对大运河文化品牌的快速识别与认知。

（二）大运河文化相关节庆活动整合不够

各地开展的活动内容丰富多彩，形式多样，活动内容涉及餐饮、电影、旅游等多个文化领域，但是主办单位以单个地方政府为主，举办活动频次、规模、力度不一，活动内容存在相似与雷同，地方特色和区域关联，区域联动性节庆活动开发不足。

（三）大中小学教材中与大运河相关内容需进一步充实

苏教版的小学语文教材在全国的使用量排第二位，近 20 个省份至少 1000 万名小学生在同时使用，但是其对大运河的介绍仅限于“北起首都北京，南到天堂杭州”，不仅内容不全面，存在对大运河区域地理概念界定不准确的问题，而且对于大运河流经区域的历史文化遗产资源只字未提。大学阶段也缺乏统一的大运河通识类的教材及相应课程。

（四）大运河管护和执法需协同

大运河江苏段尚未实现对水资源、水环境、水生态、交通、岸线管理、堤防养护等涉水事项的统一长效管理。管护机制缺乏有效合力，既缺乏水利部门与其他行业、部门协同管理机制，也未建立区域间协调管理机制，职能交叉、分工不明确、规划不衔接、地方各自为政等现象依然存在。各行业管理能力也存在不平衡，水利部门对苏南运河管护的人员力量、基础设施、经费保障等尚无法满足管理需求，区域之间管理能力不平衡，缺少统一的协商机制；综合监测能力尚未整合到位，监测手段和方法较传统。

（五）对大运河文化的挖掘、研究、阐释有待深化

大运河江苏段沿线文化历来兼容并蓄、多元交融，但目前运河承载的文化价值和精神内涵挖掘还不够，大运河江苏段的文化脉络和历史内涵尚未理清，遗产活态传承载体和传播渠道有限，不利于大运河文化的创造性转化和创新性发展。

（六）遗产保护与发展建设之间矛盾仍然突出

大运河时空跨度大，文化遗产类型多样，系统性、全方位遗产保护仍显不足。由于运河是仍在使用的活态文化遗产，加之运河沿线又是江苏省人口密集区和重要经济承载区，遗产保护与交通、水利、能源、城乡等发展建设的矛盾依然存在。

（七）生态环境压力依然较大

大运河江苏段水网密集、人口稠密，生态资源本底较为敏感脆弱。部分禁止开发区域存在环境隐患，山水林田湖一体化保护有待加强，大运河串联的部分湖泊水体质量有待提升。沿线产业结构仍然偏重，部分城乡建设挤占河湖生态空间，实现人与自然和谐发展任重道远。

（八）运河沿线区域协作水平有待提升

区域间常态化协作机制尚不健全，工作统筹需要进一步加强，生态环保、航运水权等方面的省际沟通协作也亟须加强。统筹运河相关资源合理开发利用、以文化为引领推动区域经济社会高质量发展的实践路径还需继续探索，对接国家发展战略、促进沿线城市协作联动的作用还没有得到充分发挥。

三、对策建议

（一）走“互联网 + 大运河”的信息化提升之路

充分依托迅猛发展的数字技术媒介，基于“物联网 + 融媒体技术”，建设大运河文化带江苏段管理与推广云平台。在管理方面，利用物联网技术监测运河水质及岸线违法施工情况；借助无人机航拍、卫星图像对比和无人艇巡检，巡查运河沿线古迹和河道生态等；在景区布设二维码，提供导游服务的同时，对游客分布和流动进行统计和预测，为决策提供依据；对码头、仓储、船舶和待运货物进行智能化匹配，打造运河智慧物流平台等。在推广方面，设计开发统一的江苏大运河形象视觉识别系统，并广泛应用于实体及虚拟空间的宣传。建设与开发集线上线下、河面陆上于一体的体验型文化场馆综合体，重塑公众对大运河文化的信息感知、传播、获取、利用新体系。提取并整合海量的运河人文、地理、旅游、生态数据，用多媒体方式记录大运河文化带的发展历程。利用信息化技术培育新型大运河文化业态和文化消费模式，以高质量大运河文化供给增强人们对大运河文化的获得感。

（二）加快研发本土特色人文教材

依托大运河文化带江苏段丰富的自然生态资源、厚重的人文历史资源以及优质的科教资源优势，广泛涉及英语、语文、数学等学科领域，加快研发大运河文化带江苏段本土特色人文教材。

（三）从特色开发到整合发展，走城市联盟协作联动之路

大运河在江苏境内呈多线、复线带状分布，为防止无序开发和同质建设，大运河文化带江苏段的文化标识建设要突破地域、行业限制，在凸显沿线8个城市特色的同时，更应实现8个城市在整合自然资源、文化资源、社会资源及公共服务资源基础上的高频共振。加紧设立大运河江苏段城市文化协作联盟，建立和完善区域旅游合作机制，实现各地优势资源互补。加快牵引大运河文化带江苏段城市联合化发展转型，以共赢共享共振释放的强大文化及商业势能，激发并创造社会公众对于大运河文化发展的新需求，展现大运河文化带江苏段整体形象和文化魅力，使大运河文化带江苏段沿线8个城市的文化景点串珠成链，移城换景，实现大运河江苏段文化价值最大化。

（四）做好政策协同

从政策层级维度来看，省级层面要抓好规划引领和工作统筹，加强与运河沿线省、市的工作沟通联系，加强省内沿线8市的工作统筹，相关部门要明确各自责任和分工；从政策主体维度来看，要“保护好、传承好、利用好”大运河江苏段文化历史资源，大运河江苏段相关政策主导部门和政策参与部门要找准问题切入点，协同精准发力；从政策工具维度来看，综合使用市场化工具如合同外包、分权与权力下放、产权交易等，工商管理技术如战略管理、绩效管理、顾客导向、全面质量管理等，以及社会化手段如志愿者

服务、公众参与或听证会制度等方式。为提高政策实践绩效，要以建立现代文化产业体系为主要抓手，统筹考虑大运河江苏段涉及相关部门的自身特点和作用机制，确保政策群在最终目标上具有一致性、在政策制定中的协同性、政策工具的多样性以及在政策实施过程中的稳定性。

（五）走绿色航运发展之路

大运河江苏段文化标识的打造是以绿色大运河本体为依据的。大运河江苏段货物的远距离运输，目前基本是以柴油为主动力燃料。据不完全统计，每年在京杭大运河江苏段行驶的数十万内河船舶年消耗燃料柴油超过 200 万吨。以此测算，如果京杭大运河江苏段内船舶改用液化天然气等作为燃料，对大运河江苏段环境所产生的生态效益将相当可观。

专题报告四：
浙江嘉兴市和绍兴市大运河文化带建设评估报告

大运河智库针对《大运河规划暨文化公园方案》中涉及浙江嘉兴、绍兴的原则、定位、布局、目标及保护传承利用的要求、重大工程等，评估如表1和表2所示。

表1　嘉兴市《大运河文化保护传承利用规划纲要》落实情况的基本态势

序号	基本态势	《嘉兴日报》等媒体报道
1	秀洲区争做大运河文化带建设“三好生”	2019年4月10日
2	承办嘉兴市大运河文化旅游与古镇建设座谈会	2019年4月10日
3	坚决扛起大运河文化带建设的浙江担当	2019年4月15日
4	嘉兴秀洲以文化为抓手　打造三位一体大运河文化带	2019年4月28日
5	推进大运河文化带建设	2019年5月6日
6	关于大运河（嘉兴段）文化带发展的实施意见	2019年6月14日
7	“运河情·秀洲味”——“运河印象”主题文化系列活动	2019年5月13日
8	全力打造流淌千年的运河文化传承地	2019年8月2日
9	举行首届大运河音乐会	2019年11月18日
10	《浙江省诗路文化带发展规划》发布	2019年12月18日
11	嘉兴运河湾国家湿地公园创建成功	2020年3月24日
12	让“流动的文化”熠熠生辉　杭嘉湖三地共育大运河“走运之旅”	2020年5月1日

续表

序号	基本态势	《嘉兴日报》等媒体报道
13	积极共建大运河国家文化公园	2020 年 5 月 6 日
14	嘉兴市文物保护所自制系列视频节目	2020 年 5 月 26 日
15	大运河文化公园（嘉兴段）建设项目建议书获批	2020 年 6 月 5 日
16	秀洲区文旅局副局长赵国君带队考察大运河	2020 年 6 月 11 日
17	超百亿文旅项目（间川运河古城）落户嘉兴运河文化省级旅游度假区	2020 年 7 月 2 日
18	嘉兴市人大常委会开展《嘉兴市大运河世界文化遗产保护条例》执法检查	2020 年 7 月 24 日
19	嘉兴四部门联手推进大运河沿线港口码头整治	2020 年 10 月 14 日
20	嘉兴市政府常务会议组织学习《浙江省大运河世界文化遗产保护条例》	2020 年 10 月 14 日

表 2　绍兴市《大运河文化保护传承利用规划纲要》落实情况的基本态势

序号	基本态势	《绍兴日报》等媒体报道
1	融入省“大运河文化带”建设	2019 年 1 月 15 日
2	为大运河文化带建设贡献更多柯桥力量	2019 年 4 月 13 日
3	坚决扛起大运河文化带建设的浙江担当	2019 年 4 月 15 日
4	推进大运河文化带建设	2019 年 4 月 18 日
5	绍甬携手共建大运河文化带	2019 年 6 月 21 日
6	解码·大运河文化带·绍兴故事	2019 年 7 月 9 日
7	《绍兴市大运河世界文化遗产保护条例》发布	2019 年 10 月 11 日
8	浙东运河文化园项目开工	2020 年 3 月 2 日
9	抢抓全省大运河文化带建设契机	2020 年 3 月 20 日
10	实施浙东运河文化带三年行动计划，抓好浙东运河文化园建设	2020 年 4 月 30 日

一、嘉兴市大运河文化带建设的地域性特征与路径分析

大运河嘉兴段位于太湖东南的水网地带，既是杭嘉湖平原水系的干河，也是京杭大运河自北而南沟通五大水系中太湖和钱塘江两大水系的主动脉。江南运河嘉兴段北起嘉兴秀洲区王江泾长虹桥，南到桐乡崇福镇，流经秀洲

区、秀城区、桐乡市境内，全长81.22千米。

（一）嘉兴市大运河文化带建设的地域性特征分析

1. 大运河嘉兴段年代久远

纵观大运河嘉兴段的历史沿革，从春秋时期至当代，一直随着时代的变迁和城市功能需求在不断地发展建设，在开凿年代方面可谓京杭大运河的缩影，包含春秋、隋代、元代、清代、近代及现今当代，具有持续生长性，是杭嘉湖江南运河文化的典型代表。

2. 大运河嘉兴段航运功能完整

大运河嘉兴段的航运职能沿用至今，仍是发挥重要交通运输功能的运河，全市航道里程占全省航道总里程的20%，航道密度位居全省之首。另外，运河沿线多数村镇仍保持着原生的、良好的人水关系。人们临水而居，与水为友，运河与村镇内部水系联通，水与村镇格局完整，尺度宜人。

3. 大运河嘉兴段河网密布

嘉兴处于杭嘉湖平原河网水系最发达的地区，早在隋朝就利用原有水体开凿江南运河，与唐初盐官一带海塘的兴修，为本地开发水利，建设塘浦圩田提供了基础。人们以开河之土筑圩挡水，圩内开沟渠，有排有灌，形成“七里一纵浦、十里一横塘”的塘浦圩田系统。“大运河—二级运河—河港湖荡—临水镇村—塘浦圩田”这一完善的结构体系是杭嘉湖平原典型的水适应性景观，使嘉兴优越的自然条件得以充分发挥，逐渐成为全国举足轻重的粮食基地。

（二）嘉兴市大运河文化带建设的路径分析

针对《大运河文化保护传承利用规划纲要》中涉及的原则、定位、布局、目标及保护传承利用的要求、重大工程等，嘉兴市落实大运河文化保护传承利用规划的情况如下：

1. 紧抓历史文化遗产保护和资源整合，梳理大运河文化遗产多元内涵

（1）历史文化遗产保护与资源整合齐头并进。嘉兴市大运河文化遗产系统保护在浙江省规划建设的“四条诗路”中，紧紧抓住“大运河诗路”；同时，对大运河沿岸的历史文化街区进行认定、保护和普查，对资源进行整

合，积极打造各类运河文化旅游品牌和线路，以及运河文化活动，宣扬运河精神。尤其以传统古镇为载体，打造精品古镇旅游线路，宣扬运河文化，挖掘文化积淀。

（2）准确识别大运河遗产文化。大运河文化遗产是一个庞大的系统，充分认识并准确遴选出其客观表达对象是运河文化遗产创新发展的基石。浙东大运河嘉兴段文化遗产内涵丰富，涉及商贸文化、建筑文化、曲艺文化、饮食文化、生态文化、信仰文化和民俗文化等多种门类。同时，大运河的流动性和开放性，使文化的融合性加强，各种文化相互吸收、融合、涵化，发生了内容和形式上的变化，并逐步形成具有连续性和一致性的新文化。通过对包括江南经济史、城镇史等区域经济社会发展史和航运、漕运、水利、贸易、文化等大运河文化资源的系统梳理，全面夯实大运河文化复兴繁荣的基础。创新大运河文化遗产保护传承理念，推动从注重单一文化保护转向文化场景要素的综合保护，从注重“物质”保护转向“物质”与“非物质”保护兼重，从注重行政保护转向法治保护和多元力量保护并存。

2. 加大大运河沿线文旅和基础设施投入，推进运河文化与特色产业融合发展

首先，通过投资建设大运河沿岸湿地公园、沿岸绿道，建设智能制造经济重镇、运河文化旅游强镇、文明生态江南名镇；并以已有古镇为抓手和平台，通过拓展旅游线路、创办大运河文化主题活动、组建多维度的大运河文化带联盟，挖掘嘉兴大运河文化带保护传承利用的价值。

其次，以促进沿线生态、产业、人文、城市融合为导向，重塑浙东大运河嘉兴段沿岸产业、城市功能与人文景观，推动城市生态生产生活与大运河融为一体，提高城市的颜值指数和人们的幸福水平，打造水、人、文、产、城共荣城市。实现运河文化与旅游休闲、动漫影视、文艺作品、时尚产业等载体有机融合。大力实施“产业更新计划”，顺应全球经济数字化、网络化、智能化发展趋势，加强高端人才、产业、科技、资金等生产要素集聚，发展文化新业态、新产品与新服务，形成“运河文化 + ”格局，争创国家文化产业创新实验区等国家级示范试点，打造运河文化与特色产业融合发展的典范。

3. 提高法律保障

借助地市人大常委会的立法权，颁布《嘉兴市大运河世界文化遗产保护条例》，为大运河文化带的保护提供法律依据，实现有法可依。

案例：让“流动的文化”熠熠生辉——秀洲开启大运河文化带建设新篇章

2019年10月，浙江省政府印发实施《浙江省诗路文化带发展规划》，在规划建设的“四条诗路”中，“大运河诗路”与秀洲区密切相关。“大运河诗路”旨在以世界文化遗产和江南水乡名城古镇为主要载体，立足展现秀洲区“千年古韵，江南丝路”的文化印象；实现以大运河文化有效保护和延续为立足点，整合千年运河、江南湿地特色和深厚人文资源，开启大运河文化带建设新篇章。截至目前，秀洲区共拥有世界文化遗产点一个、省级文保单位五个；国家级非物质文化遗产一个、省级非物质文化遗产五个；另外，还有三个省级历史文化街区、五处名人旧居故居和四个革命旧址。近年来，秀洲区结合全年传统节日与本地人文民俗，开展各类文化品牌活动，持续打响秀洲运河文化品牌。例如，做足长三角“运河端午”品牌、做优元宵民俗文化节、做深江南网船会、做精朱彝尊文化艺术节等。同时，为进一步美化运河生态环境、打造运河风光，秀洲区开展了一系列环境整治专项行动，推动运河沿线历史街区修复、特色文化营造、北部湖荡清淤等工程，加大运河景观风貌保护力度，全面提升运河生态休闲功能。另外，秀洲区还着力推进文旅融合。秀洲区以嘉兴运河文化省级旅游度假区创建为主抓手，启动建设运河风情小镇、运河文化公园等一系列节点景观，丰富旅游产品，开拓旅游市场。目前，蓝城运河文旅产业项目、乡伴精品民宿项目两大项目处于在建状态，一里街历史文化街区项目、沪上人家精品民宿项目以及集运河文化体验、民俗文化表演、市井生活消费、主题娱乐互动、湿地度假休闲等功能于一体的运河文化小镇项目也正在有条不紊地谋划推进中。未来，秀洲区将聚焦建好一个场馆、打造一个品牌、建设一个度假区的“三个一”工作重点，推动建设有品质、有品位、有品牌的大运河文化带；继续整合区级重大群众文化活动和“一镇一品”特色文化节庆活动，持续打造大运河文化艺术节品牌，并组织开展“诗路大运河 · 文化进万家”三百活动、“诗路大运河 · 阅动长三角”阅读活动等运河文化主题活动；进一步以“传承运河文化、发展运河产业、激活运河经济、享受运河生活”为主旨，加快嘉兴运河文化省级旅游度假区建设，完善组织架构、加强政府投资、加大项目引进，将其打造成为运河文化休闲度假目的地、长三角江南水乡文化活动体验区。

二、嘉兴市大运河文化带建设中存在的问题

根据上述嘉兴市大运河文化带建设的地方特色与路径分析，嘉兴在大运河文化带建设中存在的问题如下：

（一）水体生态问题依旧，管理机构和体制不完善

首先，嘉兴市积极响应浙江省“五水共治”的号召，目前已实现断面水质四类以上，但局部河道的现场观感仍存在一些问题，特别是人口密度较高的老城区周边（如环城河），水体浑浊发绿，且嘉兴地势平缓，水体动力不足，易引起污染物淤积，也使河道水质难以维持。同时，缺少对大运河水体生态环境保护的规划和实际管辖，尚未形成完善的生态环境保护体系，也未形成实际投资用于大运河环境保护。

其次，嘉兴没有成立大运河文化保护传承利用的牵总机构和管理体制，现阶段政府机关各职能部门对大运河文化带的管理和规划也缺少统一协同，大运河文化带对应的管理职能部门不清、管理混乱。可见，嘉兴暂没有形成完整的大运河文化带传承保护利用体制机制，往往造成大运河文化带事权过多，而没有实际职能部门管理。

（二）历史风貌保护情况欠佳，规划缺失

第一，由于缺乏系统性的整理和保护，水利设施文化遗址保护重视不足，文化遗产保护与城乡开发建设协调不利，文化遗产的传承与利用薄弱是导致历史风貌丧失的主要原因，许多“非遗”项目面临后继乏人、经费短缺、缺乏展示平台等问题。

第二，嘉兴和绍兴缺少对大运河文化带的短期、中期和长期规划，导致地方大运河文化带保护传承利用规划无法与国家规划、省级规划实现对接。

（三）重文化轻经济，文化资源活化利用不足

首先，嘉兴大运河文化带发展的抓手和载体侧重于文化领域和文化设施，虽然有助于大运河文化的保护传承利用，但由于大运河文化带的基础设施和产业投资不足、文旅融合不充分，导致区域经济带动作用不强。同时，嘉兴由于重视传统古镇的旅游开发，导致在大运河文化带的基础设施建设方面投资不足，而现有基础设施无法满足慕名而来的旅游者的需求，对当地经济发展和大运河文化弘扬传承都存在一定阻力。

其次，在市域层面，除乌镇外，嘉兴段运河沿线大多数城镇在对大运河文化价值、历史价值、景观价值的认识和挖掘上还比较滞后，仍以航运为主，兼顾灌溉排涝功能；在市区层面，运河航运职能外迁后，防洪建设已较为完善，但滨河区亲水性、通达性普遍较差。已初具规模的月河历史街区、芦席汇历史街区、梅湾历史街区等项目，业态单一，区域联动性不强。

（四）融资渠道单一，项目推进缓慢

首先，目前嘉兴大运河文化带建设资金来源仍以政府投资为主，较少引进社会资本参与大运河文化带和大运河国家公园建设；且暂未出台盘活民间资本的政策机制，导致民间资本无法参与大运河保护传承利用。这一方面加重了政府财政负担，不利于大运河历史文化遗产的保护和修复；另一方面无法为民间资本提供多元化的投资渠道，形成大量的资本冗余。

其次，嘉兴大运河文化带项目建设进度缓慢。一方面，现阶段嘉兴大运河文化带建设项目较少，导致嘉兴大运河文化带基础设施建设落后于其他地区。另一方面，嘉兴大运河文化带项目的建设进度滞后，这主要由于项目资金来源受限，使项目实施受限，项目进展放缓。

三、嘉兴市大运河文化带建设的对策建议

（一）构建运河文化城镇体系

根据本文对运河沿线城镇发展情况与潜力的分析，提出“一城引领，三镇先行，七镇呼应”的发展策略。嘉兴古城水系环绕，格局完整，且有大量的文物遗存，作为运河城镇体系引领之龙头。王江泾镇历史悠久，为纺织丝绸重镇，塘浦圩田别具特色，以湿地景观、塘浦圩田文化、桑织产业为特色作为先行镇；乌镇为全国知名古镇，文创、旅游产业发达，以文旅产业为特色作为先行镇；长安作为运河故道上的古镇，古今结合，可作为文化博览先行镇。其余七镇强调融而不同，如勾连南北梧桐街道、金戈铁马崇福镇、钱塘浪涌盐官古城等。

（二）打造“运河千面”河段风貌

保护和维护嘉兴大运河“全”“真”“网”的地域性特征，并在此基础上以时间为线索理清千年运河的历史脉络，结合沿线村镇，重点打造“五大历史风貌段”，包括以漕运文化为主题的春秋风貌段；以古水利遗迹作为文化品牌的故道风貌段（包含秦朝、隋朝的段落）；以生态保育作为目标的元代风貌段；以市井文化为主题的清代风貌段；为市民提供体育休闲游憩场所的当代风貌段。

（三）建设“活态运河博物馆”

首先，嘉兴市区以“两环九射十湖”为生态框架，充分考虑南北大中轴的生态引领作用，纳入南部、西北、东北绿楔，串联海绵湖塘、特色塘浦圩田及历史文化遗产，形成以水系为核心的生态绿地网络。

其次，从资源活化的角度将全市文物保护单位分为保护型、更新型和潜力型。保护型资源以国家级、省级文物保护单位为代表，规划以原真性保护、整修为主，作为运河段地标性构筑物，形成嘉兴大运河的文化名片。更新型资源以一些寺庙、老市场、老厂房、古桥、水利遗址为代表，规划植入新型业态，与现代生活方式结合，打造人气项目。潜力型资源，即格局较为

完整的滨水街区，规划植入文化、艺术、休闲、健康等元素，互补联动，协调发展。

（四）修建运河文化生态旅游廊道

首先，蓝绿贯通，快旅慢游。融入“慢城”理念，结合运河周边村镇、林地、湿地、湖塘、文化遗产等要素，打造“泛运河慢游区”。以城区内河水系为骨架，结合三塔、血印禅寺、范蠡湖、南湖、西南湖、月河街区、芦席汇街区等构建一条特色水上游线；疏导运河周边的机动车交通，对环城路进行交通管制，串联现有滨河绿地，完善慢行驿站，形成一条连续的滨水慢行绿道。

其次，形成连续可游可赏的运河段落。综合考虑用地性质、滨水区腹地、水陆通达等因素，将滨水界面分为传统街区风貌段、商业风貌段、居住风貌段、环城路风貌段、现代城市风貌段、生态风貌段六大类型，并根据各自的特点提出规划设计建议，对市区运河周边地块进行有序的整体提升改造，恢复滨水空间活力。

最后，保护修复优化大运河沿线自然生态，建设永久性绿色生态廊道，为打造浙东大运河宁波段文化带、保护传承利用大运河文化遗产提供坚实可靠的基础保障。着力构建一条文化廊道、景观廊道、游憩廊道、生态廊道、交通廊道等“多廊合一”的运河文化长廊。以整体保护为基本出发点，用大运河串联起沿线关键遗产节点构成一条历史文化廊道；通过生态治理，岸线整治，将大运河沿线打造成水清、岸绿，环境优雅的生态廊道；局部恢复大运河宁波段航运功能，改造利用河岸堤顶道路建设大运河岸线行车或步/骑行通道，点缀运河历史文化景观小品，打造一条观光廊道。

四、绍兴市大运河文化带建设的地域性特征与路径

（一）绍兴市大运河文化带建设的地域性特征

1. 绍兴大运河历史悠久

绍兴境内大运河文化带位于中国大运河最南端，属于浙东运河，最早开通于春秋晚期，拥有2500多年的历史，至西晋末年，全线贯通，并于宋代

进入全盛时期，是中国大运河连接内河航道与外海的纽带，至今仍然发挥着航运和水利功能。大运河（绍兴段）全长 101.4 千米，其中，上虞区境内流经梁湖、丰惠、安家渡的运河因杭甬运河航道升级而没有列入文物保护单位和世界文化遗产的保护范围内，因此，大运河（绍兴段）的遗产河道长度总计 77.6 千米，包括西兴运河、绍兴环城河、绍兴城内运河和山阴故水道等河道。

2. 绍兴大运河衔接东西

绍兴大运河西接杭州萧山，东连宁波余姚，是浙东运河的中段，运河遗存丰富，是浙东运河的核心区和主体，被列为世界遗产的点段共有四个，即大运河绍兴段河道本体、八字桥、八字桥历史街区和古纤道，它们是大运河绍兴段最珍贵的闪光点和最具文化价值的地方。

3. 绍兴大运河功能保留完善

（1）灌溉功能齐全。自西晋时修建的西兴运河，从宋代至明清，历代修缮运河河网蓄泄设施，使运河的闸坝节制系统较为完善。时至今日，绍兴大运河蓄水排涝的功用依旧完善。

（2）漕运功能发达。浙东是中国古代重要的漕粮征发地区，绍兴作为浙东运河末端，绍兴大运河承担了漕运的重要任务。在唐宋元明清时期，绍兴大运河均承担着重要的漕运及漕粮海河联运功能，具有重要的社会经济和战略地位。

（二）绍兴市大运河文化带建设的路径分析

绍兴在落实大运河文化保护传承利用规划的过程中，主要从以下几个方面入手：

1. 积极组织和拓展文旅平台

通过旅游推介会和大运河音乐会，对外宣传绍兴大运河文化带旅游项目，提高绍兴大运河文化带的知名度，宣扬运河文化，挖掘文化积淀。

案例：柯桥推进大运河文化带建设千年文脉“流动”起来

浙东运河柯桥区段既是中国大运河的重要组成部分，也是浙东运河绍兴段的精华地段，它曾是柯桥经济的命脉，也是厚积绍兴千年文化的彩带，一代代柯桥人对它情有独钟。柯桥始建于春秋，南宋时全线贯通，全长约17.5千米，基本呈东西走向。它始于钱清镇顾家荡村，终于柯桥街道以东的中亚桥，涉及钱清、湖塘、柯岩、华舍、柯桥等五个镇（街），共穿越大小河道20余条，连通了鉴湖、大坂湖、瓜渚湖等湖泊，沿途各类文物史迹达百余处。柯桥一直重视对浙东运河柯桥区段的保护工作，除了投入100余万元挖掘、保护大运河沿线138处文化遗存，还启用了运河遗产监测系统，开展大运河环保卫士专项行动，建立了长效的管护机制。此外，还挖掘运河文化资源，建成浙东运河古纤道遗产展示馆，助力酷玩小镇、黄酒小镇等特色小镇建设。

2. 打造新抓手

以浙东运河文化园（浙东运河博物馆）为新的抓手实现大运河文化的保护传承利用；同时，联合宁波发展旅游文化事业，提高旅游品质、延伸大运河文化渊源和积淀，明确运河文化特色——“古越长河，可亲可感”，在紧抓新兴抓手和平台的过程中，加快对绍兴传统大运河文化的历史性发掘。

案例：浙东运河文化园博物馆，一幅浓缩的运河文化

浙东运河博物馆，位于浙东运河中段，中国大运河南端，绍兴古城以西，基地东至大越路，西至四江口，北至凤林西路，南至浙东运河，杭绍台高速路从基地中部上空穿越而过。浙东运河博物馆是大运河内河航运通道与“海上丝绸之路”的联系纽带，最早可追溯到春秋战国时期的越国山阴故水道。从山阴城到绍兴城，绍兴因水而生，因水而荣，浙东运河的历史就是绍兴的历史，绍兴文化的根基。浙东运河博物馆设计旨在打造集科普教育、收藏研究、交流、休闲体验、IP运营于一体的现代博物馆，并从运营角度，将其嵌入整个园区生态系统中，形成运营可持续性。作为“诗路胜景”关键一环，设计意向源于运河上来来往往的如云舶帆，以及绍兴传统建筑轮廓剪影，两者皆是绍兴文化代表形象。试图将两者巧妙糅合，借舶帆之骨，融屋檐之形，以现代材料和技术，创造出既有传统文脉

气韵，又独具时代精神和标志属性，令人过目不忘的整体形象。屋面主要采用钛锌板，以及数控印刷玻璃等，在檐口及中庭局部需要采光的区域，通过数控打印玻璃进行色彩渐变，利用天光和水体景观的复合作用，在室内创造出一条光之运河，起到引导参观流线的作用，创造出既有传统气韵，又独具时代精神和标志性的视觉形象，正所谓“望数千年运河清波，展新时代诗路风帆”。浙东运河博物馆主要分为主馆、副馆、垂钓中心、文商旅用房等，合计75000平方米，其中新建72000平方米（博物馆主馆18200平方米、副馆10000平方米、垂钓中心2000平方米、文商旅用房41800平方米），保留3000平方米（蓬莱水驿1800平方米、文旅商区1200平方米），配套建设地下建筑45000平方米（博物馆区20000平方米、文旅商区25000平方米），同时配套进行布展、景观、文化建设，项目总投资150000万元。浙东运河博物馆充分利用场地宽度和景观资源，超越博物建筑的单一内部空间，将运河文化的场景和元素，以书画和园林手法进行实景营造，创造出一幅浓缩运河文化的“诗路胜景”，就像一幅沿运河展开的立体诗画长卷，使到访的人们，得以在真实的运河时空中，切身体验运河文化的所有美妙细节。

3. 强化法律保障

颁布和实施《绍兴市大运河世界文化遗产保护条例》，形成完整的大运河文化带保护传承利用的法律机制。

五、绍兴市大运河文化带建设中存在的问题

根据上述绍兴市大运河文化带建设的地域性特征与路径分析，绍兴市大运河文化带建设中存在的问题如下：

（一）保护意识淡薄，名胜古迹损坏严重

绍兴以浙东运河文化园（浙东运河博物馆）为新的抓手实现大运河文化的保护传承和利用，并联合宁波发展旅游文化事业，提高旅游品质、延伸大

运河文化渊源和积淀。但是，绍兴缺乏对大运河传统文化与当地传统文化的整合能力，暂时未形成系统规划和利用机制。当前部分基层干部缺乏文物保护意识和法律法规意识，对运河遗产保护工作的重要性和紧迫性认识不足，文物保护工作“五纳入”在一些地方还没有得到全面落实，导致城镇、乡村悠久的历史延续困难，失去了鲜明的个性特征。如钱清镇、柯桥街道、阮社、皋埠镇等一些历史文化街区、名人故居、宗教建筑、百年老店因城市改造、道路扩建而被毁拆。

（二）统筹推进的体制机制尚未健全，囿于常规例行工作的格局亟待改变

政府在大运河文化带建设中的实施主体责任还不够清晰。大运河文化带建设涉及十多个部门，部门之间权责交叉、多头管理的老大难问题尚未破解，常规工作、例行工作、各自为政的现象十分突出，亟须进一步明确大运河文化带建设中政府综合管理部门、专项工作主管部门和相关部门单位的责任，建立起常态管理、综合治理、举报受理、联合执法等工作会商协调机制。同时，绍兴还没有成立大运河文化保护传承利用的牵总机构和管理体制，现阶段政府机关各职能部门对大运河文化带的管理和规划也缺少统一协同，大运河文化带对应的管理职能部门不清、管理混乱。可见，绍兴暂没有形成完整的大运河文化带传承保护利用体制机制，造成大运河文化带事权过多，而没有实际职能部门管理。

（三）大运河文化研究阐释和价值弘扬相对滞后，加快提升文化引领力已成迫切需要

《大运河文化保护传承利用规划纲要》是我国第一部以文化引领为主导的区域发展规划，标志着大运河文化带建设进入了以文化为引领、统筹推进经济社会发展的新阶段，也对增强文化引领力提出了更高的要求。当前，大运河文化研究阐释和价值弘扬取得了阶段性进展，但总体上看，大运河文化研究工作滞后，深入发掘、全面阐释和价值弘扬还没有摆上基础性、战略性的重要位置，现有研究成果还不足以支撑应有的文化引领力，具体表现为以下三个方面：一是规划编制上，在调研座谈中不少专家认为，省及部分设区

市的规划编制中引用国家规划纲要的表述较多，对浙江文脉梳理不够系统，体现浙江大运河地域文化的特色不够鲜明。许多设区市规划中汇集的建设项目普遍超过一两百项，但真正能在全国大运河文化带建设中独树一帜，成为时代经典、传世之作的重大标志性项目明显缺失。大运河文化展陈设施建设简单重复、同质竞争和过度商业化的问题比较突出，特别是一些运河博物馆里无运河文物的问题要引起重视。二是大运河沿线水上岸边建设项目尚未建立健全包括功能、文保、环保、审美等内容的文化影响评价制度，不利于引导人们以文化的眼光打造两岸风光，将大运河文化元素融入水利、交通、城乡建设等项目。三是省及各设区市普遍未能梳理出文脉贯通、串珠成链、辨识度高、吸引力强的大运河精品旅游线路，已成为规划建设中的突出短板。

（四）大运河沿线生态保护修复欠账较多，建设高颜值的绿色生态长廊还需下更大的功夫

国家规划纲要中提出了两条生态管控线，即除城市建成区（含建制镇）外，大运河主河道两岸各 1000 米范围内为优化滨河生态空间，大运河主河道两岸各 2000 米范围内为核心监控区。绍兴市许多地方部门认为要求过高，有畏难情绪。河道护坡不生态不美观已成为十分突出的问题。绍兴缺少对大运河水体生态环境保护的规划和实际管辖，尚未形成完善的生态环境保护体系，也未形成实际投资用于大运河环境保护。并且绍兴大运河沿线环境整治成效不够明显，距离走在全国前列的要求尚有较大差距。集约利用岸线资源的自觉性还不够高，关停沿线违规小散乱码头、依法清退非法占用河湖项目的力度还不够大。

（五）共建共享氛围还不够浓厚，社会各界投身大运河文化带建设的主动精神和创造热情尚未得到充分调动

一是有些地方的大运河文化带建设还停留在规划上会议上，站位也不够高。二是有些条线尚未树立以文化为引领的新理念，有的工作原来怎么干还怎么干，即使有些直接相关的既定项目，也没有因大运河文化带建设而做出相应调整。三是民间资本、社会力量参与度不高。

六、绍兴市大运河文化带建设的对策建议

根据前述问题分析，绍兴市大运河文化带建设的对策建议如下：

（一）加强组织实施，明确政府实施主体责任

要在继续发挥省大运河文化带建设工作领导小组重要作用的前提下，进一步明确政府实施主体责任。建议省政府明确大运河文化带建设综合管理部门、专项工作主管部门和相关部门单位的责任，建立常态管理、综合治理、举报受理、联合执法等工作会商协调机制，健全重大决策公众听证、专家咨询制度。设区市政府要学习借鉴省内外经验做法，尽快明确综合管理部门，落实开发运营实体，整合力量抓好规划项目落实。通过成立大运河文化带保护传承利用的行政管理机构，赋予其行政权、执法权，以此作为大运河文化带的管理实体，进而解决大运河文化带管理机构虚设和无管辖权的问题。

（二）加快综合性平台建设，提升监测管理和宣传展示水平

建议省政府建立省级大运河遗产监测管理中心及沿线分中心。省文物部门会同有关部门共建共享统一的全省大运河遗产监管平台，完善监测预警机制、文化遗产巡查督办机制和社会监督机制。省有关部门要加快数字化、可视化的浙东大运河文化官方网站和数字云平台建设，对文物和文化资源实体进行全景展示，对历史名人、传统文化、诗词歌赋、典籍文献等关联信息进行全面展示。在深挖大运河传统文化的基础上，继续发扬大运河文化带保护传承利用的传统载体，扩大影响力；同时，基于地方规划和社会经济发展，适时打造新的大运河文化带载体，进一步提高大运河文化带的知名度。

（三）加大依法推进力度，为大运河文化带建设提供法治保障

建议省政府尽快制定大运河保护办法，整合各类执法资源，强化执法力量建设，建立健全大运河文化带建设联合执法、综合执法机制，依法及时查处各类违法事件。在国家和省级政府指导意见下，以及上位立法的基础上，地方政府通过“小切口”立法，制定本地大运河文化带保护迫切需要的专项

法规，以符合当地大运河文化带保护传承利用目标和定位。

（四）进一步提高大运河文化带沿岸基础设施投入

现阶段绍兴对大运河沿岸基础设施投资有限，尤其是基础设施投资项目较少，为此，地方政府在财政允许下须加大大运河沿岸基础设施建设力度，或者通过发行专项债券，加强社会资金引导，扩大资金来源，从而强化大运河基础设施建设。

（五）加强全面保护，突出保护重点

做好大运河遗产“四有”基础工作（树立保护标志，划定保护区划，落实保护管理机构，建立完善大运河遗产档案资料）。建立健全大运河遗产所在地标识系统，积极推进运河文物资源调查，对重要运河遗产点编制专项保护规划，梳理大运河沿线重点文物抢救保护项目，集中修缮、整治和展示一批具有典型运河遗产价值的文物点；深化推进开展文化名镇、名村、历史文化街区综合整治工作；做好非物质遗产及其代表性传承人保护工作。

专题报告五：京杭大运河山东聊城市和枣庄市评估报告

2020年，山东省政府工作报告中提出“要加快建设大运河、齐长城国家文化公园，推进大运河文化带建设”。3月31日，山东省人民政府办公厅发布《山东省大运河文化保护传承利用实施规划》（以下简称实施规划）。为落实国家大运河文化保护传承利用规划纲要有关要求，深入挖掘大运河丰富的历史文化资源，保护好、传承好、利用好大运河这一祖先留给我们的宝贵遗产，统筹大运河沿线区域经济社会发展，助推新时代现代化强省建设，协同打造宣传中国形象、展示中华文明、彰显文化自信的亮丽名片。大运河智库针对《大运河规划暨文化公园方案》中涉及的原则、定位、布局、目标及保护传承利用的要求、重大工程等，对聊城市和枣庄市评估如下。

一、聊城、枣庄建设情况

（一）聊城现状

根据《大运河文化保护传承利用规划纲要》，大运河聊城段包括临清市、茌平县、东昌府区、阳谷县。其中，临清、阳谷两段运河和六个遗产点（荆门上下闸、阿城上下闸、临清运河钞关、鳌头矶）被列入世界文化遗产。国家级非物质文化遗产有东昌木版年画、聊城杂技、山东临清贡砖烧制技艺。文化遗产保护展示工程有山东临清贡砖烧制技艺、山东聊城运河文化博物馆。精品路线和统一品牌行动有张秋镇。

作为中华文明较早的发祥地之一，聊城自古便“居天下之胸腹”，为“兵家之要地”，留下了伊尹耕莘、孔孟传教、仲连射书、孙庞斗智、曹植闻梵等传说和遗迹，在明清时期更是成为京杭大运河九大商埠之一，呈现“水陆交错、舟车辐辏，帆樯如林、百货如山”的景象，被誉为“漕挽之咽喉，天都之肘腋”，号称“江北一都会”。

1. 继古开今，展示大运河文化遗产

千年大运河，形成特色鲜明的漕运文化、商业文化、民俗文化，同样为聊城留下众多美丽传说和历史遗迹。“鸿儒卿相连翩鹊起，文人骚客脱颖而出”，古典名著《水浒传》《金瓶梅》《聊斋志异》《老残游记》中的许多故事情节，都在聊城展开。这里有“虽黄鹤、岳阳亦当望拜”的光岳楼、美轮美奂的山陕会馆、清代四大私人藏书楼之一海源阁、宋代风格的铁塔，以及全国著名的清真寺、舍利塔、鳌头矶、钞关等运河古迹；素有“小天津”之称的临清市，完整保留着古桥梁、古民居、历史街巷，随时能唤起人们对古运河沿岸市井风俗的遐想；宋代就修建开挖的东昌湖，与运河相连、引黄河之水，环抱着方方正正的千年古城，构成北方独一无二的“水城”。这里还有东昌毛笔、临清贡砖、东昌葫芦、木版年画、东阿阿胶、茌平剪纸等涵盖饮食、舞蹈、音乐、民间工艺品的非物质文化遗产，为这座有诗有远方、有梦有生活的文化之城更添灵动和韵味。

2. 策应国家战略，发挥国家重大战略叠加区作用

聊城已被列入国家中原经济区、中原城市群、京津冀协同发展区，是全省为数不多的国家重大战略叠加区，特别是山东获批国家级新旧动能转换综合实验区，省委、省政府支持鲁西崛起，为聊城提供了重大发展机遇。依据《大运河文化保护传承利用规划纲要》，聊城市着力将大运河聊城段打造成为“文化的河、流动的河、美丽的河、繁荣的河”。按照古运河流经路线，将运河沿线节点串联一体，通过沿途乡村旅游、温泉养生、体育健身等一系列项目建设，实现“游运河、泡温泉、尝小吃、品阿胶、做好汉、研文学、聊聊城”的独特旅游生活休闲方式，力争使聊城成为京杭大运河上最具吸引力的生态旅游文化名城。

3. 江北都会，打造京杭运河示范段

聊城作为运河沿线的重要城市，运河文化资源尤为丰富，近年来开展了大量运河文化研究，建设了京杭运河（聊城段）生态水系建设工程样板段，建立了运河聊城段文化遗产数据库，打造了中国运河文化博物馆、江北水城欢乐小镇等一批文化旅游项目，在大运河文化的保护传承利用方面做了大量工作。按照聊城市战略部署，京杭运河（聊城段）生态水系建设样板段工程将京杭大运河聊城段两侧各约500米纳入规划范围。涉及两城、七镇、几十个乡村。

在聊城，京杭运河示范段建设项目共划分为三个区域：南段区域为休闲康健绿地区域，具有休憩、集散、餐饮、零售功能，满足周边居民休闲康健需要；中段区域为京杭运河古船闸遗址文化区域，以滨水码头、四河头船闸公园为主题，设计跨徒骇河人行景观天桥；北段区域为运河文化展示区，景观风貌展示以“文化＋休闲”为主题。

2018年以来，聊城市实施多项运河遗产保护与展示重点工程项目：实施临清运河钞关二期修缮工程，国有产权古建筑修缮完工；会通河临清段月径桥修缮完毕；阳谷荆门上下闸段运河展示工程基本完工；开工建设阳谷水门桥、运河石桥、陶城铺闸保护修缮工程。探索运河文化遗产利用途径，配合旅游、水利等相关部门，提供相关遗产点段数据资料，为聊城市运河旅游规划编制工作提供参考。健全运河遗产监测体系，完成国保单位综合管理系统中运河遗产点的信息采集工作，完善山东省世界文化遗产监测平台中64处运河遗产点段的相关数据。

2012年以来，聊城每年举办中国江北水城·运河古都（聊城）水文化节及聊城运河饮食文化节。2017年，聊城市成立了聊城市运河保护开发委员会，负责运河保护开发日常工作及综合执法协调工作，以运河保护与开发为抓手，振兴聊城古运河文化，打造全省“鲁风运河”文化旅游目的地品牌。2019年10月18日，中国聊城在江北水城举办了首届京杭大运河文化文旅大会暨第五届运河论坛。大会以“保护、传承、融合、创新”为主题，旨在推动聊城运河文化带、旅游带建设，打响“江北水城　运河古都”城市品牌。大会还举办“晋冀鲁豫四省诗词联谊会”“江北水城欢乐小镇大型演唱会”“运河主题晚会”“文旅融合示范项目江北水城欢乐小镇授牌仪式”“运河考察与企业参观”“运河美食节”“运河庙会及特产展销会”“庆祝祖国 70 华诞——大运河书画摄影邀请展”“中国江北水城欢乐灯会”九大配套活动，极大地丰富了活动内容，展现了聊城市文旅融合的佳绩。聊城市委、市政府举办了 2019 运河主题文艺晚会《运河情》。《运河船工》《黄河夯号》《水之灵》等十多个精心编排的演出节目，淋漓尽致地展现了京杭大运河原汁原味的聊城文化元素。

2016 年，山东旅游部门编制的《“鲁风运河”文化旅游目的地品牌建设总体规划》通过评审；同年 12 月，山东发起“鲁风运河”品牌联盟，沿线枣庄、济宁、泰安、聊城、德州五市“牵手”形成一个全新的区域合作平台。2018 年 2 月，山东将大运河文化带纳入《山东省新旧动能转换重大工程实施规划》，列入全省十大文化旅游目的地品牌核心区。2019 年 6 月，国内首个大运河文化数据平台在山东建成并运行。

“鲁风运河”文旅项目中，聊城市临清中洲运河古城是亮点，总体规划按照双轴、三区、两节点进行打造。双轴指街巷路轴和运河水轴；三区指市井生活区、运河遗存区、清真宗教区；两节点指鳌头矶和钞关节点。临清中洲古城区由元代运河、明代运河和卫运河交汇环抱形成，在历史上是繁华之地，至今仍保存着原有街巷格局，留存有运河钞关、鳌头矶、清真寺、二闸口、问津桥、会通桥、月径桥等国家级重点文物保护单位，并有冀家大院、汪家大院等古民居以及大宁寺、县治遗址、工部营缮分司遗址等重要的古建筑。该项目主要建设内容包括考棚街步行街区、钞关历史文化街区和清真寺历史文化街区等。

市井生活区主要以竹竿巷、箍桶巷、纸马巷、大寺街、考棚街、马市街为骨架形成的街区，展现古代临清商业城市的繁荣景象，将采用活态博物馆式的开发理念，基本保持原住居民的日常生活状态。运河遗存区为钞关、冀家大院、汪家大院以及周边地区，展示运河风情民宿文化。清真宗教区为清真东寺、清真北寺及其周边地区，集中展现伊斯兰文化，包括建筑、饮食、风俗等。2018 年 7 月，临清中洲古城规划通过评审，计划总投资 12 亿元，计划 2025 年建成，再现临清昔日的大运河繁华盛景。

山东省委、省政府组建高规格国家文化公园建设领导小组，全面推进国家文化公园建设工作。根据正在编制的《长城、大运河国家文化公园建设山东省实施方案》，山东将重点建设管控保护、主题展示、文旅融合、传统利用四类主体功能区，推进实施保护传承、研究发掘、环境配套、文旅融合、数字再现五大基础工程，落实一批重点任务、重大工程、重要项目。聊城市率先启动、开展全面的资源普查，抓好重点项目的策划和建设，在大运河国家文化公园建设中发挥示范带动作用。

2020 年 3 月 3 日，聊城市出台了《聊城市城市景观风貌管理办法》，涉及整体保护大运河文化带聊城段。

2020 年 8 月 11 日，聊城市政府第 75 次常务会议研究了大运河国家文化公园（聊城段）等工作，听取了关于《大运河国家文化公园（聊城段）建设保护方案》编制情况的报告。会议指出，聊城因运河而兴，要把运河文章做深做细做透，每个县市区都要挖掘历史，做好与国家政策的衔接工作。要传承保护好运河，正确处理保护与建设的关系、政府引导与市场化之间的关系。要做好顶层设计，谋划一批好项目，争取纳入大运河国家文化公园建设规划。要抢抓运河发展机遇，推动沿线区域发展，与上级部门做好对接工作，争取一批先期项目落在聊城。

聊城市临清作为大运河文化带建设的重要节点城市，拥有两个世界文化遗产点段和 11 处全国重点文物保护单位，是“运河文化的活态博物馆”。临清市抢抓大运河国家文化公园建设的机遇，围绕大运河临清段，稳步推进中洲古城保护利用，深入开展钞关片区（二期）环境整治，着力做好既留存历史记忆，又改善生活环境这篇大文章，启动创建国家历史文化名城，传承历史文脉。但是，临清市古城面积广、遗存多，也面临着保护利用投入大、难度大的问题。建议将大运河临清段列入省级建设重点，希望省政府在保护利用中洲古城、创建国家历史文化名城等方面给予支持，真正将临清大运河文化带打造成文旅融合发展的典范，在大运河沿线省市走出一条运河保护开发的山东路径。

2020 年 8 月 31 日，聊城市大运河国家文化公园（临清）建设项目总体规划公开招标。

旅游通航。2018 年 12 月，在济南召开了京杭大运河黄河以北航段必要性研究报告会，德州、聊城、泰安、济宁等沿黄地市的相关部门首次参会，这将意味着京杭大运河全线复航山东段进入实质性阶段。京杭大运河黄河以北段全长822千米，其中山东段长229千米，涵盖聊城、临清、德州三市。

此前，由于黄河改道，造成河道淤积等，只有山东济宁以南到杭州可以通航，济宁以北至京津河道20世纪70年代始，就已经完全断航。在航道方面，山东省自“九五”以来实施了京杭大运河济宁至台儿庄段续建工程。“十二五”期间开工建设济宁至东湖平段航道工程（输水与航运结合工程），配套建设长沟、邓楼和八里湾三座船闸，基本实现京杭大运河通航至黄河以南。截至2018年底，京杭大运河山东段通航里程已达到1150千米，主要集中于京杭大运河主航道及其支线航道，其中主航道济宁市至苏鲁界段湖东线建成三级高等级航道178千米。2019年8月，山东省泰安段全线具备通航条件，京杭大运河山东段已从济宁向北延伸了79千米，最北航点到达泰安市东平县。聊城段复航也已提上日程。未来京杭大运河将直通雄安新区，山东微山湖可与河北白洋淀相连。

2020年9月17日，聊城市参加首届中国国际文化旅游博览会。博览会以“促文旅融合展全面小康”为主题，重点展示山东省文化和旅游产业融合发展的最新成就，做大、做强、做优文化和旅游融合发展品牌。和往届山东文博会不同的是，从今年开始，山东文化产业博览会更名为中国国际文化旅游博览会，这是山东省委、省政府在总结前八届山东文博会成功经验的基础上，为推动文化和旅游深度融合、打造山东文化和旅游品牌做出的重大决策部署。博览会上，聊城展区以运河文化为主线，分为“运河两岸，桨声灯影”“运河两岸，文脉遗馨”“运河两岸，蔬果飘香”“运河两岸，物产丰美”四大板块，全面展示聊城文旅融合的成果。非遗、文创展示是聊城展区的一大亮点，展示的东阿阿胶、东昌葫芦、道口铺钟表、茌平剪纸等非物质文化遗产和特色文创产品，体现了聊城深厚的文化底蕴。

（二）枣庄现状

根据《大运河文化保护传承利用规划纲要》，枣庄共有四个核心区，滕州市、薛城区、峄城区、台儿庄区。其中，中河台儿庄段被列入世界文化遗产。河道水系资源条件改善工程有台儿庄三线船闸工程，绿色生态廊道建设工程有山东台儿庄运河国家湿地公园，精品路线和统一品牌行动有台儿庄。

1. 台儿庄古城案例：保护、展示、创新、智慧、融合

山东台儿庄争当大运河文化带建设先行者。山东省枣庄市台儿庄区，位于京杭大运河的中心点、鲁苏交界处，是边界小城、历史名镇、大战故地、最美水乡。京杭大运河台儿庄段共 42 千米，完整地保存有运河上唯一一处水工设施完备、风貌遗存完整的 3 千米古运河、古驳岸、古码头以及运河水工遗存等设施，被世界遗产专家称为“活着的运河”。多年来，台儿庄区深入挖掘大运河历史文化资源，大力实施古城重建引领城市转型战略，以文化旅游带动产业结构调整升级，积极创建国家全域旅游示范区和国家级文化产业试验园区，助推城市转型跨越发展，深耕细作“大运河”这个宝贵资源，通过对大运河文化带建设的保护和利用，成功地开创了“文化遗产激活旅游开发，旅游开发促进经济发展”的转型升级之路。

古城重建引领文化旅游繁荣发展。近年来，台儿庄区围绕“中华运河文化传承核心区、国际知名旅游目的地、世界文化遗产”三大定位，充分发挥古城溢出效应，着力培育壮大文化旅游产业，基础设施建设持续优化，旅游品牌知名度不断提高，走出了一条由观光游向休闲度假游转变、由古城游向全域游转变的发展之路。2010 年以来，台儿庄区累计接待游客突破 5000 万人次，规模以上宾馆酒店 120 余家，带动 3.52 万人就业。旅游业已成为新旧动能转换引领台儿庄城市转型的支柱产业。台儿庄先后被批准为国家首个海峡两岸交流基地、首个国家文化遗产公园、首个国家非物质文化遗产博览园、国家级文化产业试验园区、国家全域旅游示范区创建单位等。

台儿庄古城推动形成大运河文化保护传承利用新模式。保护性开发。台儿庄古城遵循“保护遗产第一”的原则，以运河文化和大战文化为基因，2008 年启动了古城重建工程，打造了 15 千米古水街水巷。近年来，一直坚持“科学规划、突出保护”的总要求，以文化遗产、河道水系、生态环境保护为重点，坚持科学规划、突出保护，古为今用、强化传承，优化布局、合理利用，推动形成大运河文化保护传承利用新模式。保护好现有自然文化遗存，在建设过程中，遵照“大战文化、运河文化、鲁南民俗文化”三条文化重建主线，将保存下来的大战遗址、古城墙、古码头、古民居、古街巷、古商埠、古庙宇、古会馆等历史遗产科学地进行修复；按照“留古、复古、扬古、用古”的理念，重点把文化基因融入有形建筑，让古城在原有面貌、形

态、规制等历史的基因上复活起来，古为今用，倾力打造百庙、百馆、百艺、百业，促进了文化的保护、传承与发展，实现了古城文化空间的丰富性。同时，深挖运河文化内涵，开发多元文化旅游业态，规划建设了“运河街市”“纤夫村”“漕商大院”台儿庄闸遗址公园、台儿庄大运河历史文化展览馆等特色功能区，通过风格建筑、主题展馆等配套设施建设，力求最大限度地复原运河古城城市和文化繁盛的原貌。

创造性传承。提出“用品牌引领发展、做文化旅游典范”的理念，做大做强文化旅游品牌。逐步形成了运河大鼓、柳琴戏和皮影戏、大型情景剧《乾隆巡游台儿庄》、鼓乐剧《台儿庄大捷》等古城特有的文化演艺品牌；传承弘扬中华传统文化，打造大运河非物质文化遗产博览园，举办了中国非博会、大运河文化带优秀非遗展演，数百个国家级非物质文化遗产项目汇聚古城，传承人现场制作与游客互动，实现了活态传承。大力发展会展文化，先后举办大运河产业峰会、京杭大运河城市旅游推广年会等活动，被评为“山东省非遗保护十大亮点工作”，台儿庄古城在第二届中国大运河国际论坛上荣获“中国大运河文化带经典案例奖”，被《半月谈》称为“遗产保护示范之城”。这些节庆品牌活动的开展，不仅提升了台儿庄的知名度和美誉度，也让运河文化发扬光大。

创新性发展。按照“联动发展、全域化布局、差异化定位”的思路，打造全域旅游示范区。开发运营“生态湿地，百鸟天堂”双龙湖湿地观鸟园景区；“鲜花小镇，童话世界”祥和庄园景区成功申报第二批省级特色小镇、全国休闲观光牧场；建设“十里河塘飞白鹭，古运河畔风荷香”运河湿地景区，新开三条观光航道，被授予全国钓鱼基地联盟成员单位，涛沟河湿地先后完成游船码头、步行栈道、内河航道、游客休憩区等项目建设，湿地景观逐步成型。这些景区与古城实现差异化联动发展，完美互补，丰富和完善了运河文化的内涵与外延，构建了全域旅游发展新格局。全区 A 级旅游景区共 9 家，其中 5A 级旅游景区 1 家、4A 级旅游景区 2 家，培育中国乡村旅游模范村 1 个，省级旅游度假区 1 个，省级旅游强乡镇 4 个，特色村、农业旅游示范点等 70 余个。

培植文化产业。积极创建国家级文化产业试验园区。服务外包产业园、创客空间建成运营，加快推进人人健康城、运河古城文化演艺基地建设等项目，进一步做大文化休闲旅游、会展博览、信息软件服务外包等优势产业，培育壮大文化创意、医养健康、影视演艺等新兴文化产业。开发研学及文创产品。新开发手工扎染、木版年画、鲁班锁等研学课程，推出“梦的礼物”精品文创店、潮牌服装店、VR 体验等项目。据统计，2019 年文创产品实现税后收入 1222.9 万元，较上年同比增长 45.41%。

智慧化古城。投入 5000 万元建成智慧旅游综合管理平台、大数据指挥中心、智能视频监控等 23 个子系统，打造以移动端用户为中心的台儿庄古城旅游线上产品直销平台，实现产品品牌宣传、销售、预订、运营、管理的一体化协同作业。同时，古城整合周边旅游资源，成立了大数据公司，打造“一平台两中心四版块”旅游服务体系，实现“一部手机管古城、一部手机游台儿庄”的旅游生态。项目入选“2019 年全省重点文化产业项目库”，成功申报 13 个软件著作权。与枣庄移动“联姻”，对台儿庄古城景区进行 5G 信号覆盖，为游客提供“5G + VR”的全景体验，在打造“5G + 智慧景区”的探索与实践中成果显现。

台儿庄古城重建至今，充分践行了保护好、传承好、利用好大运河这一祖先留给我们的宝贵遗产。现如今的台儿庄古城，可以舟楫摇曳、遍游全城，是古运河畔一座南北交融、中西合璧的历史文化名城，呈现出“商贾迤逦，入夜，一河渔火，歌声十里，夜不罢市”的繁盛景象。

规划建设台儿庄大运河国家文化公园项目。以大运河国家文化公园建设为契机，以“鲁风运河、京杭明珠”为主题，把保护传承利用大运河承载的优秀传统文化作为出发点和立足点，按照“一城、一河、一湖”的发展格局（“一城”即为台儿庄；“一河”即为大运河；“一湖”即为微山湖），构建一个大运河文化带主轴带动整体发展、交通网络高效连接、多点联动形成发展合力的空间格局框架。重点实施国家运河湿地公园生态提升、涛沟河湿地高端休闲度假区、台儿庄古城和古运河综合开发、大运河旅游休闲度假带、大运河红色基因文化传承带、乡村振兴齐鲁运河样板区、大运河游船船闸和游船码头、大运河文旅小镇、运河旅游景观大道、京台高速台儿庄大运河服务区、京台高速公路至新台高速公路台儿庄连接线及配套基础设施等项目，力争用 3～5 年时间，将京杭大运河台儿庄段打造成生态的运河、红色的运河、活着的运河、开放的运河。

2019 年 6 月 7 日，枣庄台儿庄古城第三届中华端午文化节盛大开幕。中华端午文化节主要内容有：2019 中国大运河（台儿庄）国际龙舟赛、第二届大运河文化带非物质文化遗产优秀项目展演、第四届枣庄市群众文化艺术节非物质文化遗产展示、枣庄市第九届全民健身运动会暨龙舟邀请赛等。

第二届大运河文化带非物质文化遗产优秀项目展演，以传承和弘扬运河文化为宗旨，以沿运城市传统非遗项目为载体，依托京杭大运河流域厚重的非物质文化遗产，开展形式多样的非遗项目展演活动，以此促进大运河文化带文化交流，提升社会和广大群众对非物质文化遗产的认知水平和保护意识，有效保护、传承与创新非物质文化遗产，让观众体验到大运河非遗项目的独特魅力和中华传统文化的勃勃生机。演出项目有京西太平鼓、山东快书、柳琴戏、皮影戏、河洛大鼓、淮北大鼓、沧州舞狮等，枣庄非遗项目展示有运河莲花锦帽、玻璃翻画、泥塑、台儿庄李氏根雕、核雕、烙画、传统刻瓷、古薛盘扣、面塑、鲁秀、鲁班枕、木版年画、鲁南兰祺剪纸等，以此增进大运河流域文化交流，促进运河沿线非物质文化遗产的保护和传承。

枣庄台儿庄古城以高度的文化自觉和文化自信，致力于非遗文化的保护、传承与发展。台儿庄位于京杭运河的中心点，因运河而兴，但比一般的运河沿线城市更多了传奇色彩：它曾因黄金水道的流经而繁华一时，也曾被 1938 年台儿庄大战的炮火毁于一旦。运河文化与大战文化交相辉映，赋予了台儿庄古城独特的文化内涵，使她不仅成为展示运河文化的典型代表，更是一座民族精神的历史丰碑。作为中运河的典型代表，台儿庄被世界旅游组织称为“活着的古运河”，京杭大运河中河台儿庄段（月河）2014 年 6 月成功入选《世界文化遗产名录》。2019 年全年活动主题为“中华非遗文化年”，古城在保护非遗、传承非遗、弘扬非遗等方面找到了属于旅游企业的实践之路——“美丽模式”。

2020 年 9 月 18 日，2020 山东大运河文旅产业高峰论坛在山东国际会展中心举行，并成立山东大运河文化旅游产业联盟，台儿庄古城当选理事长单位。台儿庄古城旅游集团党委书记、董事长王玉珏宣读了《联盟产业发展倡议书》，以《文旅融合，打造运河文化传承新高地》为题作案例分享。

2. 精心创建“鲁风运河”文化旅游目的地品牌

“鲁风运河”既是京杭大运河的重要组成部分，也是山东省重点打造的十大文化旅游目的地品牌之一。创建好“鲁风运河”文化旅游目的地品牌，对吸引广大国内外游客来山东省观光旅游、休闲度假，充分领略大运河的文化遗产之美有着深远的意义。2018年5月，山东省政府发布《山东省全域旅游发展总体规划（2018—2025年）》。该规划指出，以“鲁风运河”文化旅游品牌为统领，以运河文化为灵魂，以运河水道为骨架，以济宁、聊城与枣庄市为旅游核心区，点轴布局，沿河发展，构筑台儿庄古城、微山湖旅游区、中华水上古城、临清中洲运河古城、德州老城区、汶上南旺枢纽考古遗址公园、东平古州城、戴村坝等多点支撑的空间格局。“鲁风运河”品牌联盟成立，枣庄市、济宁市、泰安市、聊城市、德州市五市“牵手”，形成了一个对外展示、优势互补、互惠互利的全新区域合作平台。借助这股东风，发布了“鲁风运河”品牌联盟枣庄共识，该共识计划在未来3～5年分阶段实施区域市场联合推广工程，重点围绕成立联盟、制作宣传品、打造旅游线路产品、推出运河美食、拍摄宣传片等十项工作进行“鲁风运河”文化旅游目的地品牌推广。为全力推进“鲁风运河”文化旅游目的地品牌建设，山东省旅游发展委员会成立了“鲁风运河”品牌协调小组，五市分管副市长、旅游发展委（局）主要负责人任成员，秘书处设在枣庄市旅游和服务业发展委员会。

目前，“鲁风运河”文化旅游目的地品牌经过不断打造和建设，已建成项目15个，总投资107亿元，取得了阶段性成果。针对品牌特色，“鲁风运河”品牌联盟加大重点项目招商建设力度，其中投资60亿元的聊城中华水上古城、投资50亿元的枣庄台儿庄古城、投资30亿元的泰安白佛山文化产业园、投资25亿元的济宁微山湖旅游综合开发、投资20亿元的德州四女寺运河综合开发等一批投资大、带动力强的项目相继开工建设或营业，对“鲁风运河”文化旅游目的地品牌建设起到了强力支撑作用。

“鲁风运河”文化旅游目的地品牌一定要按照建设思想突出文化引领作用，整合文化资源，凝练文化特色，展示文化魅力，增强品牌的文化内涵和独有特质，打造精品工程，绝不能粗制滥造。节庆活动作为建设“鲁风运河”文化旅游目的地品牌的特色之一，一直备受关注。微山湖荷花节、中国（滕州）微山湖湿地红荷节、台儿庄运河古城千年大庙会、中国春节旅游产品博览会、台儿庄运河龙舟赛等主题旅游节庆活动，深受广大游客们的喜爱。借助山东省旅游发展委员会“联合推介·捆绑营销”集中营销宣传的优势，大力推广“鲁风运河”整体形象和品牌产品，并加强与宣传、金融、商贸、文化、体育等部门行业的联系，搭建多种平台，做好“旅游 +”文章，“鲁风运河”文化旅游目的地品牌效应持续发酵。

2019 年 5 月 18 日，由枣庄市文化和旅游局主办的 2019 年国际博物馆日、中国旅游日暨“鲁风运河·生态枣庄”媒体行活动启动仪式在市博物馆举行。枣庄市文化和旅游局组织推出了系列活动：枣庄市博物馆举办汉画像石拓片制作体验活动，“流动博物馆”进乡村、进校园、进社区活动；滕州市博物馆举办“北辛历史文化图片展”“馆藏十大精品文物图片展”活动；滕州市汉画像石馆举办“阜阳市馆藏剪纸艺术展”活动；台儿庄大战纪念馆举办“台儿庄大战故事走进戴庄”等 30 个主题活动，并发布了中国旅游日举办的重点活动、优惠政策及夏季旅游活动信息。

同时，以“文旅融合，畅游枣庄”为主题，策划推出“春之花、夏之荷、秋之色、冬之乐”四大文旅板块，举办一系列丰富多彩的文化赛事活动和重点品牌节事活动，结合市内各博物馆、台儿庄古城、滕州微山湖湿地红荷景区等枣庄市重点景区，打造一批枣庄全域旅游线路产品等，积极推进枣庄市文化和旅游融合发展，进一步打响“鲁风运河·生态枣庄”枣庄品牌。

二、面临问题

（一）聊城段已停止航运，社会经济功能退化

历史上曾贯通山东、连接京津的京杭大运河，由于黄河改道，造成河道淤积等原因，如今只有山东济宁以南到杭州可以通航，济宁以北至京津河道自 20 世纪 70 年代始，就已经完全断航，因此大运河聊城段的社会经济功能早已严重退化。呼吁京杭运河全线恢复通航的声音不绝于耳，“运河全线通，关键在山东”的提法比比皆是。《大运河文化保护传承利用规划纲要》提出，京杭大运河黄河以北主要按照遗产保护的相关要求，结合水资源条件，科学实施必要的航道疏浚、边坡护岸处理、碍航设施改造等，推动北京通州段、天津段、雄安新区白洋淀—南运河段、河北段和山东段适宜河段优先实现旅游通航。

（二）生态环境保护修复与发展经济的难题

大运河枣庄段一直在发挥航运功能，带动了沿线的经济发展。台儿庄在保护大运河遗存的同时，又在沿河布局了煤化工、水泥、物流等产业，希望形成大运河经济走廊。在打造大运河经济走廊时，如何平衡生态环境保护修复与发展经济的关系，如何解决大运河经济走廊文化产业占比不高等问题急需解决。

（三）在航运上，缺乏有效的跨省协同合作机制

京杭大运河的通航里程主要分布在黄河以南的山东济宁以南地区和江苏、浙江两省，与长江三角洲主要内河航道网相连接，构成我国“北煤南运”和地区物流与外向型经济的运输大通道，是我国综合运输体系的重要组成部分。然而，京杭运河枣庄段在建设二级航道，扬州段在建设绿色航道，这些跨省规划缺少一定的协同机制。

（四）“鲁风运河”品牌缺少支撑

除了台儿庄古城外，其他地区大运河旅游产品还在开发阶段。对于城区段之外的古运河，大运河文化内涵挖掘不够，没有很好地开发利用。

（五）大运河文化创意产业仍然处于初级发展阶段

大运河沿线山东段文化产业相对发达，但是基于自身优势的文化创意产业定位有待明确和优化。文创产业发展质量有待提高，具有国际竞争力、影响力的企业不多。文创产业规模小，集聚效应不强，没有形成良性的文创产业集群的成长环境。

三、对策建议

（一）以大运河文化带建设为契机，加速山东大运河城市经济转型升级

山东省大运河城市的生产性服务业发展水平相对滞后，对经济的贡献率和就业的拉动力相对较低。因此，需要鼓励和支持现代金融业、现代物流业、科技服务业、商务服务业、信息技术服务业、服务贸易业等生产性服务业的发展。加快制造业“服务化”的进程，鼓励制造业“主辅分离”，以此推动大运河城市服务业内部的转型升级，促进大运河城市的服务业全面向现代服务业转型升级。

（二）实施公共服务设施水平提升工程

规划建设一批集健身休闲、旅游度假和生态功能于一体的主题公园、滨河绿地、水源涵养林和绿带廊道，有效改变运河沿线区域环境面貌和生态功能。

（三）创新资金保障手段

大运河文化带保护、建设离不开资金的支持。根据实际情况，可以探索建立大运河基础设施创新型融资模式，充分利用政府资金、民间资本、外资等；探索建立由运河沿岸各级政府牵头成立的“大运河生态文化发展基金”。

（四）对沿线城市运河河道生态环境，大运河文化的保护、传承和利用进行顶层设计和部门协同协调

大运河横跨的省份较多，虽然各个地区的社会文化发展差异较大，但大运河的沿岸景观，尤其是人造景观，容易出现千城一面的结果。因此，在运河河道生态环境的改善上，需要沿线省市的通力合作，更需要国家相关部门协同出台相关政策法规，来统一协调大运河文化的保护、传承和利用工作。

（五）结合大运河文化资源，挖掘非遗资源，建设非遗馆等同时与大运河相结合，形成专业分类的非遗展示平台，避免重复建设

非遗资源的保护、传承和利用。利用产业化可以前行，不影响保护。利用，在一定范围、一定幅度的产业化，能产业化，政府规划。高端策划，市场运作，突破瓶颈。不能产业化，政府完全保护。根据各地方特色，将非物质文化遗产整体包装，融入市场经济，企业化运作开发利用“集休闲娱乐、观光度假、非遗文化展演、旅游产品研发为一体的产业园区”规划建设。非遗文化及传承人纳入产业园区，统一管理，专职表演及制作非遗产品，解决其就业及养老，实施工资与绩效挂钩。国家将非遗传承保护资金直接给予相关企业建设发展，并加大扶持与考核并施，非物质文化遗产融入文化产业市场化运作，企业化管理，得到了传承保护和弘扬，更形成了产业链，从而实现了可持续发展的文化产业旅游品牌项目。加强联动，统筹，防止雷同。

（六）保护工作将从“建章立制”的基础性工作全面转入“提高传承保护水平和能力建设”的纵深发展阶段

围绕保护传承的能力建设这个目标有针对性地开展各项保护工作。牢固树立“活态传承”是非遗保护的核心之思想。非遗是一门系统的知识体系，非遗研究要关注非遗的活态传承。传承人是非遗保护的核心，加大传承人的扶持力度，进一步提高社会影响力和待遇，创造有利的平台，营造尊重文化的社会氛围。整体队伍要向年轻化方向发展，探索年轻学徒的奖励激励机制。针对提高传承能力开展的“非遗研培计划”和“中国传统工艺振兴计划”也是保护工作的重点项目之一。同时也要重视对经典作品和高超技艺的学习与传承，它是文化高峰的标志，具有引领作用。

专题报告六：
京杭大运河河北沧州市和衡水市评估报告

2020年4月，河北省委书记、省人大常委会主任王东峰在沧州市调研检查时指出，要着眼大运河文化保护、传承、利用，科学编制规划，精心组织实施，扎实推进大运河文化带建设。大运河智库针对《大运河规划暨文化公园方案》中涉及的原则、定位、布局、目标及保护传承利用的要求、重大工程等，对沧州市和衡水市评估如下：

一、沧州、衡水现状

（一）沧州现状

大运河在河北省蜿蜒500多千米，穿越邯郸、邢台、衡水、沧州、廊坊等市，其中在沧州市境内长达253千米，河道长度和文化遗存均居河北省首位，是全国流经里程最长的地级市。根据《大运河文化保护传承利用规划纲要》，沧州共有八个核心区——青县、新华区、运河区、沧县、泊头市、南皮县、东光县、吴桥县。其中，南运河沧州—衡水段、连镇谢家坝被列入世界文化遗产。文化遗产保护展示工程有河北大运河博物馆，绿色生态廊道建设工程有南运河沧州段重点河段水体污染治理、动态监测沧州地区地下水开采量和水位，文化旅游融合提升工程有打造中国吴桥国际杂技艺术节、中国沧州国际武术节，运河文化高地繁荣兴盛行动有挖掘沧州武术、吴桥杂技等，展示燕赵雄风。

1. 注重设计和规划引领

2019 年 12 月 30 日，国家大运河文化保护传承利用暨国家文化公园建设工作现场会在沧州市召开。来自中宣部、国家发改委、自然资源部、文化旅游部等中央单位以及大运河沿线八个省（市）的专家学者共商大运河传承保护工作。此次会议介绍了国家文化公园建设总体要求和重点任务。大运河沿线八省（市）相关部门负责人分别介绍了落实大运河保护传承利用工作的标志性项目、重大工程、重点任务进展情况，就大运河四个专项规划进行交流。

沧州市介绍了当地大运河文化保护传承利用暨国家文化公园建设情况。深入贯彻落实习近平总书记关于“保护好、传承好、利用好”大运河文化重要批示指示，制定了“1 +3 +N”系列规划体系，大力开展文物保护、拆迁拆违、垃圾清理、河道清淤、生态修复五大工程，在中心城区建设了大运河生态修复展示区，在运河沿线谋划建设吴桥杂技旅游名镇、泊头手工业名镇、东光生态名镇等多个特色小镇，形成“一线多珠”协同发展良好格局。

沧州市成立了大运河文化带建设工作领导小组，组建了沧州市大运河发展（集团）有限公司和大运河文化带研究院。

2018 年，沧州以打造“中国大运河文化重要的承载地、城市生态休闲走廊示范区、沧州城市重要标志”为目标，审定通过了《大运河城市区提升改造概念性规划》。以大运河城市区段规划为重点，沧州制定了“1 +3 +N”规划编制体系，“1”是指《沧州市城市区大运河文化保护传承利用规划纲要》，作为统领性文件，明确沧州大运河文化保护、传承、利用工作思路和主要方向；“3”是指三个总体性规划，即《沧州市城市区大运河文化保护传承利用总体规划》《沧州市城市区大运河文化保护传承利用城市设计》《沧州市城市区大运河文化保护传承利用控制性详细规划》；“N”是指包括夜景照明、堤坝设计等在内的多个专项规划。沧州市编制完成《沧州市大运河文化保护传承利用实施规划》及文化遗产保护、生态修复、河道治理管护等六个专项规划。

沧州始终将“规划科学”放在首位，按照高起点规划、高水平论证、国际征集规划方案、全社会参与的思路，借鉴雄安新区等先进地区规划建设管理经验，聘请相关领域知名专家学者等高层次人才组建专家咨询团队，为大运河文化带规划设计工作全程把关，提供技术支撑。

沧州市建立了《大运河沧州段文化遗产名录》，开展了标注运河工程，完成郛堤城遗址等遗产考古勘探工作。沧州认真梳理大运河文化遗产资源，将沿线 164 处物质文化遗产和 27 项非物质文化遗产串联成一条历史文化“项链”，并着手从市级层面完善系统性文物保护工作方案，加强对重点文物和文化的保护传承。

2. 绿色长廊和生态修复

沧州市开展了以文物保护、拆迁拆违、河道清淤、垃圾清理、生态修复为核心的基础性保护工程，打造了大运河生态修复展示区、东光“氧生园”等多个代表性工程。京杭大运河是沧州市的母亲河，是享誉中外的世界非物质文化遗产。大运河沧州段自南向北流经吴桥、东光、南皮、泊头、沧州市区、沧县、青县，市域里程 215 千米。近年来，沧州市按照把大运河沧州段打造成“中国大运河文化重要的承载地”的目标，正在着力将域内大运河沿线打造成一条自然、富氧、舒适的景观带。沧州市委书记杨慧提出，要全面开创沧州“运河时代”，还运河于人民。沧州全力推进大运河沿线绿化工程，着力构建“林水相依、绿廊相连、绿块相嵌”的大运河绿色长廊。根据沿线林业现有基础和特色资源，沿大运河河道（不含城区段）建设宽度不低于 2000 米的绿廊，随着植树造林力度加大，一个个森林公园、家庭林场、采摘园、生态休闲园正在“破土而出”，建成约 1200 亩的沧州大运河生态修复展示区。“几字湾”生态修复项目在 2020 年 10 月建成对外开放。原南关口、张家坟两村旧址“几字湾”区域以生态修复为主，并按照工程精致化要求，认真做好路、草、花、树、楼五篇文章，再现莲池古渡，打造渡口前街、“缙园”等项目，着力建设“丰草繁花碧水流，河曲千载济沧州”的滨河生态空间。

3. 非遗传承和非遗活化

2020 年，沧州市委、市政府确定了城市区大运河文化带建设十大重点项目，其中有大运河南湖文化街区提升改造项目。该项目北至解放路，南至生态修复展示区（一期），西至运河西侧堤顶路，东至清池大道，总面积约 3300 亩。该项目通过发掘南川楼村历史文脉，改造南川老街，再现南川楼、朗吟楼，活化利用无线电二厂和铁路给水所，修复河滩地生态，再现莲池古渡等，打造既能再现、传承沧州大运河历史文化，又能满足新时代运动休闲生活的开放性运河非遗文化街区。

运河东岸南川楼村附近，有一座红砖五层的建筑，这就是曾经的沧州面粉厂。这是沧州城最早的民族企业之一——富利育记面粉公司成立发展的地方。最初由沧州民族企业家建于1921年，砖木结构的制粉大楼、动力车间、仓库、一个办公室四合院，以及两个宿舍四合院，当时日产面粉200袋。1941年，沧州面粉厂被日军强占，到1947年6月15日沧州解放后，面粉厂由政府接管，改名沧州市大兴面粉厂。随着城市和工业发展，沧州面粉厂被沧州市无线电二厂所取代。1969年，沧州市无线电二厂成立，主要生产电子设备。到1995年，沧州无线电二厂停产，但曾经的建筑却依然保留到现在。面粉厂将作为南湖文化街区改造提升项目中的子项目整体规划，目前已有清风市集入驻面粉厂的办公楼，成为手工艺匠人展示作品、艺术交流的场所。

在这个大的区域，沧州市还将按照历史记忆重建朗吟楼、南川楼，与清风楼遥相呼应，让历史上的沧州三大名楼重现，形成鼎力之势，彰显沧州文化历史积淀，为大运河增添沧州色彩。

十个重点项目也包括大化及周边区域的利用提升项目。按照规划，将利用沧州大化现有厂房和厂区打造大运河非物质文化遗产国家公园主场区，凸显沧州工业立市的特色，成为大运河沿线非遗项目互动展示、交流传承的中心。

按照规划，将拆除胜利公园和人民公园之间的建筑，实现人民公园和胜利公园的连通。胜利公园改造为人民公园的东入口区域，延续胜利公园的纪念性，适当增加中心广场的面积，扩大市民活动空间，更方便运河东侧居民入园，让人民公园更加便捷、开放、共享。

市人民公园，是沧州市历史最久、规模最大的一座免费开放型综合性公园。她如同一颗璀璨的宝石，镶嵌在运河西侧。在人民公园东侧、新华桥北运河西岸，还有胜利公园，这里一直是机关、部队、学校举行纪念活动的教育基地和学习场所。两个公园共同成为大运河文化带上重要的生态园林。在人民公园将会修建大运河博物馆和中国盐运博物馆。北环以北将会修建园博园和工业遗址公园。西南侧将会修建工人文化宫和工业遗址博物馆。

按照规划，对文庙清风楼片区进行提升改造，继续升级配套设施和景观。通过对文庙、锅市街、商业步行街、水月寺大街等重点区段的改造与提升，对老城墙、小南门等老城重塑。打造能够承载沧州人记忆与乡愁，体现沧州江湖和市井文化的城市文化商贸核心。

举办“沧州市运河区民俗文化节”活动。文化节活动组织了省级、市级、区级非遗项目杨氏青萍剑、拦手门九节鞭、景春蓝、刻纸、竹刻、吉祥文化书写表现、义昌永冬菜、回家香油等进行现场展示。通过代表性传承人现场展示传统手工制作的精湛技艺，让观众直观真切地认识运河优秀传统文化。活动现场还通过展板的形式宣传了非物质文化遗产相关知识、《河北省非物质文化遗产条例》及沧州运河区优秀非物质文化遗产资源。

4. 文旅融合和因地制宜

沧州市持续推进吴桥杂技旅游名镇、泊头手工业名镇、东光生态名镇、沧县旧州铁狮文化名镇、兴济运河小吃文化名镇、沧州武术文化小镇、青县红木小镇等特色小镇提档升级，发挥沿线产业和文化优势，推动更多具备资源潜力的特色小镇脱颖而出。2020 年，沧州市结合运河沿线各县（市、区）的产业特点、文化优势和生态资源，初步形成的“一线多珠”发展格局，又谋划实施了 61 个大运河文化带建设重点项目，总投资 276 亿元。其中中心城区共 10 个，总投资 102 亿元。这批推进实施的系列项目，进一步提升了大运河文化带建设的内涵，拓展休闲、旅游、文化和产业发展功能，进而带动中心城区全面提速提质发展。建设沧州运河景观带、吴桥杂技大世界景区、吴桥山水田园综合体、吴桥杂技服务中心、吴桥运河公园、东光运河文化旅游带、泊头市运河景观带、泊头市工艺铸造小镇、南皮县文化展览中心等项目，把东光、南皮、沧县、青县等地大运河沿岸文化景点串珠成线，统筹产业、生态、文化旅游等多种功能，真正让老百姓享受到运河带来的幸福生活。这些项目建成后，沧州大运河文化带将成为推进文化、生态、产业和新型城镇化高质量发展的系统性工程。

蜿蜒的大运河自沧州穿行而过，形成了独特的运河景观，也造就了沿线独有的运河文化和旅游资源。结合大运河文化带建设规划，沧州市将深入挖掘运河旅游资源，整合开发运河旅游产品。对运河流经县（市、区）进行整体开发建设，突出地域文化，打造大运河核心精品旅游区，真正擦亮大运河这张城市名片。以大运河文化带为轴线，推进“吴桥杂技文化名镇、东光生态文化名镇、泊头铸造文化名镇、沧县旧州古文化名镇、沧县武术文化名镇、沧县运河小吃文化名镇、青县红木文化名镇”七个特色文化名镇项目建设，注重凸显曲目、美食等运河元素。

在泊头，依托大运河文化旅游品牌，整合历史文化、工业、生态、红色等多重旅游资源。尤其是全长1.9千米的大运河景观带，“运河之链”、山楂树广场、码头文化雕塑等亮点频现，集风貌保护、文化展示、观光休闲于一身，成为当地市民和外来游客感受运河文化的绝佳去处，也在潜移默化中带动泊头文化和旅游产业的发展壮大。

东光县大力开展大运河生态修复和环境治理，全力推进大运河沿线绿化工程。大运河沿线种植树木20多个品种8万余亩，形成了万亩生态林带，园中每立方厘米负氧离子含量日常维持在3000～4000个。同时，东光以大运河文化带为核心，推动当地全域旅游的规划、建设和发展，以重现“世界遗产、运河名埠”的繁荣场景。

在吴桥县桑园镇大辛村，以运河文化为依托，建有总投资18.5亿元的吴桥杂技山水田园综合体项目。

南皮县围绕大运河文化，投资1亿元建设南皮县文化展览中心，内设南皮历史博物馆、南皮县民俗馆等专题展馆。

5. 机制创新和法治保障

设立沧州市大运河文化发展带建设办公室。2020年6月30日，沧州大运河建设发展有限公司正式挂牌成立。主要工作包括：作为市政府指定的出资单位，和社会资本对接，进行棚改专项债申请、棚户区改造、地产开发和管理；主城区土地增值收益中用于大运河城市区提升改造工程部分的管理和运用、运河产业基金的运作管理以及自有资金的增值运作；主城区段大运河两岸核心监控区范围内与大运河文化带建设相关的基础设施和公共服务设施的建设、运营管理，以及生态修复、改造和提升。

2020年5月出台了《沧州市大运河文化遗产保护条例（草案）》。

（二）衡水现状

根据《大运河文化保护传承利用规划纲要》，衡水共有三个核心区——

阜城县、景县、故城县。其中，大运河流经衡水有179千米，占河北段全长的1/3左右，华家口险工被列入世界文化遗产。绿色生态廊道建设工程有卫河—卫运河邯郸—衡水段重点河段水体污染治理，运河文化高地繁荣兴盛行动有挖掘董子儒学等，展现燕赵雄风。

衡水市建立了大运河文化保护传承利用工作联席会议制度，统筹推进大运河规划建设，抓好专项规划编制和组织实施，协调解决跨县域、跨部门的突出问题。衡水市编制了大运河文化保护传承利用规划，制定了《大运河（衡水段）国家文化公园建设工作推进方案（2020—2023年）》《衡水市大运河文化带旅游道路规划方案》等，大力挖掘非物质文化遗产资源，着力打造“快旅漫游”“一快一慢多联”交通网络体系。2020年7月8日，衡水市发改委向市长汇报了《衡水市大运河文化保护传承利用规划实施方案（征求意见稿）》。

2020年7月14日，河北省委书记、省人大常委会主任、省级总河湖长王东峰主持召开2020年度省级总河湖长会议，会议指出要突出重点流域综合治理，大力实施白洋淀、衡水湖环境综合整治与生态修复，深入开展大运河保护开发。

2021年9月，河北省人大常委会批准了《衡水市文物保护条例（草案）》，该条例涉及对于大运河文化遗产的保护。景县安陵镇华家口村，是运河沿岸的重要村落，拥有世界文化遗产点、全国文物保护单位——“华家口夯土险工坝”，区域内河段堤防体系相对完整，是大运河文化带建设重点项目之一，目前该村正在进行京杭运河文化村改造提升项目，包括250米险工大堤工程、文化展园工程、口袋公园工程等，总投资2345万元。景县积极完善文化和旅游融合发展体制机制，重点推进大运河国家文化公园和董子故里文化旅游园区建设，充分依托大运河文化、董子文化，体现地方特色，深入挖掘地方资源，打造独具特色的旅游文化品牌，助力新时代“经济强县、文化景州”建设步伐。

衡水市故城县积极打造大运河文化带重要节点城市。为确保故城大运河文化带建设的科学性和合理性，故城主动对接中建规划设计院等国内权威规划设计机构，形成初步概念性规划，把大运河文化带建设规划与乡村振兴、城镇建设、生态修复、产业发展、环境治理、全域旅游结合起来，全面加强大运河文化带建设的顶层设计。故城制定《故城县大运河文化带建设和文旅产业发展工作方案》，明确大运河文化带建设的思路目标、谋划项目和重点工作及责任分工。

故城按照全域旅游概念，以运河流经区域和沿线的重要水利和社会文化点位为基础，囊括重要文物和遗存、遗产、遗址，谋划包装郑家渡口古商业街区风貌整治与提升、故城甘陵文化小镇、建国镇红色文化研学小镇、大运河历史文化博物馆综合体、非物质文化遗产传承保护等20多个重点项目，总投资200多亿元。在规划建设中坚持重点突破、示范带动，先期启动大运河县城沿岸8千米核心区的规划、保护和开发，优先打造大运河百里景观带和郑家渡口古商业街区风貌整治与提升两个项目。

故城充分发挥历史底蕴深厚及旅游资源丰富的优势，着力打造故城文旅品牌形象，助推旅游产业整体提档升级，逐步形成具有故城特色的旅游主业。依托75.1千米大运河，传承运河文明、讲好运河故事，把文化元素和点位串联起来，规划建设运河全域旅游文化带。重点推进“‘一带一路’三城多点”布局。“一带”即大运河文化景观带，把京杭大运河作为文化带主轴将区域文化串联起来；“一路”即沿河精品旅游线路，规划建设一条景观大道贯穿整个景区，作为生态和城市景观融合的主线；“三城”即郑口镇、建国镇、故城镇三个重点区域乡镇；“多点”即沿运河的其他乡镇村以及康宏牧业小镇、以岭药业健康城、绿康德国庄园、千亩森林公园、正大鳄鱼馆等分散景观节点，统筹形成“以点带面、连线成片”的全域旅游发展格局。配合央视拍摄制作专题纪录片《千年运河故城传奇》，并在旅游卫视播出。

衡水市实施了大运河遗产保护、生态修复、环境治理、河道疏浚、特色村镇建设等重点工程，严格水域岸线用途管制和土地开发利用，努力打造“水清、岸绿、景美”的运河生态带。

衡水市建立区域互动合作机制和定期协商机制，在河道清淤、汛期预警、协调水源等方面开展深度合作，协商破解大运河遗产保护和开发建设中重大问题。

衡水市大力贯彻“请进来”策略，坚持“国际视野，全球理念，全国格局，衡水个性”，以重大文化活动为引领，提升衡水文化整体层次水准，进一步叫响了“日升月衡，水韵湖城”品牌，打造了具有“国际范”的城市形象。衡水市通过“记住乡愁、农耕记忆、漕运印象、非遗表演、码头名人”等主题活动，充分发掘运河漕运文化、民俗文化。大运河衡水段各县按照“开发文化资源、完善文化设施、发展文化产业、丰富文化生活、展现文化魅力”的思路，突出区域特色，激发文化活力，先后挖掘和整理了一批省级非物质文化遗产，如漳卫南运河船工号子、故城运河传统架鼓、甘陵春酒酿造技艺、龙凤贡面手工制作技艺、铜胎画珐琅技艺、景县传统布艺、阜城打囤、阜城剪纸技艺等。还有市级非物质文化遗产，如故城郭庄旋饼、故城熏肉、面筋卷卷、景县粉生大、景县馓子、连镇烧饼、签子馒头、阜城刘家烧鸡、十八卤面等大运河衡水段美食品牌。

深入推进大运河文化带建设，实施乡村振兴战略，精心打造运河文化名城和美丽乡村典范，有运河第一湾（故城运河文化公园）、韵美白草洼、魏圈运河博物馆、厚重大龙湾、古风梨韵刘老人等一大批衡水运河文化金名片。

衡水市积极梳理谋划标志性建设项目，创作了《运河少年》《运河流韵》《运河摄影集》《我的家乡运河旁》等一批具有运河文化色彩的文艺作品。

二、面临问题

（一）河北大运河沿线区域保护传承利用不平衡

沧州最好，衡水一般。沧州已公布市级规划“1＋3＋N”，衡水还在征求意见中。

（二）缺乏有效的沿线协同合作，统筹协调机制有待创新

大运河河北段不通航，有些河段断流。多段运河古道被割裂，形成断头；个别河段水量稀少，水质也较差，有污染现象；有些水利设施和水利工程老化，没有发挥应有的作用。

（三）依法保护大运河的法治意识不强

目前，只有沧州、邯郸有保护大运河文化遗产的立法计划。2020 年 5

月，沧州市出台了《沧州市大运河文化遗产保护条例（草案）》。2020 年 6 月，邯郸市出台了《关于加快大运河文化保护传承利用的决议》，该决议中提到，由邯郸市人大常委会制定《邯郸市大运河保护条例》。

（四）在大运河文化带建设上，京津冀协同发展有待加强

2015 年 4 月，中央制定了《京津冀协同发展规划纲要》，要求通州、武清、廊坊三地加强合作关系。在北运河，河北廊坊需要加强与北京通州、天津武清的协同发展。

三、对策建议

（一）打造燕赵文化高地

大运河沿岸的古城、古镇、古村较多，应挖掘大运河文化内容内涵，形成展示燕赵文化的高地。

（二）注重大运河文化集中展示平台建设

现有沧州博物馆和地市的博物馆大运河文化展示平台存在分散、碎片化的情况。应有省级的大运河博物馆，集中展示大运河河北段文化内涵。

（三）加强大运河两岸的统一规划

沧州衡水段，运河相连，大运河往往成为县、镇、村的分界线，需要省级层面加强统一规划和区域联动。

（四）积极推进大运河文化遗产保护的立法

目前，河北五个拓展区，只有两个有立法计划，缺少大运河保护的立法，导致法律支持不够。应把大运河文化遗产保护纳入法治轨道，使大运河保护有法可依。

（五）加强京津冀协同发展，强化区域联动，构建区域协调机制

推动京津冀区域联动。大运河河北段与北京段、天津段水脉相通、文脉

相连、血脉相融，共同构成北方运河不可分割的水网体系，应当把大运河文化带建设作为落实京津冀协同发展的一个重要方面，积极推动京津冀一体联动，协同治理水污染，联合开发大运河文化资源，统筹安排大运河生态文化旅游线，在北运河香河段尝试建立京津冀大运河文化带建设试验区，积极承接北京非首都功能疏解，运用共建、共管、共享的合作机制，把北运河建设成为全国大运河文化产业发展示范基地。

在京津冀协同发展战略不断深入推动实施中，廊坊市与京津同步治理北运河，其中利用国家专项资金300万元完成了红庙村金门闸维修工程，并坚持开展常态化北运河保护专项巡查。近两年关停排污企业五家，处理违规挖沙掘堤案件13起，有效保护了北运河风貌。

河北省文物局已与山东省文物局就南运河沧州—衡水—德州段遗产区保护工作形成了省际部门会商机制。

推动冀鲁豫区域联动。在南运河和漳卫运河流经的区段内，河北与山东、河南共同分享大运河。大运河水系互通，山东、河南是河北省大运河的主要水源地。因此，河北省建设大运河文化带，需要与山东、河南建立协作联动机制，组成协同建设协调机构，在运河河道归属、运河水源调配、水环境治理、运河文化整理、建设项目安排等方面，加强制度沟通和政策协调，共同保护大运河，共同建设冀鲁豫分享区大运河文化带。

借力雄安新区规划建设，率先推动大清河通水通航，连通京杭大运河与白洋淀水系，实施生态绿化工程，全面开展大清河沿岸文化考古挖掘，梳理大清河与隋唐运河的历史文化渊源，培育雄县温泉文化、胜芳古镇文化、文安古城文化等，建设大清河生态文化走廊，并推动《雄安新区旅游发展专项规划》实施，做好太行山旅游发展规划编制前期工作。

（六）加强原生态大运河河北段的保护

京杭大运河河北段全长530千米，是河道样态最真实、原生态风貌保持最完整的河段，被称作“活的遗产走廊和生态走廊”。河北省境内大运河段基本没有改变航道，原生态遗迹较多、对运河的改建较少，进而以其样态真实、遗址类型齐全、价值较高在中国大运河中占有重要位置。“大运河河北段沿线的遗产类型多样、分布广泛、体量巨大、文化价值高，具有多样性及复杂性的特征……”河北省文物局相关负责人介绍，对于有形的物质遗产而言，大运河文物本体、两岸地上文物遗存和重要遗址遗迹的保护是重中之重，为进一步摸清早期运河遗址、白洋淀与大运河连通部分区域文物遗存状况，2018 年省文物局加大大运河河北段遗产研究保护力度，安排邯郸市、邢台市进行永济渠遗址勘探试掘，省文物研究所进行了大清河流域文物资源调查、考古勘探工作。此外，还配合省发改委编制完成《河北省大运河文化保护传承利用实施规划》。今后，将在这些工作基础上，继续开展隋唐运河、大清河流域考古调查，进行有关河道、堤防、码头、设施等遗址考古工作。

专题报告七：隋唐大运河安徽淮北市和宿州市评估报告

安徽省淮北、宿州两市立足当下，对隋唐大运河历史文化内涵进行充分发掘和创造性转化，力争为安徽建设创新型文化强省提供独特而丰富的历史文化支撑。淮北、宿州两市是隋唐运河通济渠（也称汴渠）的流经之地，河道长达180千米，目前尚保留有水河段47千米，无水河段约133千米。大运河作为皖北唯一的“世界文化遗产”，是该地区最重要的历史文化品牌和文旅资源，如何利用好大运河丰厚的历史文化积淀，并使其展露蓬勃生机，对皖北乃至安徽全省都具有重要的现实意义。大运河智库针对《大运河规划暨文化公园方案》中涉及的原则、定位、布局、目标及保护传承利用的要求、重大工程等，对淮北、宿州两市评估如下：

一、建设现状

（一）建立相应组织机构和办事机构，出台相关规范性文件

时任安徽省省长李国英在2020年安徽省政府工作报告提出：“加快大运河国家文化公园、国家考古遗址公园、徽州文化生态保护区建设，推进非物质文化遗产保护传承和文旅融合发展。”

淮北市市长戴启远在2020年淮北市政府工作报告中指出，扎实做好大运河文化保护传承利用工作，烈山窑址等五家单位入选第八批省级重点文物

保护单位，隋堤景区、高岳现代农业示范园获批3A级旅游景区。宿州市市长杨军在2020年宿州市政府工作报告中指出，实施旅游强市“五个一批”精品工程，重点打造“一带两廊”旅游主轴，抓好符离大道沿线文旅项目、大运河国家文化公园泗县段等项目建设，推进新汴河、皇藏峪景区创建度假区、5A级景区等优质品牌建设，促进全域旅游提档升级、优质发展。

2020年3月安徽省成立了大运河国家文化公园建设保护领导小组。同时，安徽省文物局、发展改革委、住建厅、国土厅等部门对安徽省大运河相关的文物、非物质文化遗产、工业遗产、农业遗产、历史文化名镇名村等资源进行梳理，形成了大运河遗产资源名录。安徽省还不断推进大运河保护立法，加强大运河遗产的保护利用。

（二）形式多样，齐头并进共推大运河文化研究走向深入

安徽省采取多种形式、多种路径，积极推动大运河文化的研究不断走向深入，积极推动大运河非物质文化遗产保护传承和文旅融合、文化创新发展。

案例：近年来，安徽编辑、出版了《中国大运河通济渠》《泗州记忆》《古韵泗州》等图书；拍摄、制作、播出了纪录片《消失的大运河》；策划、创作了《风涌大运河》等文艺作品；举办了大运河文化艺术节、大运河论坛、书画作品展、创意大赛等活动。安徽省将进一步整合淮北、宿州文化及自然资源，促进大运河遗产与临涣城址、石山孜遗址、古城汉墓、淮海战役总前委旧址、烈山窑、涉故台等文物保护单位以及淮北南湖、中湖、萧县皇藏峪、泗县石龙湖等自然景观融合发展，打造文化内涵丰富、自然风光优美的大运河文化景观带，使千年古运河焕发新机。

2019年12月8日，由安徽省文物局指导、安徽博物院主办的“大运河文化带文化遗产创新创意设计大赛安徽分赛区”在安徽博物院举办启动仪式。大赛以“千年文脉见初心·美好生活创未来”为主题，旨在助力优秀传统文化创造性转化创新性发展和大运河文化遗产保护、传承、利用，为大运河沿线京、津、冀、豫、鲁、皖、苏、浙八省市博物馆、文物

保护单位与优秀设计机构，提供创意设计及落地转化、产品生产销售等对接平台，体现出加强版权保护、注重文创产品落地和销售、凸显公益性等特点。

大赛组委会与安徽省博物馆协会联合组织安徽分赛区活动，主要是为了深入挖掘大运河文化带丰富内涵，通过互联网和新媒体技术，组织丰富的文物信息资源和文化遗产创意素材，吸引各地区的优秀设计机构、设计师以及优质的生产商走进博物馆，参与博物馆和文保单位的文创事业的发展，进一步推动安徽传统文化创意产品的开发。为了引领优秀人才进入文创领域，使优秀原创作品得到较好的激励，大赛奖金额度在近年来同类大赛中屈指可数，单项奖高达 12 万元，总奖金 290 万元。大赛为期一年，设置文创设计奖、大学生创新奖，每类奖项分平面设计类、产品设计类，下设家居装饰组、办公用品组、服装设计组。本次创新创意设计大赛对挖掘和弘扬大运河文化必将起着积极的推动作用。

（三）以重点项目为依托，做好大运河文化的创造性转化

1. 淮北市的做法

针对历史文化积淀丰厚的大运河遗产，淮北市编制出台了《大运河淮北段文化保护传承利用规划纲要》，涉及濉溪老城石板街、石山孜文化园、龙脊山旅游基础设施，以及文物保护、环境整治、特色小镇等 63 个项目的修建和完善。编制完成了《柳孜运河遗址——桥梁遗址病害整治方案》和《柳孜运河遗址病害处理方案》，推进大运河淮北段遗址本体保护和石山孜遗址文化公园建设，进行临涣城址等文物保护修缮，完成颛孙子张墓一期修缮保护工程等，加快运河文化发掘研究。以大运河文化品牌、内涵、生态景观为依托，建设中国大运河淮北柳孜文化园、柳江口文化园等。

案例：毗邻柳孜大运河遗址核心保护区的濉溪县柳孜文化园建成开园，以厚重的运河文化内涵、优良的生态景观为依托，成为该地城乡一处标志性的亲水美景。

柳孜文化园一期工程投资1.6亿元，占地600亩，建成薰衣草园、牡丹园、天鹅湖、特色采摘园、水上乐园等颇具特色的景点。二期工程占地约1200亩，营造景色宜人的绿色生态环境。园内大运河文化景观道、月亮湖、望月塔、爱情长廊、观星亭、大型风车等旅游设施也已建成。

柳孜文化园中，隋堤旅游景区围绕“用好世遗资源、做好运河文章、讲好濉溪故事、开发农耕研学”目标，是濉溪县依托黄新庄美丽乡村建设，融合隋唐运河柳孜遗址而打造的文化旅游综合体，2019年被评为国家3A级旅游景区。景区就在村口，农闲时当地和附近村民们喜欢到那里去“打卡”——或自拍，或拍摄视频，再传到互联网平台，“晒一晒”这分不清是城市还是乡村的诱人美景。

淮北隋唐运河古镇项目，是安徽省旅游集团与淮北市政府联手打造的一个大型文化旅游综合体。其中，古镇一期“隋唐草市”以历史研究为基础，科学、准确、全面地再现隋唐大运河时期丰富的建筑、文化、艺术、科技及社会价值。时至当下，“隋唐草市”入驻商家189家，涵盖运河味道餐饮、民俗婚庆、精品客栈、文化艺术四大业态，超过75%的经营商户常年经营时间超过夜里11点。“淮北隋唐运河古镇·隋唐草市”获评安徽省“十佳夜游街区”。

2. 宿州市的做法

宿州市制定了《大运河文化保护传承利用三年行动方案（2020—2022年）》，明确责任单位，深入挖掘大运河文化内涵、强化文物遗产保护传承、推进河道水系治理管护、提高大运河流域的突发环境事件的预防应对能力、实行大气污染联防联控、全面提升区域水环境质量、指导职业院校培养相关的技术技能型人才、推动文旅融合发展，以及编制大运河宿州段生态环境保护修复实施方案等16项重点任务年度目标清单，重视环境整治。

明确责任单位，投资建设宿州运河博物馆及大运河考古遗址展示工程、埇桥区闵祠中华孝文化园项目、灵璧县张氏园亭遗址公园复建项目、泗县大运河国家文化公园、泗县运河城市森林公园、泗县运河中央公园、泗县大运河遗址公园、泗县运河小镇、泗县大运河文化博物馆、大运河泗县段保护展示利用工程、泗县大运河文化交流中心等67个重点项目，做足做实做透大运河这篇大文章。

案例： 大运河通济渠泗县段保护展示利用工程是个典型代表。泗县，古称虹县，原本很大，北宋末年析置灵璧县，南宋析置五河县。现存运河遗址约47千米，其中，有水运河故道约28千米，作为通济渠段唯一的在用活水遗存段，在漫长的历史岁月洗礼中，基本保持1000多年前的原始风貌，见证了往昔的兴盛和繁华，承载着泗州人民的悠悠运河情怀，是古老泗州弥足珍贵的历史遗迹，更体现了中国古代劳动人民无穷的智慧与勤劳。由于大运河泗县段有着较高的历史人文价值，2013年经国务院批准为第七批全国重点文物保护单位。2014年6月22日，自泗县广播电视台新虹桥向东约5.8千米，被联合国教科文组织审议通过为世界文化遗产段。

近年来，泗县始终坚持大运河的保护与利用相结合，积极探索，实现申遗、保护、开发和利用的有机统一，努力做好新时代大运河保护和利用这篇大文章。

首先，明确规划引领，运河环境风貌管控得力。为了保证运河环境风貌受到最小干扰，统筹进行大运河泗县段的科学利用、合理保护，泗县委托中国文化遗产研究院编制《大运河通济渠泗县段保护管理规划》，以便切实、全面地对大运河通济渠泗县段进行整体性的保护。在国家《大运河文化保护传承利用规划纲要》中，大运河泗县段多个资源点纳入其中，在《大运河安徽段文化保护传承利用实施规划》中，泗县更是作为大运河文化建设的核心区域，进行重点统筹打造。此外，泗县围绕大运河通济渠泗县段，深入挖掘自然资源、景观资源、人文资源，进行统一规划打造，建设具有综合性的泗县运河特色小镇。目前，该项目已经获得安徽省发展改革委同意，入选安徽省第二批特色小镇建设名单。

其次，加强部门协作，运河保护工作形成合力。几年前泗县县委、县政府成立了大运河通济渠泗县段保护管理委员会，专门负责大运河泗县段的管理保护与利用工作，逐步形成了责任明确、协同作战、齐抓共管的大运河保护与管理格局，建设了标识、监测、展示、档案四大系统，加强了运河遗产整体管理；实施了“清水工程”“绿荫工程”，使大运河泗县段整体环境情况得到了明显改善。为更好地展示大运河通济渠泗县段遗址，泗县专门建设了泗县隋唐大运河展览馆及博物馆大运河泗县段遗址展区。为加强对大运河泗县段的保护，泗县文物部门定期对大运河进行巡查，坚决杜绝破坏大运河遗址的现象发生。同时，泗县文物局多次向县直相关部门函告，告知大运河泗县段相关保护法律法规和注意事项，协调推进大运河通济渠泗县段的保护工作，全县对该运河段的保护意识得到极大提升。

再次，延续运河文脉，打造城市文化旅游带。“十三五”期间，泗县确定了以大运河泗县段遗址为中心的旅游发展方向，将县内的泗州戏文化、饮食文化、药物布鞋文化等各类特色文化，跟石龙湖国家湿地公园、运河人家园林景观、清水湾公园、江上青纪念园、蟠龙山文化旅游园、小宋梨园等丰富的景观旅游资源，以及大运河泗县段遗址进行串联，逐步把大运河打造成最富文化内涵、最具地方特色、最具观赏价值、最具休憩休闲功能的文化旅游精品线路。近年来，泗县在运河沿线打造了戚庙文化园、彭浦美好乡村、石梁河田园综合体等项目，对大运河沿线重要文物保护单位文庙大成殿、山西会馆进行修缮、布展，展示运河沿线丰富而独特的历史文化。

最后，发展运河产业，推进文旅融合项目建设。为加强大运河泗县段的保护利用，泗县委托中国文化遗产研究院编制了《大运河通济渠泗县段展示设计方案》，目前该方案已获得国家文物局批复同意，建设内容自泗县广播电视台至大运河泗县段与新濉河交界处，全长约 6 千米，主要包括河道遗存展示工程、水工设施展示工程、展示平台，以及道路、绿化环境工程等项目。项目计划总投资 5000 万元，2017 年上半年通过安徽省文物局和财政厅审核通过，目前正在进行项目建设。另外，为配合该段展示工程项目，泗县积极向国家发改委进行资金申报，获得 1200 万元的大运河通济渠泗县段展示工程的基础设施配套资金。同时，积极推进运河人家园林景观项目建设，2016 年，该项目入选全国优选旅游项目名录，建设内容包括徽派高端盆景园，大型古建筑、根雕罗汉堂、运河根雕名人馆、竹雕艺术馆、古石雕石佛长廊、木质茶楼、大型假山、瀑布、观鱼池、安徽歙砚博物馆及古玩石雕等。该项目位于泗县经济开发区曹苗村古汴河北岸 1 千米处，占地面积约 307 亩，计划总投资 20 亿元。其中，建筑面积 6.7 万平方米，计划投资 1.8 亿元。该项目现已建成，于 2017 年 9 月即已对外开放。

泗县启动了大运河泗县段概念性整体规划、专项规划编制，积极打造大运河国家文化公园等重要项目，利用现有文化资源和基础设施，展示泗县大运河遗址，挖掘泗县大运河文化，打造安徽省大运河文化名城。

（四）以大运河文化为抓手，讲好新时代安徽故事

大运河安徽段是见证隋唐大运河通济渠的开凿，以及沟通黄河和淮河两大水系的有力物证，对研究大运河史、水运史、交通史和陶瓷发展史等提供了重要实物资料。大运河安徽段沿线文化遗产丰富，老庄文化、楚汉文化、淮河文化、红色文化等异彩纷呈，有不可移动文物 2200 多处，其中国保单位 9 处、省保单位 32 处、市县保单位 200 多处；博物馆、纪念馆 17 座，馆藏文物近 3 万件；国家级非物质文化遗产项目 10 项、省级非物质文化遗产 34 项、中国民间文化艺术之乡 5 处。

大运河安徽段应该如何进行文化保护传承利用？安徽省相关职能部门负责同志表示，“将以世界文化遗产、全国重点文物保护单位为核心，合理规划建设运河遗址公园、博物馆；全面系统开展保护研究工作，深化大运河水工遗存和附属遗存的科技保护研究，提高大运河安徽段文化遗产保护水平”。一方面，分级、分类实施大运河安徽段文化遗产遗迹安全防范工程，强化对珍贵文物的预防性保护：推进柳孜运河遗址、大运河遗址（淮北段）、大运河泗县段等不可移动文物及遗址遗迹遗存保护工程。在大运河安徽段本体以及相关的重要遗址遗迹考古发掘展示方面，重点是打造柳孜运河考古遗址公园，推进大运河河道遗址淮北段考古发掘及保护展示工程、通济渠泗县段遗址保护展示工程、大运河泗县曹苗段和长沟段遗址考古发掘展示工程等。另一方面，安徽省还将分区分类保护和利用大运河安徽段水利遗产文化资源，实施烈山赵集二级扬水站保护展示工程、通济渠泗县段运河故道综合展示工程、泗县东八里桥水利遗产价值评估与修缮修复工程；并统筹大运河安徽段沿线博物馆体系建设，形成功能互补、一条主线、多点分布的博物馆分布格局。

按照当前的考虑，将对现有的隋唐大运河博物馆、隋唐大运河遗址博物馆、淮北隋唐大运河证券博物馆、宿州市博物馆、泗县博物馆等一批博物馆进行陈列展览提升改造，提高规模档次和展陈水平，充实大运河的历史文化内涵。同时，规划建设柳孜运河遗址陈列馆、百善运河故道展示馆、宿州大运河博物馆、泗县大运河文化展览馆等系列博物馆，丰富和拓展大运河文化传承和展示空间。

大运河安徽段曾是国家政治、经济、运输、流通等的生命线，更是中国水利工程史上的一座丰碑；大运河安徽段流经的淮北市、宿州市地处苏鲁豫皖四省交界，是中原城市群、淮河生态经济带的重要城市。为此，在皖北规划建设“隋唐大运河水文化生态博物馆”具有重大的学术价值和现实意义。一方面，有利于推动皖北多类型文化与时代元素相结合，焕发出新的生机活力；有利于统筹开发利用皖北地区包括水文化在内的相关资源，推进文化旅游和相关产业融合发展。另一方面，也有利于挖掘和弘扬时代价值，将水文化生态、大运河精神内涵融入新发展理念；有利于加强与沿线省份文化旅游资源联动、融合，从而讲好新时代皖北故事和安徽故事。

二、存在问题

（一）政出多部门，协同难度大

淮北、宿州由于两市之间没有建立有效的协调联动机制，城市内也没有建立像江苏省淮安市那样的大运河文化带规划建设管理办公室，那么，城市之间就难以协同，条块之间也难以协同。因此，难以在短期内形成高效的区域交流与合作、突发环境事件的应对、大气污染的联防联控机制等。同样，也难以有效地对接国家发展战略、促进运河沿线城市协作联动等。

（二）历史欠账多，经济压力大

淮北、宿州地处皖北，由于长期信息闭塞，基础薄弱，交通落后，经济欠发达，人均 GDP 只有 3 万～4 万元人民币，工业化远未完成，城乡差别大，经济承受能力差。因此，短期内生态资源环境承载能力低，河道、岸线与传统历史风貌保护难度大，区域防洪排涝功能弱的现状难以改变。

（三）遗产要保护，产业转型难

由于淮北、宿州部分城乡经济发展挤占河湖生态空间，而大运河是仍在使用的活态文化遗产，加之这两个地方又是采矿区、炼焦区等，大运河文化遗产保护与能源、交通、水利等经济发展之间势必存在难以调和的矛盾。如此一来，淮北、宿州两地三次产业之间的调整难度之大不难想象。

（四）活动亮点少，较多同质化

各地开展的运河文化活动大同小异，浅尝辄止，缺乏个性和亮点，有独特的地方文化符号和具有表现力、感染力的活动少之又少，急需业内智库和专家进行针对性的专业指导、培训和深入挖掘。

（五）表象研究多，内涵挖掘少

大运河淮北、宿州段沿线历史文化深厚，但目前大运河承载的历史文化价值和精神内涵挖掘还只停留在表层，文化脉络和丰富内涵有待深入挖掘，遗产活态传承载体和传播形式单一，缺乏创造性转化和创新性展示。

三、对策建议

（一）做好顶层设计和政策协同

从政策层级维度看，国家级层面做好顶层设计，主要是立法、协调和引领工作；省级层面要抓好地方立法、协调和统筹工作，加强与大运河沿线省、市的工作沟通、联系，加强安徽省内大运河沿线两市的工作协调；相关部门要明确各自责任和分工，切实“保护好、传承好、利用好”大运河安徽段历史文化资源。

从决策咨询维度看，建议成立专家咨询委员会，充分发挥大运河文化研究专家、产业化研究专家等的专业意见和建议，科学施策、合理施测、精准施策，综合使用市场化工具和绩效管理、全面质量管理等手段，有效配置资源。

从产业配比维度看，逐渐降低煤炭、炼焦等第二产业比重，提高科技、教育、文化、旅游等第三产业比重，提高文旅融合的紧密度，打造环境友好型宜居城市。

（二）深入挖掘大运河历史文化内涵

淮北、宿州历史悠久，其境内大运河文化内涵深厚。以宿州为例，宿州市境内的古汴河为隋唐大运河遗址通济渠段，开凿于隋代大业年间，是贯穿黄河、淮河与长江水系的重要通道。通济渠在隋、唐、北宋一直沿用，到了南宋，逐渐荒废。通漕约500年的隋唐大运河，对促进当时政治、经济、交通和文化发展繁荣起到巨大的作用。全长650千米的隋唐大运河通济渠，安徽省境内遗址长达180多千米，宿州市境内130多千米，占隋唐大运河通济渠长度的20%，占安徽省境内大运河长度的72%。

宿州建城于唐元和四年（809年），因此地周代为伏羲风姓诸侯国宿国所在地，所以以“宿”为姓，千余年间一直为历代州府治所。宿州是今大运河安徽段在唐宋时期，运河之上的唯一一座州城，当时宿州南以淮河为界，下辖临涣县（今淮北临涣镇）、符离县（唐宋的符离县城就是埇城，宿州、符离州县同城）、蕲县（今宿州蕲县镇）、灵璧县、虹县（今泗县）。隋唐大运河就流经今宿州市境内的埇桥区、灵璧县和泗县。经埇桥区西二铺乡、三八乡、西关大街、中山街、淮海路（埇桥遗址）、小地下道、东关大街、七十一处菜市场至沱河（303省道）；又经灵璧县城、灵城镇、虞姬乡、泗县长沟镇、三湾乡、泗县县城、徐贺乡、草庙镇、小梁乡进入江苏泗洪县境内。

埇桥区境内有凤凰堤遗址、埇桥遗址、宋代码头遗址、静安镇（今大店镇，即东五铺）遗址。当年的大运河在漫漫时光中不负当年模样，这些遗址基本上被湮没在巷间和路旁，虽未见古时舟楫交汇，商贸繁荣，如今却也是南来北往，人群辐辏。这几处遗址由于深埋地下从而没有申报世界文化遗产，不然以埇桥遗址的重要性——埇桥是世界上第一座大型木拱桥——入围世界文化遗产当没什么悬念。埇桥原为大运河上的石桥，后来舟车汇聚、九州通衢，渐渐成为集镇，最终成为宿州州府所在地。

北宋名臣陈希亮任宿州知州时，宿州人在汴水上造了石桥，但有一个问题深深地困扰着他们：这石桥有桥墩，河水上涨时节，舟船无法通过，或者通过时受到损坏。这事直接关系到百姓生命财产安全，作为地方父母官，陈希亮陷入沉思。经过思考，陈希亮终于想出了一个妙招：不设桥墩，架设独孔飞桥。按照陈希亮的设计造出的桥，果然既壮观，又实用，好似一道绚丽的彩虹飞架两岸。这桥造好后，百姓交口称赞。宋仁宗听说后特地降诏予以嘉奖，并赏赐陈希亮不少细绢，同时在全国推广这种独孔飞桥。于是，从汴京到泗州，都修建起了清一色的“陈希亮式独孔飞桥”。后来，这种造桥技术在元代随着蒙古大军流布西方。张择端《清明上河图》中的虹桥就来源于宿州埇桥。

还有，灵璧境内有花石纲遗址、小田庄大运河遗址等。花石纲是中国历史上专门运送奇花异石以满足皇帝喜好的特殊运输交通名称。北宋徽宗时，“纲”意指一个运输团队，往往是十艘船称一“纲”。最初，蔡京取江浙花石进呈，后来，规模越来越大，从江南到开封，沿淮、汴而上，舳舻相接，络绎不绝，由于花石船队所过之处，甚至为了让船队通过，拆毁桥梁，凿坏城郭。宣和年间，朱勔的花石纲船队行至灵璧蒋圩，与淮南转运使粮草兵船相遇，当时汴河连年失修，河床淤积，河槽水窄浅，两支船队难以同时通行，兵船不得行，引起官兵哗变，淮南转运使陈遘下令逮捕朱勔，所运花石纲被哗变官兵掀翻于沿河坡岸，遂形成花石纲遗址。

应深入挖掘诸如此类的历史故事和历史文化内涵，推动研究成果的创造性转化和创新性展示，将其转化成小说、诗歌、曲艺、戏剧、影视剧、网络剧、动漫游戏、数字博物馆等，以加快文旅融合发展。

（三）提升大运河文化的活态传承能力

大运河安徽段承载的深厚历史文化内涵依托于大运河实体产生，并随着时代变迁而丰富发展。要加强调查研究，深入挖掘隋唐大运河丰富的历史文化内涵和活态文化资源。

1. 充分挖掘大运河的活态文化

首先，要保护好大运河安徽段遗存承载的文化。这一层面的文化以大运河沿线遗存的“物”为基础，其载体包括柳孜运河遗址、通济渠泗县段遗址等。要全面开展田野调查，摸清遗址遗迹状况，划定保护空间，建设运河遗址公园和博物馆。围绕柳孜运河遗址、通济渠泗县段等世界文化遗产，打造专项科研平台，提升大运河文化展示水平。

其次，要活化与大运河流淌伴生的文化。这一层面的文化以大运河相关的“人”为基础，其载体是与大运河相关的各类非物质文化遗产，包括淮北泥塑、灵璧钟馗画创作等手工技艺，口子窖酒酿造技艺、灵璧磬石雕刻技艺等工程技术，淮北花鼓戏、宿州泗州戏等戏曲文艺，临涣饮茶、萧县伏羊宴等生活习俗。要开展普查并建立相关数据库，重塑活态传承、创新发展的社会环境和文化空间。搭建遗产展示和文艺作品孵化平台，创作优秀文艺作品。

最后，要光大大运河历史凝练的文化。这一层面的文化以大运河文化“精神”为基础，其载体是大运河沿线乃至全体中国人所具有的伦理道德、理想信念、情感性格等，包括勤劳勇敢、自强不息的精神，开放包容、兼收并蓄的态度，天人合一、和谐共生的智慧等。要强化精神内涵的挖掘，赋予其新的时代含义和文化价值，增强人们的凝聚力和向心力。

2. 努力增强大运河文化的传承活力

大运河安徽段区域现有各类文化遗存有不可移动文物2200多处，其中国保单位9处、省保单位32处、市县保单位200多处。务必要加强系统保护，增强传承活力。

首先，要让大运河之水活起来。大运河文化的保护和传承，水是命脉和基础。要做好遗产本体的保护文章，积极推动大运河国家文化公园建设。利用三维影像、多媒体互动等技术，整体还原大运河的历史画面，让运河记忆活起来。加快通济渠泗县段有水河段修复，有效提升水系质量和沿岸文旅融合发展的品位，增强城市灵气，实现古今交融。

其次，要让非物质文化遗产传人多起来。加大对非物质文化遗产传承人群体的研修研习培训，提高传承能力。重点扶持淮北花鼓戏、泗州戏等传承发展。设立代表性传承人工作室或传习所，开发系列创意产品。推进“互联网+非物质文化遗产”建设，推动非物质文化遗产大数据平台建设，实现资源共享、科学利用。

最后，要让文化展演火起来。依托文化和自然遗产日、传统节日等，定期组织展演。发挥大运河安徽段九项音乐类国家非物质文化遗产的资源优势，将泗州戏、渔鼓道情、花鼓戏、梆子戏、唢呐等表演与流动的大运河相融合，让观众得到沉浸式的视听享受。如宿州市排演的大型原创梆子戏《风涌大运河》，展示了大运河的古韵今风，受到观众热捧，并登上北京长安大戏院的舞台。利用抖音、快手、哔哩哔哩等网络短视频平台，帮助非物质文化遗产传承人进行在线表演，展示非物质文化遗产风采、传播非物质文化遗产文化。

3. 不断促进大运河文化的活化利用

保护非物质文化遗产，根本目的是要让文化遗产活在当下，走进人民群众的生产生活，有着活态利用，从而得到活态传承。

首先，要推动文旅融合深度发展。探索“文化 + 旅游 + 互联网”，培育新型文化业态，推出系列大运河文化创新创意产品。发展全域化旅游，提升休闲农业和乡村旅游。淮北、宿州两市可成立旅游联盟，并融入全国大运河旅游线路体系，联动开发遗址遗迹研学游、大运河生态休闲游、大运河古镇记忆游等精品线路，打造大运河安徽段“汴河遗珍 · 水韵皖北”旅游品牌，共塑“千年运河”统一品牌。

其次，要打造经济动脉和生态走廊。大运河是贯通南北的历史文化长廊，也是联系不同区域的重要经济动脉和生态廊道，拥有极为丰富的文化、生态、航运资源。要紧密结合“一带一路”建设、长江经济带发展等国家战略的实施，发挥大运河连线织网、融汇交流的重要作用，统筹大运河沿线区域经济社会发展。安徽当主动对接大运河上下游的京津、苏杭等经济发达区域，并加强与中原经济区、淮海经济区的合作，服务淮河生态经济带建设，推动沿线区域实现绿色发展、协调发展和高质量发展。

最后，要提升人民群众文化获得感。在对大运河文化进行活化利用、产业开发时，必须坚持以人民为中心，把群众利益放在首位。将大运河文化元素融入传统街区改造提升、特色小镇建设、亲水空间建设和美丽乡村建设。鼓励社会力量参与大运河文化保护传承利用，发挥新闻媒体和互联网平台的作用，促进非物质文化遗产走进百姓生活。加强各种形态的文艺创作和展演，讲好大运河故事。弘扬大运河文化精神，全面提升文化软实力。

（四）高标准建设大运河国家文化公园

淮北、宿州两市要坚持以人民为中心、以发掘历史文化为基础、以重点项目为抓手，稳步推进柳孜运河遗址考古公园、通济渠泗县段保护展示利用工程等大运河遗产保护工程，以此为基础打造首批大运河国家文化公园核心展示园。并在此基础上，进一步凝练和挖掘大运河历史文化内涵，在推动系统性遗产保护的前提下，谋划一批有特色、有内涵、可持续发展的重大文化项目，动员社会力量参与大运河国家文化公园共建共治共享。

对标对表顶层设计，既遵循大运河文化保护传承利用基本要求，对规划纲要、建设方案和国家文化遗产保护传承、河道水系治理管护、生态环境保护修复、文化和旅游融合发展四个专项规划的主要任务进行细化、分解，又立足当地实际突出地方特点，明确当地发展定位、空间布局、建设目标、主要任务。这样既确保方向正确，又因地制宜，从而达到效率高、效果好。主要抓好以下几项工作：

第一，以大运河文化遗产保护传承为灵魂，明确大运河文化遗产全面系统保护的目标，坚持以文化和生态保护为引领，着力强化文化遗产保护传承能力建设，提出强化文化遗产依法保护、加大文物监督管理力度、改善文物保存保护状况、完善非物质文化遗产保护传承体系。同时，增强遗产传承弘扬能力、加强国际国内宣传推广等。

第二，以河道水系治理管护为支撑，明确大运河适宜河段实现旅游通航的目标，确定大运河河段河道管护重点，提出改善水系资源条件、完善防护排涝保障功能、促进岸线保护和服务提升、加强水生态保护与修复、推进航运绿色发展、完善河道水系管护机制等主要任务。具体抓好目标地区的环境整治类项目，结合美好乡村建设，实施大运河淮北段环境整治工程，将运河沿线建成融交通、生态、文旅于一体的美丽复合廊道。

第三，以生态环境保护修复为保障，明确大运河沿线生态空间布局和生态环境改善目标，将用水总量、水环境质量等作为约束性指标，提出强化生态空间保护与用途管制、建设绿色生态廊道、保护修复自然生态系统、强化流域水污染防治、积极防范环境污染风险、推进环境治理现代化建设等主要任务。具体抓好基础设施类项目，按照旅游风景道标准，完善国道343旅游服务功能，建设大运河安徽段文化长廊慢行系统。

第四，以文化和旅游融合发展为关键，明确大运河文化和旅游融合发展的目标，将国家文化公园展示、资源开发、品牌标识等作为重点，提出推出文化艺术精品力作、推进文化遗产和旅游融合发展、提升文化产业和旅游产业融合发展水平、培育文旅融合精品线路和系列品牌，促进文化和旅游公共服务融合发展、推进大运河国家文化公园建设等主要任务。重点打造临涣运河古镇记忆游项目，进一步增强隋唐运河古镇、濉溪柳孜文化园、烈山窑址文化公园等大运河主题旅游项目的运河元素，支持一批大运河主题文化旅游景区创建国家3A和4A级旅游景区、国家湿地公园等具有全国影响力的旅游品牌。

（五）开展“非遗”进校园活动

大运河沿线人文历史积淀深厚，文化表现形式多样，为了使运河学研究和大运河文化、大运河精神深入人心，以安徽大学、安徽师范大学、淮北师范大学、宿州学院等高校为依托，借鉴北京物资学院、南京邮电大学、中国传媒大学、扬州大学、聊城大学、枣庄学院、天津财经大学、河南财经政法大学、浙江外国语学院等高校的相关专家学者研究成果，加强大运河文化系统研究，多层次、全方位、不间断地深化对大运河历史文化内涵的认知，展现遗存承载的文化，活化流淌伴生的文化，弘扬历史凝练的大运河文化。

当地文化部门要主动地和教育部门沟通，积极引导广大大中小学生增强文化自觉与文化自信，积极开展非物质文化遗产进校园活动，邀请当地戏曲、剪纸、风筝制作、面塑、扎染等非物质文化遗产项目传承人，遴选一些基础好的大中小学为非物质文化遗产培训基地。有条件的要布置非物质文化遗产展览室，突出大运河沿线非物质文化遗产项目的文化多样性和地域性特点。展览要接地气、人性化，要有非物质文化遗产项目演示，还要有学生与传承人的交流，最好能设置学生体验区，这样可以提高互动性、趣味性和沉浸感，学生能更直观、立体地体验非物质文化遗产的技艺和魅力，更能深刻地感受非物质文化遗产在丰富知识、开阔视野、提高文化品位等方面起到的积极作用，激发他们对中国传统文化、传统技艺的浓厚兴趣，以及对生活的热爱之情和对美好未来的向往。

同时，借力研发大运河文化带安徽段乡土读本和以大运河为主题的研学课程等，使广大大中小学生研学旅行活动和非物质文化遗产技艺学习常态化、持久化。这样势必会提升非物质文化遗产传承人群的信心和传承的热情，同时也会促进非物质文化遗产保护传承工作。

（六）建立常态化城市联动机制

基于淮北、宿州两市只有短短的50千米距离，两城在凸显各自特色的同时，希望能够尽快实现两市在大运河文化景点上的异城异景、串珠成链，推动自然资源、文化资源、社会资源及公共服务资源的同频共振。加紧体制机制创新，可以借鉴长三角、京津冀、粤港澳大湾区等一体化的成熟做法，推动淮宿两城一体化发展，可以先设立淮宿两城大运河文化保护传承利用联盟，建立和完善区域社会保障、教育、文化、旅游、环保、交通等方面的合作机制，实现联防联治、联合开发、资源互补和共享，以做大规模和体量，提升竞争力和影响力。从而，实现大运河安徽段的资源价值、景观价值、人文价值最大化。

（七）发挥“互联网+”的潜能

基于5G、区块链、大数据、物联网等技术的迅猛发展，适时建设大运河文化带安徽段管理与宣推平台。

在管理方面，利用物联网技术监测大运河水质及岸线违法施工情况；借助无人机航拍、卫星图像对比和无人艇巡检，巡查大运河沿线古迹和河道生态情况等；在各景区广泛布设二维码，提供导游服务的同时，对游客分布和流动进行统计和预测，提供决策依据；对码头、仓储、船舶和待运货物进行智能化匹配，打造大运河智慧物流平台等。

在宣传推广方面，设计开发统一的安徽隋唐大运河形象视觉识别系统，并广泛应用于实体及虚拟空间的宣推。非物质文化遗产是我国优秀传统文化的重要组成部分，创造性转化、创新性发展是非物质文化遗产传承的重要任务。要下功夫打磨精品，充分展示大运河地域特色；注重作品的生动呈现，让人们感受非物质文化遗产之美；重视研究和培训，增强非物质文化遗产的传承后劲。目的就是让非物质文化遗产融入现代生活——“见人见物见生活”！这是非物质文化遗产保护工作的重要理念。安徽的黄梅戏和宣纸、宣砚等是安徽的金名片，跟人们的生活息息相关，如何将这些传统戏曲、技艺和经典产品用来丰富大运河的文化内涵、丰富人民的美好生活，无疑是当下的一个重要课题。深入发掘安徽地域文化资源，积极发展与大运河相关联的创意设计、文艺创作、体育活动、娱乐休闲、沉浸式旅游等特色产业，优化产业结构布局，发掘集群效应，着力培育出一批有特色、有文化内涵、有竞争力、可持续发展的文旅融合实体。

推动大运河文化与互联网、区块链、大数据、物联网、人工智能等高新科技深度融合，建设与开发集线上线下、河面陆上于一体的体验型文化场馆综合体，重塑公众对大运河文化信息感知、传播、获取、利用新体系。非物质文化遗产与数字化技术的结合，无疑是当下文旅融合，培育新型大运河文化业态、文化消费模式和发展现代经济的有效途径。这既能够方便人们从大运河历史文化中汲取优秀内容并加以保护和传承，通过数字科技将传统手工艺最传神、最精彩的部分保存下来，同时也方便有关机构、企事业等单位将这些优秀传统文化展现于现代数字科技中，推动创新性转化、文化消费和拉动内需。利用虚拟现实技术（VR）、增强现实技术（AR）、精确定位技术、新媒体技术等最新的科技手段，将历史人文、民俗风情以及地域自然风貌进行场景重构，可以实现360度、全季节重现历史场景、人物事件等的全场景展示。这些丰富、新颖、立体的大运河文化呈现，无疑会极大地促进人们对大运河文化的亲近、理解和喜爱。

总之，要加大顶层统筹协调力度，建立健全并充分发挥跨区域、跨部门协调机制作用，推进大运河文化遗产保护、河道水系治理、生态环境修复、文化旅游发展等方面的沟通、协作；要加强水资源管理协调，保障跨流域、跨区域管理防控的无缝对接；要强化公共服务协调机制，推动大运河沿线地区联合展示利用，提升中国大运河的知名度、美誉度和世界影响力、引导力。

专题报告八：隋唐大运河河南开封市评估报告

河南开封，史称老丘、大梁、浚仪、东京、汴梁等，是我国首批国家历史文化名城，迄今已有4100余年的建城史和建都史，先后有夏、战国时期的魏，五代时期的后梁、后晋、后汉、后周，北宋和金相继在此定都。北宋时期，开封是当时世界第一大都会，孕育了上承汉唐、下启明清、影响深远的“宋文化”。自宋代以后，开封一直是中国北方的重要区域性经济文化中心。在数千年的发展中，开封人民创造了灿烂多彩的宫廷文化、府衙文化、忠烈文化、宗教文化、民俗文化、园林文化、饮食文化等。大运河智库针对《大运河规划暨文化公园方案》中涉及的原则、定位、布局、目标及保护传承利用的要求、重大工程等，对开封评估如下：

一、开封大运河建设发展历史

开封是一个典型的“因水而兴”的城市，水在开封城市发展历史上发挥着重要作用。开封境内河流众多，分属黄河、淮河两大水系。今天的黄河大堤以北属于黄河水系；黄河大堤以南属于淮河水系，主要河道有惠济河、马家河、黄汴河、贾鲁河、涡河等。

公元前365年，魏惠王将国都由安邑（今山西夏县）迁至大梁（今河南开封），并在此开凿了开封城市历史上第一条人工运河——鸿沟。鸿沟把黄河水系和淮河水系连接起来，使千里中原变成水陆通道，促进了大梁乃至魏国的繁荣。

公元605年，隋炀帝开凿通济渠。通济渠利用鸿沟已废弃的故道、东汉重修后的汴渠等，在郑州连接黄河，连通黄河与淮河到达洛阳。《开封府志》卷五《汴河》："隋大业元年，开通济渠，自板渚引河，历荥泽入汴，又自大梁之东，引汴水入泗，达于淮。渠广四十步，渠旁皆筑御道，树以柳，名曰隋堤，一曰汴堤。"通济渠的开通让位于汴河要冲，又使东都洛阳重要门户的开封迅速发展起来。

进入初唐，通济渠更名广济渠，开封一带仍称汴河，系南来北往商旅漕船的必经之地。仍居汴河要冲的开封，"当天下之要，总舟车之繁，控河朔之咽喉，通淮湖之运漕"；"左淮右河，抱负齐楚，浊流浩浩，舟车所同"，交通枢纽地位愈加凸显，城市日趋兴旺，被誉为大唐王朝的"王室藩屏"，是"两京"（京师长安与东都洛阳）之外规模最大的城市。

北宋时期"唯汴水横亘中国，首承大河，漕引江湖，利尽南海，半天下之财赋，并山泽之百货，悉由此路而进"，东京城之所以能成为"人口逾百万、富丽甲天下"的国际大都会，与汴河漕运休戚相关。因为发达的汴河水运，北宋东京城成为当时世界上最大、最繁荣的城市。北宋画家张择端的作品《清明上河图》，描绘了清明时节宋都开封及汴河两岸繁华热闹的景象和优美的自然风光。

汴河的繁盛推动了开封坊市布局的革新。自唐代汴河被圈入开封城后，汴河对开封城市的影响就逐步显现。随着时间的推移，开封城内的汴河水门、岸边、桥头等很快就成为市场贸易的闹市之区。北宋时期，东京城内汴河沿岸的商业气息更加浓厚，整个京城南半部尤为如此，汴河上的粮仓、码头、桥市、草市比比皆是。唐、宋之际的开封，先是以运河桥市为中心，形成与市、河平行的商业街，并沿运河两岸而伸展，运河与平行的市街构成城市新的成长轴线。随着"街市"的发展和坊巷中商业交易的开展，逐渐形成大街小巷的交通网，于是大街小巷的结构就代替过去"街坊"的结构。因此，在一定程度上，汴河逐渐冲开了隋、唐之际洛阳、西安城形成的那种规矩平整、结构严谨的封闭性坊市结构体系。

自宋以降，由于战乱及黄河水患，汴河逐渐断流和废弃，汴河故道也大多淤没于地表以下。但是汴河，这条在历史上消逝的古老运河，却依然和开封城有着割舍不断的关系。与之相关的州桥遗址、开封城墙等物质文化遗产以及年画、汴绣等非物质文化遗产仍将对开封城市的发展产生持续影响。

二、开封大运河保护传承利用特点

按照《河南省大运河文化保护传承利用实施规划》，开封在大运河河南段保护传承利用中扮演着重要角色，是河南“两轴三极七片”中的重要节点城市。当前，开封市大运河保护传承利用工作开展有序，在文化遗产保护传承、河道水系治理管护、文化旅游融合发展、保护利用传承机制创新等领域已取得一定成效。

开封市大运河保护传承利用存在如下特点：

（一）文化遗产保护起步较早

早在2005年，开封市就已成立大运河开封段文化遗产调查队，开展大运河开封段文化遗产的考古调查。目前，开封市列入《大运河河南段遗产保护规划》中的遗址遗迹有9处，入选国家级非遗项目名录9个、省级非遗项目名录44个、市级非遗项目名录218个。2020年，开封正式启动州桥遗址本体考古发掘工作。北宋都城开封的标志性建筑——州桥将再次展示在世人面前。

（二）文化遗产研究基础扎实

先后开展顺天门遗址、州桥和汴河遗址、永宁王府遗址等考古发掘工作。重视文物考古研究，出版《大运河（汴河）开封段考古调查与研究》《开封历史地理研究》等系列专著。积极申报各级文物保护单位，推动开封城墙、山陕甘会馆、刘青霞故居等国家级文物保护单位，及龙亭、禹王台等河南省文物保护单位共26处文保单位对外开放，使各级文物走向民间、走向群众。

（三）文旅融合发展势头良好

开封市将文旅产业定位为"柱石"产业，以"讲好开封故事"为抓手，通过成功举办"大宋年文化节""'非遗'文化进景区"等一系列出新出彩的文旅活动，让特色文化与活态传承紧紧相融，充分展示开封丰富的历史文化资源和富有吸引力的特色文旅产品。发挥文旅产业覆盖面广、产业链长、关联度高、带动性强的综合性产业发展特征，推动文旅"深度融合"向"全域融合"转型，着力打造具有开封特色的旅游购物场所、文化休闲街区、博物馆经济、"夜间经济"等。在郑汴洛黄金旅游线路建设、开封传统文化发掘等方面取得显著进展。目前，开封市正在努力将大运河开封段建设成为传统文化和现代文明交相辉映、历史风貌和人文魅力相得益彰的宋文化传承展示名城、全球运河文化旅游名城。

（四）组织与政策制度保障有力

目前，开封市已经成立由市委书记、市长任双组长的开封市大运河文化保护传承利用暨大运河国家文化公园建设领导小组。早在 2011 年，开封市就审议并通过了《开封市大运河遗产保护规划》。近年来，开封相继编制完成了《开封市历史文化名城保护规划》《宋都古城风貌保护与重现工程规划》《开封宋都古城文化产业园区发展规划（2015—2020 年）》《开封宋都古城保护与修缮规划》等，这为开封大运河文化保护传承开发提供了科学的法律依据。为应对新冠肺炎疫情对文旅产业发展的不利影响，开封已经出台一系列扶持政策。先期将拿出 3000 万元扶持资金，推动文旅行业复苏，后期将拿出更多的奖补资金，支持文旅企业发展。同时，着力降低企业经营成本、减轻企业压力，帮助企业渡过难关。

三、开封大运河保护传承利用存在的问题

（一）大运河文化保护传承利用重大决策部署与其他国家及区域发展战略之间的统筹协同存在困难

开封交通区位优越、工农业产业基础雄厚，是实施黄河流域生态保护和

高质量发展、大运河文化保护传承利用、河南自由贸易试验区、中原城市群、郑汴一体化、宋朝古城保护与修缮等多个国家、区域发展战略及重大决策部署的重要节点城市。由于不同国家、区域发展战略及重大决策部署的战略定位、主要目标、重点任务及颁布时间存在差异，如何协调大运河文化保护传承利用与其他国家、区域发展战略及重大决策部署之间的衔接与融合，特别是处理好大运河文化保护传承利用与黄河流域生态保护和高质量发展国家战略的关系，充分发挥政策叠加优势，更好地推进开封大运河文化保护传承利用仍需进一步细化与落实。

（二）大运河故道淤没地下造成开封大运河文化保护传承利用困难

由于黄河水患及战乱，历史上的开封大运河——汴河，早已断流和废弃，汴河故道也多淤没于地表以下。调查勘探发现，汴河在开封境内可以划分为两部分，即东京城区内和城区外两部分。东京城区段运河故道北宋时期河床距今地表 9～14 米，该段汴河上有包括汴河西水门、汴河东水门、州桥、虹桥、汴河粮仓等在内的许多重要遗址节点。东京城区外的汴河故道在开封境内全长 80 千米左右，除 10 多千米故道与今天的惠济河重合外，大多已深埋地下，地表基本平整、显现不出任何痕迹。部分文化遗产所在地建筑景观基本上都属于近年来新建，历史风貌相对缺乏。大运河文化保护传承利用需要相应的载体，汴河故道是开封大运河文化保护传承利用的重要物质文化基础。根据《大运河文化保护传承利用规划纲要》，2018～2025 年目标：大运河文化遗产实现全面保护，主要河段基本实现有水，绿色生态廊道基本建成，文化旅游形成统一品牌。如何清理、发掘开封汴河故道遗迹（如对东京城区内古“州桥”的发掘），对故道沿线上方存有占压故道的现有建筑、重大建设项目进行搬迁、调整，恢复运河水系，建设绿色生态廊道，任务相对繁重。

（三）水环境质量欠佳、运河故道水生态修复任务艰巨

虽然开封境内河流众多，但是人均水资源占有量偏低，属于极度缺水地区。而且，受地表水环境污染以及地下水过度无序开采等因素影响，开封市水环境质量欠佳。流经开封的惠济河、涡河、贾鲁河等由于沿途接纳工业废

水、生活污水、农田退水以及养殖业废水等，水体污染较为严重。市内湖泊由于调洪能力差，水体存在轻度污染。地下水中浅层和中深层水质较差，氟化物含量超标。在 2019 年生态环境部首次公布的地级及以上城市国家地表水考核断面水环境质量排名中，惠济河睢县板桥排名靠后。由于河水污染，沿河两岸利用河水灌溉的污染农田面积较大，污灌区的浅层地下水也受到不同程度的污染。运河故道水生态修复任务艰巨。

（四）大运河文化遗产作为开封宋文化 IP 核心构成的作用发挥不足

宋史专家邓广铭指出："宋代是我国封建社会发展的最高阶段。两宋时期内的物质文明和精神文明所达到的高度，在整个封建社会历史时期之内，可以说是空前绝后的。"国学大师陈寅恪也曾评价说："华夏民族之文化，历数千年之演进，造极于两宋之世。"作为北宋时期的国都，开封是宋文化的奠基之地，而宋文化也是今日开封最重要、最具光彩与国际影响力的文化 IP。无论是开封城市兴盛还是宋文化形成发展，大运河都发挥着极其重要的作用。一方面，大运河为南北物资乃至西域特产的商贸往来提供了极大便利，直接带动洛阳、开封等沿岸城市经济社会繁荣发展，让开封成为当时世界上较大的城市。另一方面，大运河推动了人员迁徙流动，使先进生产技术经验、生活习俗与文化得以传播，促进黄河文明与长江文明、中华文明与世界文明深度交融。开封作为运河上的重要节点城市经历与见证了迁徙交融的细节。目前，尽管大运河开封段考古调查取得较为丰富的成果，已经基本确定运河故道开封段的重要节点位置，发现了大运河与今惠济河重合的区段路线、唐屯运河桥等重要遗存，但是仍有许多有价值的文化资源线索（如龙兴寺与龙兴仓、东窑务、水南寺等）有待进一步开发，大运河文化遗产与开封城市发展、宋文化形成发展的关系等有待深入研究。历史遗存的科学保护挖掘、相关学术研究的滞后在一定程度上削弱了大运河文化遗产在开封宋文化 IP 打造中的作用发挥。

四、推进开封大运河保护传承利用的举措

（一）加强战略衔接，把大运河文化保护传承利用等重要决策部署融入黄河流域生态保护和高质量发展国家战略

首先，深入研究大运河在黄河文明与长江文明交流融合中的推动作用，深入挖掘黄河对大运河及开封城市建设发展的影响，特别是历史上开封人民在抵御黄河水患、化害为利过程中所创造的物质与非物质文化遗产，深入阐释开封城、大运河兴建发展与黄河治理三者之间的逻辑关系，厘清战略衔接的背景与基础。其次，坚持黄河流域生态保护和高质量发展国家战略的统领地位，将大运河文化保护传承利用、河南自由贸易试验区、中原城市群、郑汴一体化、宋朝古城保护与修缮等国家、区域发展战略及重大决策部署统一纳入黄河流域生态保护和高质量发展国家战略，统筹战略规划、实施重点领域及主要策略。以黄河文化统领运河文化、宋文化和地方特色文化，分析不同文化的区别与联系，阐释开封地域文化的构成与特征，实施系统保护。最后，注重不同战略衔接融合，对照《黄河流域生态保护和高质量发展规划纲要》以及大运河文化保护传承利用四个配套专项规划（大运河文化遗产保护传承、河道水系治理管护、生态环境保护修复、文化和旅游融合发展），进一步完善《开封市大运河文化保护传承利用实施方案》，加强县（区）相关规划方案制定，做好大运河文化保护传承利用顶层设计，放大政策叠加效应。

（二）优化遗产资源利用，推动大运河文化遗产保护与开封古城保护的相互支撑与协调发展

首先，按照“找回汴梁，重塑古都”的开封城市建设发展特色，以及“宋文化集中展示区、华夏历史文明传承创新先行示范区和国际文化旅游名城”的开封总体文化定位，依据《开封市历史文化名城保护规划》《开封市大运河遗产保护规划》《宋都古城风貌保护与重现工程规划》《开封宋都古城文化产业园区发展规划（2015—2020 年）》《开封宋都古城保护与修缮规划》等相关规划，在开封宋朝古都保护与修缮总体框架下，谋划一批运河沿

线文化遗产提升、文物保护工程。其次，加快推进汴河堤—朱仙镇遗产带保护利用项目、州桥—相国寺运河遗产区保护利用项目、繁塔—东水门遗产区保护利用项目三大重点展示项目，以点带面系统展示开封运河文化遗产、文物古迹和民俗文化。启动东水门遗址大运河河南段运河博物馆项目建设，高水准整改提升现有繁塔、禹王台景区，打造《清明上河图》现实升级版。最后，加强黑臭水体治理，加快推进"一渠六河""十湖联通"等河湖水系联通工程及水生态修复工程，建设绿色生态的宋都古城水系。按照"一河一主题，一廊一故事，一段一景观"建设目标，通过演艺、景观小品等灵活多样的形式展现不同点位的文化内涵，以水系勾连零星散落的文化元素，实现"一渠六河"与古城墙双环抱城姿态，重现"北方水城"历史记忆，打造"全城一景"的宋文化胜地。

（三）深化遗产内涵挖掘，助力宋文化 IP 建设，推动文旅产业高质量发展

首先，加强对大运河开封段物质与非物质文化遗产研究，讲好宋文化故事。深化与中国历史研究院、故宫博物院、河南省考古研究院、河南大学等文化考古研究机构、高校合作，在加强理论研究基础上，科学推进运河历史文化遗存的探测、挖掘、保护，积极修复汴河故道开封段遗址、州桥遗址、北宋东京城遗址（包括铁塔、繁塔、延庆观等）等重要运河文化遗产景观，着力发掘木版年画、汴绣、汴京灯笼张、撂石锁、大相国寺梵乐等非物质文化遗产，深入研究阐释运河的历史渊源、文化内涵、发展脉络。以运河故道为轴线，讲好运河故道故事，再现北宋东京汴梁的盛世繁华。其次，创新载体与业态模式，推动运河文化遗产"活化"，擦亮宋文化 IP。根据景区历史文化背景，以历史文化故事融入演绎作品的方式，编制不同类型情景剧、光影秀，推进"景区 + 演艺"。以文化底蕴为支撑，兼顾趣味性、互动性，调动观众的情绪，引起观众的思想共鸣，让观众直接参与。发展夜游经济，做好"夜游开封"品牌。通过新建一批精品酒店和精品民宿、培育一批夜间演艺剧场（剧目）、做强一批旅游观光夜市，打造国家级夜间文旅消费集聚区。运用新媒体、新技术，提炼开封文旅形象 IP，提升开封文化旅游影响力吸引力。最后，深化对外开放，推动运河文化"走出去"，展现宋文化形象。加

强与“一带一路”沿线国家合作交流，在宣传宋文化，扩大宋文化对外交流的同时，推动运河文化“走出去”。立足自贸区开封片区全国唯一文旅型自贸片区特色功能定位，打造文创产业对外开放先行区，探索搭建文化金融展、文化贸易、国际人文交流以及国际经贸合作与发展平台，拓展文旅产业对外合作空间。

（四）加强组织与制度保障，完善政策支持体系，促进大运河文化遗产创新创业

首先，加大文化创新创业政策支撑，完善文化创新创业政策。根据开封宋朝古都保护与修缮及相关规划，对大运河开封段文化遗产所在区域进行适应性文化改造，完善运河文化遗产与宋都古城建筑与景观设计，改造升级文化产业园区，吸引创业者与文创企业，推动开封文化产业集群集聚发展。出台鼓励文化消费的政策措施，调动社会公众文化消费的积极性。从降低成本、文化惠民、时间保障、支付便利等环节，提出消费优惠、带薪休假等可行举措，发挥撬动作用，推动解决“愿消费”的问题。加大文化遗产创新创业扶持力度，降低文化产业准入门槛。重视文化遗产创业项目培育孵化，帮助创业企业拓展资金来源渠道。加强木版年画、汴绣等非物质文化遗产传承人的培养，通过知识技能学习、创新性实践提升非物质文化遗产传承人的知识技能水平、艺术素养，以及对非物质文化遗产的创造性发展能力，促进与大运河文化遗产相关的博物馆、艺术馆建设，为个人创办博物馆、艺术馆，为传统手工艺、表演艺术等非物质文化遗产传承人创新创业提供便利。其次，合理配置资源，推动多元主体的共同参与，打造文化创业生态。通过教育、宣传、开展文化活动等形式提高公众的文化艺术素养，提升其文化遗产认知水平，以激发文化遗产创新创业，扩大文化遗产消费市场。完善创新创业基础设施，为文化遗产创新创业提供便利。密集的交通网络，发达的通信基础设施，适宜的文化遗产区域建筑、景观，市政设施设计布局，住房市场等都将积极影响文化遗产创新创业活动的发展。鼓励利益相关群体参与，推动多元共治。促进大运河文化遗产创新创业不仅需要肩负文化发展使命的创业者，需要手工艺匠人、表演艺术家、建筑师、文化经纪人，还需要文化产品生产企业、文化产品交易平台、文化金融服

务机构，以及与文化遗产密切相关的社区、政府机构等。要努力提高利益相关群体参与文化遗产创新创业的积极性，形成合理分工、多元共治、协同高效的创新创业生态系统。通过文化遗产创新创业，创造性整合资源、转化价值，推动开封大运河历史遗存与现代文明的有机融合，实现开封大运河文化高水平传承发展。

· 大运河智库 · 智识

智

1. 聪明。

《孟子·公孙丑下》：“王自以为与周公孰仁且智？”

2. 智慧，智谋。

《淮南子·主术训》：“众智之所为，则无不成也。”

《史记·项羽本纪》：“汉王笑谢曰：‘吾宁斗智，不能斗力。’”

识

1. 知道，认识。

《礼记·乐记》：“识礼乐之文者能述。”

《周书·齐炀王宪传》：“此儿智识不凡，当成重器。”

2. 知识；见识。如常识，卓识。

张衡《东京赋》：“鄙夫寡识。”

3. 心性；意识。

颜延之《五君咏·阮步兵》：“阮公虽沦迹，识密鉴亦洞。”

智识，即大运河智库念兹在兹的远见卓识

大运河国家文化公园建设中的政策协同*

庄国波　时　云**

内容提要： 研究报告从分析与大运河国家文化公园建设相关的各级各类政策的跨时空性、多样性和不平衡性特征入手，剖析了这些政策在制定和实施中存在的一些问题：政策的多维度衔接有待进一步加强、政策协调与执行机构设置有待进一步规范、政策规划与执行积极性的差异需要缩小、政策的透明度有待提高。提出了加强大运河国家文化公园建设中政策协同的路径：加强政策协同性研究，完善政策规范体系；政策规划要体现整体性与特色性相结合；建立能有效协调的组织机构；形成无缝对接的共建和共同行动机制。

关键词： 大运河智库；大运河国家文化公园；大运河公共政策

2019年中办、国办发布《长城、大运河、长征国家文化公园建设方案》

---

* 基金项目：国家社科基金项目"数字化智能化背景下城市总体安全研究"（21BZZ015）；江苏省社科应用研究精品工程重点资助项目"江苏打造大运河文化标识的思路与对策"（18SYA－011）成果。

** 作者单位：中国大运河智库联盟大运河国家文化公园研究中心、南京邮电大学大运河研究中心；南京航空航天大学经济与管理学院。

（以下简称《方案》），《方案》计划到2023年底前，用4年左右时间，基本完成长城、大运河、长征国家文化公园建设。在《方案》出台后大运河沿线省（市）也陆续编制出台了相应的文件。通过大运河国家文化公园建设，使大运河沿线文物和文化资源保护传承利用协调推进局面初步形成，权责明确、运营高效、监督规范的管理模式初具雏形，形成一批可复制推广的成果经验，为全面推进国家文化公园建设创造良好条件。

2021年8月，国家文化公园建设工作领导小组印发了《大运河国家文化公园建设保护规划》，要求各相关部门和沿线省份结合实际抓好贯彻落实。至今，在各个层面上出台的与大运河国家文化公园相关的政策对大运河国家文化公园建设，乃至对整个大运河文化带、生态带、旅游带建设起到了重要作用，但是政策制定和执行中的协同问题也日益显现出来。解决好政策协同问题对今后大运河文化的传承、保护和利用具有极其重要的意义。

一、公共政策与公共政策协同

政策的价值在于有效地执行，有效执行的前提既要有高质量的公共政策，又要有政策对象对政策的广泛认同，还要有良好的政策协同。

（一）公共政策

公共政策是公共权力机关经由政治过程所选择和制定的为解决公共问题、达成公共目标、以实现公共利益的方案。其作用是规范和指导有关机构、团体或个人的行动，其表达形式包括法律法规、行政规章或命令、领导人口头或书面的指示或讲话、政府规划等。

本文将与大运河国家文化公园建设相关政策定义为对大运河国家文化公园建设项目进行规定、支持或约束的相关公共政策。

在公共政策层级上，我国的公共政策有国家级、省级、地市级和县级的政策，考虑到省级及以下政策的适用范围、地区间规定的差异性等，本文研究的政策范围主要在国家级和省级，为了对某些方面的工作进行比较和说明问题，也会涉及一些地级市甚至县级的政策。

（二）公共政策协同

公共政策协同可以理解为上级政府为推动跨部门政策目标的实现而超越现有政策领域的边界，超越单个职能部门的职责范围，进而整合不同部门之间的政策行为。

公共政策协同并非一个静止的概念，而是涉及多元主体的集体行动和互动过程。探讨如何在不消除部门边界的前提下，通过部门之间的功能、结构、资源的整合与有效合作，推动部门之间实现交互式、一体化的管理效果，实现公共服务的无缝隙提供乃是政策协同的主要目标。

公共政策的协同是协同治理的基本要求，是通过公共政策的制定与实施，共同处理复杂社会公共事务过程中的相互关系协调，实现共同行动和资源共享，从根本上弥补政府、市场和社会单一主体治理的局限性。就大运河国家文化公园建设而言，存在纵向各层级的政策协同和横向各地方的政策协同，以最低的成本实现大运河文化传承、保护和利用的共同目标和长远利益，从而对公共利益的实现产生协同增效的功能。

二、大运河国家文化公园建设政策的特征

大运河国家文化公园建设的政策具有与其他公共政策不同的特征，这种特征上的差别，对政策协同的有效性、政策执行的深度和广度都有明显的影响。

（一）大运河国家文化公园建设工作的跨时空特征

跨时空特征有两种表现形式：

（1）空间跨度大。大运河国家文化公园，包括京杭大运河、隋唐大运河、浙东运河三个部分，10 个河段，涉及 8 个省（市）。沿线区域发展不平衡，部分地区处于所在省经济社会发展的相对“洼地”，通过大运河国家文化公园的建设，融入多元城市功能，带动地区的整体复兴和城市活力的提升；以文化“高地”项目建设，填平相对欠发达地区经济发展的“洼地”，拉文化“长板”，补经济“短板”。探索形成将历史文化景观转化为国家文

化公园新的理念和实践方法。

（2）时间跨度大。在时间节点上，由于大运河历史悠久、文化遗存丰富，不同时期都有一些政策出台，过去的一些政策对现在大运河国家文化公园建设仍然起到规范作用。政策文献选择的时间范围较难严格锁定在某一段时间，表现出跨越时间的特征。时间跨度大还表现在以下两个方面：

第一，政策出台时间跨度大。政策梳理主要梳理的是与大运河国家文化公园相关的领导人指示、批示，国家级、省（直辖市）级主要的规划与行政规章，以近几年的文件为主。为了说明问题和进行比较的方便，研究中也涉及一些更早的与大运河遗产保护相关文件。在时间节点上，由于大运河历史悠久、文化遗存丰富，不同时期都有一些政策出台，过去的一些政策对现在大运河国家文化公园建设仍然起到规范作用。因此，政策文献选择的时间范围较难严格锁定在某一时间段。

第二，公园建设任务时间跨度大。从建设大运河国家文化公园的时间来看，《方案》明确：用4年左右的时间，到2023年底基本完成建设任务。其中，大运河江苏段作为重点建设区，2021年底前完成建设任务。国家层面是分步进行的，各省（市）也是逐步完成建设任务。从目前建设情况来看，实现《方案》提出的目标，还有许多工作要做，加上疫情的影响，时间跨度可能还会加大。

（二）大运河国家文化公园建设政策的多样性特征

大运河具有2500多年的历史，全长近3200千米。大运河的利用和治理是运河沿线各级政府的工作内容之一，不断地有各类政策、法规出台。特别是习近平总书记“要深入挖掘以大运河为核心的历史文化资源”的重要指示发布后，有关大运河的各项政策、地方法规密集出台，表现出政策的多样性特征：

1. 政策层级的多样性

从政策层级看：有国家级、省级、地市级和县级的政策。考虑到省级及以下政策的适用范围、地区间规定的差异性，政策梳理主要在国家级和省级进行，为了对某些方面的工作进行比较和说明问题，有时也列举一些地级市甚至县级的政策文件。

2. 文本类型的多样性

大运河国家文化公园建设政策是所有用于指导、支持、规定大运河国家文化公园建设行为的各种规范性文件。

在公共政策文本类型上，虽然从严格意义上来说，公共政策和法律是不一样的，但是它们在本质上都是国家管理社会成员、维持社会秩序的方式和手段。在我们国家，各个层级主要领导人的讲话与批示影响着该层级的政策制定。因此，在进行政策研究时也可以作为政策对待。综上所述，本文讨论的政策是所有用于指导、支持、规定大运河国家文化公园建设行为的各种规范性文件。在国家层面上公共政策文献类型分为法律、行政法规（条例/规定/办法/规划/方案）、国务院指示/通知/决定/意见、部门规章和领导人公开讲话/批示五种类型，地方层面依此类推。

（三）大运河国家文化公园建设政策执行的不平衡性特征

由于各地自然条件、经济基础、行政传统、执行力、行为方式等方面的差异，表现在对大运河国家文化公园建设工作方面执行国家政策、制定配套政策的不平衡。

（1）进度不平衡。有的省市已经制定了与国家的《大运河文化保护传承利用规划纲要》及《长城、大运河、长征国家文化公园建设方案》对应的政策文件，有的省市还在政策方案的酝酿或招标之中，政策方案制定进度的不平衡，必然会产生政策执行方面的不平衡。

（2）广度不平衡。有的省市抓住大运河文化带建设机遇，出台了广泛涉及社会生活多领域的公共政策，重点建设管控保护、主题展示、文旅融合、传统利用四类主体功能区。有的地方还在边看边做，边等边做，等等做做。

（3）深度不平衡。有的省市出台了专项政策，比较具体、细致、操作性强；有的省市的政策比较宏观、粗犷、偏向原则性规定。

以沿线各省（市）政府近四年的《政府工作报告》文本以及各地《国民经济和社会发展第十四个五年规划和二〇三五年远景目标纲要》文本为例，对这种不平衡性作进一步的分析。通过阅读、分析近四年来大运河沿线省（市）政府工作报告和十四五规划文本，可以看出以下信息：

第一，总体趋势是对大运河文化带建设的重视程度越来越高。江苏省重视程度最高，对大运河国家文化公园的建设规划最早，动手最快。与大运河江苏段是全线历史最为悠久、文化遗存最为丰富、活态利用最好的段落，具备开展大运河国家文化公园建设试点的良好条件有关，与当地各级党政领导一贯高度重视有关，还与江苏扬州市是大运河申遗的牵头城市有关。

第二，政府工作内容的覆盖面、文化资源的多少、历史传统以及领导的重视程度在工作报告文本上都有所反映。从工作报告文本上看，北京比较特殊，政府工作内容与其他地方有区别。北京的历史文化遗迹特别多，而且涉及大运河和长城两个国家文化公园，所以报告文本上提到“大运河”的次数比较少，是大运河沿线省（市）中唯一一个在2020年前几年没有提到“大运河国家文化公园”的地方，2021年工作报告中提到一次。

第三，对大运河国家文化公园建设的归类，有的地方是作为经济建设项目，有的是作为民生项目，有的是作为文化旅游项目，有的是单独进行规划建设，有的是与其他文化旅游项目一起进行建设。

第四，有的地方政府工作报告对大运河文化带建设或大运河国家文化公园建设是在原有的场馆、遗迹的基础上进行资源整合后进行规划和建设的，有的地方准备新建项目。有的省份在省级层面上响应热烈，有的省份是在地级市甚至县里面更有积极性。

第五，有的省份在各年份工作报告中，有关大运河文化带建设工作，上一年有安排，下一年就有相应的回顾，说明上一年该项工作是有落实的。但是，不少地方没有对应，各年份工作的连贯性不强。有的省（市）几年的工作报告是同一位省（市）长所作，有的是不同领导所作。

第六，有的省（市）政府工作报告讲得比较具体，有的省份讲得比较宏观，只作原则性的要求，然后再制定具体的政策文件。这可能与各省的传统和报告人的风格相关。

表1　政府工作报告中“大运河/大运河文化公园”出现频次

省（市）名称	2018年	2019年	2020年	2021年
北京市	1/0	1/0	1/0	1/1
天津市	0/0	1/0	2/1	2/1

续表

省（市）名称	2018 年	2019 年	2020 年	2021 年
河北省	1/0	1/0	3/1	1/1
山东省	1/0	1/0	2/1	1/1
河南省	3/0	1/0	4/3	2/1
江苏省	2/0	8/2	7/2	3/1
安徽省	1/0	0/0	1/1	2/1
浙江省	2/0	2/0	3/1	2/2

资料来源：根据各省（市）2018～2021 年政府工作报告文本析出。

各地《国民经济和社会发展第十四个五年规划和二〇三五年远景目标纲要》文本也大体反映这一差异（见表2）。

表 2　“十四五”规划和 2035 年远景目标中“大运河”出现频次

省（市）名称	“大运河/大运河国家文化公园”出现频次
北京市	10/1
天津市	19/4
河北省	9/1
山东省	9/2
河南省	6/1
江苏省	16/2
安徽省	5/1
浙江省	4/1

资料来源：根据相关省（市）发布的“十四五”规划和 2035 年远景目标文本析出。

三、大运河国家文化公园建设中的政策问题

由于大运河国家文化公园建设的政策具有上述特征，在政策制定和执行中难免会存在各种不足，有待于在建设的动态过程中不断解决。

（一）政策的多维度衔接有待进一步加强

（1）进度上的衔接。从各地政策制定的进度来看，《北京市大运河文化带保护建设规划》和《北京市大运河文化带保护建设五年行动计划（2018—2022)》在2018年就在市委常委会通过，但有关大运河国家文化公园建设的文件2020年初还在招标之中，2021年《政府工作报告》中提到“出台大运河和长城国家文化公园建设保护规划”。江苏由于是大运河国家文化公园建设试点省份，《大运河国家文化公园江苏段建设保护规划》与《江苏省大运河文化保护传承利用规划》在2018年就开始制定了，2019年就上报国家等待审核批准。还有的省有关大运河国家文化公园建设的政策尚在考虑之中。

进度上的不一致，影响各地区在大运河国家文化公园建设工作上的系统性衔接。

（2）内容和类型上的衔接。有的省既有“建设规划”，又有“保护规划”；有的省将二者合一，制定“建设保护规划”，存在上下不一致、左右不一致的情况。

多数地方目前只有大运河文化带建设的“规划”，专门针对大运河国家文化公园的政策方案目前没有制定。

从政策的名称和法律效力来看，江苏省人大出台了有关大运河文化带建设全国第一部地方性法规；山东省2013年针对大运河遗产保护出台了全国第一部由省政府颁布的专项政府规章。安徽省前些年出台的政策是文物局制定的大运河遗产保护规划。

政策内容和类型上的不一致也同样影响各地区在大运河国家文化公园建设工作上的系统性衔接。

（3）前后任班子工作的衔接。从各省政府的工作报告可以看出，有的年份报告中，对上一年布置的大运河文化带建设工作有回顾性总结，对当年的大运河文化带建设工作有布置，工作的连贯性强。有的省工作报告与大运河有关的工作不连贯。当然，工作报告上不连贯，不一定代表实际工作不连贯。有时还与有些年份做工作报告的不是同一个人有关。

这种情况的出现，反映了一些地方没有能够做到“一张蓝图绘到底”。

（二）政策协调与执行机构设置有待进一步规范

各地领导小组组成结构的差异性。从国家层面来看，成立国家文化公园建设工作领导小组，并设立专家咨询委员会。江苏省是“双规合一”，成立江苏省大运河文化带建设工作领导小组，组长和副组长分别是省委书记和省长担任，领导小组办公室设在省委宣传部，省委常委、宣传部长担任办公室主任，在各省中配备的规格最高。

安徽省大运河文化带建设领导小组由省委常委、组织部长兼常务副省长担任组长，另一位副省长担任副组长，办公室主任由文旅厅长担任；天津市与安徽省不同，成立大运河文化带建设规划编制领导小组，由常务副市长担任组长，另一位副市长担任副组长，领导小组办公室主任由发展改革委主任担任，小组的名称与多数省份不同。

此外，人员变动信息更新不及时也会影响政策的协同。比如大运河文化保护传承利用工作省部际联席会议成员名单更新不及时。大运河沿线省（市）在机构改革和人事变动后，大运河文化保护传承利用的相关组织机构人员特别是负责人变动也未更新，或者没有将更新情况通过正式文件及时发布，影响上下左右工作的沟通与协调。在辐射区、拓展区和核心区都存在这种情况。

（三）政策规划与执行积极性的差异需要缩小

省与省的积极性有差异。在有的省内，出现上温下热的情况，即省一级的规划迟迟不出来，一直在规划中，有的是以前有一定的基础，但是现在积极性不高。省属的地级市甚至区的积极性比较高。前者有可能是该省大运河遗迹少，里程短，不是试点；后者可能从“规划纲要”功能分区看，拓展区在市，核心区在县（区），省一级的就让市、县去“操办”了。还有一种可能，有的省工作重点不在大运河文化带建设，大运河文化带建设是众多文化建设项目之一。

（四）政策的透明度有待提高

按照公共政策制定过程的一般规律，民众参与政策制定有利于政策质量的提高与政策方案的执行，更何况与民众相关的政策。

各地政府工作报告是将描述“大运河文化带建设”“大运河国家文化公园建设”内容放在“文化与旅游”部分或“经济建设项目”部分，这些部分都与“民生”相关，与民众的“获得感”相关。因此，大运河国家文化公园建设政策具有民生政策的属性，理应有公众参与，规划与方案的制定让公众参与，定稿的结果让公众知晓。这方面存在较大的改进空间。

目前各地政策制定的精英属性比较突出，表现在专家决策，许多方案都是通过研究项目招标的形式产生的，政策结果民众知晓度低。在政府信息公开的大背景下，正式的政策文本可以公开，目前相当多省份的与大运河文化带建设相关的政策文件没有在网上查到。

《江苏省人民代表大会常务委员会关于促进大运河文化带建设的决定》第十八条指出“大运河文化带建设，应当保障人民群众的知情权、参与权、监督权和受益权，不得侵害沿线群众合法权益。”①

四、大运河国家文化公园建设中政策协同的路径

（一）加强政策协同性研究，完善政策规范体系

各地出台的有关政策要高度衔接、深度融汇党中央、国务院重大决策安排，从大运河国家文化公园建设的全局性出发，制定修订法律法规、编制建设保护规划、实施文物和文化资源保护传承利用协调推进基础工程以及完善建设管理体制机制。各省现行的有关大运河文化保护的政策有的是在国家《大运河文化保护传承利用规划纲要》出台前制定的，应该根据自身实际，并对照规划纲要的要求进行必要的调整、完善。加强储备性政策的研究，提前做好超前性的政策规划。

近几年有关大运河国家文化公园建设的依据就是本文前面提到的几项宏观政策以及过去制定的一些法律，如《中华人民共和国文物保护法》等。就全国而言，原来制定的有关法律、法规还需要结合时代的要求进行修订，或

---

① 江苏省人民代表大会常务委员会关于促进大运河文化带建设的决定［EB/OL］．［2019 - 12 - 20］．https：//baijiahao. baidu. com/s？id = 1653391447537411087&wfr = spider&for = pc.

将目前执行的行政法规、部门规章等在执行一段时间之后，通过立法程序上升为法律；目前各省（市）出台的相关政策速度慢，与国家层面的政策的融合还需要扎实地推进，各地区政策之间的衔接还要花力气磨合。

在大运河国家文化公园试点过程中，要对现有的各省（市）政策进行纵向与横向比较，加强接轨型政策、配套型政策的研究。尽量避免各省（市）政策与中央政策的内容与要求不一致的情况，尽量避免多头制定内容相近的政策，造成执行过程中的困难，既要防止缺少政策依据，而无章可循，又要防止出现多头政策不一，而无所适从。

政策制定的过程要统一、规范，做到上下对接。各省有关大运河文化带建设、大运河国家公园建设的政策制定主体应该上下一致，左右一致，做到政策过程合法、合规，便于按照“构建中央统筹、省负总责、分级管理、分段负责的工作格局，强化顶层设计、跨区域统筹协调”的要求执行与协调。

加大公众在政策过程中的参与度，既要听取专家意见，又要听取“草根”意见，还可以汲取国外国家公园建设中的有益经验。

尽快出台“国家公园法”。2019 年 7 月 9 日，国家林业和草原局召开的发布会上，国家林业和草原局国家公园管理办公室相关人士介绍，我国第一部“国家公园法”目前正在起草过程中，将于年底给出草案，希望能在 2020 年正式出台，但是 2020 年并没有出台。

2021 年 8 月，国家林业和草原局、国家发展和改革委员会联合印发的《“十四五”林业草原保护发展规划纲要》[①] 提出：“‘十四五’期间，我国将健全国家公园管理体制机制，出台国家公园法，实行中央政府直接管理、委托省级政府管理两种管理模式，整合组建统一规范高效的国家公园管理机构和执法队伍，研究制定国家公园自然资源资产管理权责清单。”

原来国家公园有 10 处试点，并不包括大运河国家文化公园和长征国家文化公园，这 10 处试点与文化公园有明显的差别，要面对的主要问题也有巨大差别，希望从 10 个国家公园体制试点区管理中的主要问题、目前体制试点的效果和相关的宏观体制机制改革，考虑文化公园的情况，让“国家公

---

① “十四五”林业草原保护发展规划纲要［EB/OL］．［2021 - 08 - 20］．http：//www.gov.cn/xinwen/2021 - 08/20/content_ 5632394.htm.

园法”兼具合理性、可行性和类别适用性。

（二）政策规划要体现整体性与特色性相结合

虽然大运河国家文化公园建设从江苏开始试点，各地的建设工作还在起步或准备之中，但是各地的大运河国家文化公园不会都是从零开始，平地栽花，一般都会充分利用已有大运河历史文化场所、资源。结合各地现有资源和已经了解的信息来看，有可能存在公园建设的同质性。因此，各地制定的规划中，应该考虑到整体性展示与特色性体现的关系。

大运河国家文化公园建设具有与各地其他建设项目不同的属性。首先，大运河在空间上贯通南北，蜿蜒近3200千米，流经8省（市），是中华民族奔流不息的命脉，因此大运河国家文化公园建设理应体现国家水准、展示国家形象，这就需要从总体规划上体现这一国家文化形象的整体性。其次，大运河在时间上联通古今，上下2500多年，孕育了丰富的江南文化、齐鲁文化、燕赵文化、中原文化等，繁荣了8省（市）众多经贸城镇。仅江苏省境内，大运河全长690千米，拥有运河遗产区7个、世界遗产点22处、遗产河段6处，沿线文化遗产和旅游资源丰富，串联起吴文化、淮扬文化、楚汉文化、金陵文化等地域文化。因此，还要充分挖掘和展示不同地区大运河地域文化的特色，做到特色性与整体性的统一。①

如何能够满足这种特色性与整体性的统一，要从政策制定的源头上把关，在建设中要严格按政策规划施工。同时，在执行这些政策方案时，要做到及时评估，特别是试点省份将政策执行过程中的情况及时反馈，发现正在执行的政策存在哪些不足或不能满足需要，还需要制定哪些政策，这有助于其他省份完善自己的政策方案。

（三）建立能有效协调的组织机构

各个省的机构都不一样，比方江苏省是由省委书记任组长，省长为第一副组长，常务副省长、宣传部长、分管文化旅游工作的副省长任副组长，省直17个责任部门和11个运河相关区市主要负责同志任成员。

---

① 黄杰．建设大运河国家文化公园应把握好六大关系［N］．光明日报，2019－12－13（02）．

大运河国家文化公园多数是在核心区原有的基础上整合资源新建或扩建的，同一个省的项目可能会分布在各个市、县（区）。因此，在大运河国家文化公园的规划与建设中，既需要与上下联系，又需要左右协调（沿线各省市之间，省内各市、县、区之间），这就需要从上到下建立一个结构和职能相似的协调机构，来处理大运河国家文化公园的规划、建设甚至运行的问题。

应建立协同机制，加强统筹协调。大运河国家文化公园建设是一项跨省域、跨部门的系统工程，国家层面有一个“大运河文化保护传承利用工作联席会议”机制，这个机制在大运河国家文化公园建设中的作用目前还没有机会体现出来。在试点之后，各省都开始建设大运河国家文化公园，各省需要协调时，再对其发挥作用的情况进行检验。

目前，各个省成立的相关机构职能和结构也不一样，以后省际之间的协调可能会出现一些困难。试点之后，建议各省份的领导小组结构要相近或一致，有利于运河沿线区域协作水平的提升，有利于建立区域间常态化协作机制。特别是在项目推进中遇到生态环保、航运水权等方面省际沟通协作时，这种结构相同的组织机构更有助于工作协调。

（四）形成无缝对接的共建和共同行动机制

一是建议加强大运河顶层设计的“四梁八柱”规划的有机衔接。在国家发展改革委协调下，沿线省（市）在规划之初就要形成协同发展、跨专业领域合作的态势，沿线各省（市）在编制《大运河文化带建设规划》《大运河旅游发展规划》《大运河生态保护规划》《大运河国家文化公园实施方案》等规划方案时，既要与国家部委编制的上位规划衔接，也要做到相邻省市之间的规划衔接。形成既有合作，又有分工的文化带、生态带、旅游带规划编制机制和统一协调的行动机制。大运河沿线省（市）在项目规划之初，就要将各自的总体规划和建设方案进行交流、协调，避免低水平重复建设造成资金的浪费，使沿线的项目能做到优势互补，风格和谐，整个大运河沿线能形成一系列完整的运作方略。各拓展区之间的对话、磋商工作由属地省（市）发展改革委或市际联席会议进行协调。

二是建议加强行动衔接。大运河分属沿线 8 个省（市）、40 个城市

（区）的150个县（区、市）管理。目前，大运河统筹协调管理机制尚未健全，“碎片化”治理的现象比较明显。特别是大运河的水生态保护，既涉及多个省、市、县（区、市），又涉及众多行业部门。大运河的水系是相通的，靠单个城市保护大运河生态是不现实的，需要沿线城市打破“一亩三分地”，建立大运河全流域的生态保护联动机制，通过合作组织、流域性立法、规划衔接和生态补偿机制的建立，调动沿线省市和不同部门保护大运河水生态的积极性。

京津冀协同发展视野的大运河国家文化公园建设

孙 静*

内容提要： 积极对接重大区域发展战略是推进大运河国家文化公园高质量建设的题中之义。本文借助系统协同理论建构了一个分析战略对接的框架，并利用该框架探讨大运河国家文化公园和京津冀协同两大系统间建立协同关系的可能性，主要体现在系统协同、要素协同和环境协同三个层面。进而从内部系统建构的角度，对京津冀大运河国家文化公园建设的布局与布点、管理体制和功能区优化三个方面提出了对策建议。

关键词： 大运河智库；大运河国家文化公园；京津冀协同发展

一、引言

党的十八大以来，中央相继推出一系列国家重大区域发展战略，形成了区域发展格局持续优化的难得制度环境。作为当前我国最为重要的区域发展战略，京津冀协同发展上升为国家战略刚满五年，其一体化进程之快有目共

---

* 作者单位：中国大运河智库联盟北京物资学院大运河研究院。

睹。与此同时，大运河文化带建设作为新时代党中央、国务院作出的又一项重大决策部署，积极对接京津冀协同等重大区域发展战略成为推进其高质量建设的题中之义。为此，《大运河文化保护传承利用规划纲要》第八章第三节就“对接重大区域发展战略”做出了总体部署。在实践方面，早在2017年12月举行的京津冀协同发展研讨会上，京津冀三地就已签署《携手推进大运河文化保护传承利用倡议书》，以推动京津冀一体化与大运河文化带的协同发展。但从目前实践推进的情况看，如何找到恰当的突破口以破解“战略对接”的实践之困，依然是京津冀大运河沿线地方政府面临的巨大挑战。

2019年7月24日，中央全面深化改革委员会第九次会议审议通过《长城、大运河、长征国家文化公园建设方案》（以下简称《建设方案》），“大运河国家文化公园”成为大运河文化带建设的重点工程和重要抓手。本文认为，可以以大运河国家文化公园建设为契机，积极探索大运河文化带对接国家重大区域发展战略的有效模式，形成可复制推广的成果经验。就“战略对接”这一议题而言，国内学界已经积累了丰富的研究成果，如有学者从资源和产能配置角度分析了长江经济带与“一带一路”的战略关系（杨继瑞、罗志高，2017）。从空间战略角度分析长三角、珠三角、京津冀“三大城市群”，以及“一带一路”、长江经济带、沿海经济带等的一体化发展问题（侯鹏、孟宪生，2019）。还有学者分析了“一带一路”如何与京津冀协同、长江经济带、粤港澳大湾区三大区域发展战略实现有效对接（高国力等，2018）。还有学者以大运河文化带扬州段建设为个案，分析大运河文化带、扬子江城市群和江淮生态经济区三大战略的协同建设问题（黄杰，2018）。这些研究对于推进我国区域发展战略间的有效对接起到了积极的推动作用。但遗憾的是，这些成果多是研究以经济发展为目的的同质性战略对接问题，而对于大运河文化带和大运河国家公园这类以文化为核心属性的战略对接议题却少有关注。为此，本文拟从协同理论出发，分析大运河国家文化公园和京津冀协同两大系统间及其与外部环境间的关系，讨论建立协同关系的可能性，为实现两者的有效对接构建理论基础并提出对策建议。笔者也希望借此引发更多学者关注大运河文化带建设中的区域发展战略对接议题。

二、系统间协同关系的分析框架

（一）协同理论与协同关系分析框架

"协同"是20世纪60年代末在物理学领域出现的一个概念。"协同学"（Synergetics）的创立者德国物理学家赫尔曼·哈肯（1989）认为，"协同学是研究由完全不同性质的大量子系统（诸如电子、原子、分子、细胞、神经元、力学元、光子、器官、动物乃至人类）所构成的各种系统。研究这些子系统是通过怎样的合作才在宏观尺度上产生空间、时间或功能结构的。尤其要集中研究以自组织形式出现的那类结构，从而寻找与子系统性质无关的支配着自组织过程的一般原理"。从本质上看，这一理论揭示了复杂系统内部及系统间从无序到有序转变的普遍规律。20世纪80年代以后，协同理论开始被广泛应用于社会科学领域，以解释复杂系统环境中的合作现象。"由于协同学建立在一些十分普遍的原理上，这使人们能够利用它来理解极不相同的系统在宏观尺度上所经历的质变，因此得到了广泛的应用。"（吴大进等，1990）协同理论因具有较好的包容性和强大解释力，逐步成为一门跨越自然科学和社会科学的横断学科（郑春勇，2011）。表1呈现了西方协同理论中的部分代表性观点。尽管这些观点具体表述不同，但其核心内涵却是一致的，包括：一是将研究对象视为一个开放系统；二是认为该系统由多个系统要素组成；三是认为系统与系统之间、各要素之间是互联互构的。

表1　西方协同理论中的部分代表性观点

学者	时间	观点
Norgaard	1985年	协同演化是相互影响的各种因素之间的演化关系
Hodgson	2002年	协同演化是指一方改变另一方适应的图景，进而改变双方的平均适应；反之亦然
Murmann	2003年	只有决定互动者适应性特征变化的关系才能够促进协同演化
Jouhtio	2006年	协同演化是发生在两个或多个相互依赖的物种上的持续变化，它们的演化轨迹相互交织、相互适应

在上述内涵基础上，本文将“协同关系”定义为：不同系统间、系统各组成要素间及系统与外部环境间所构成的，可以提升系统整体效应的互联互构关系。图1展示了抽象了的系统间协同关系。不同系统被分别解构为若干系统要素，再将它们置于宏观制度环境中，从系统开放性和要素关联性两个角度分析两者之间的协同关系。

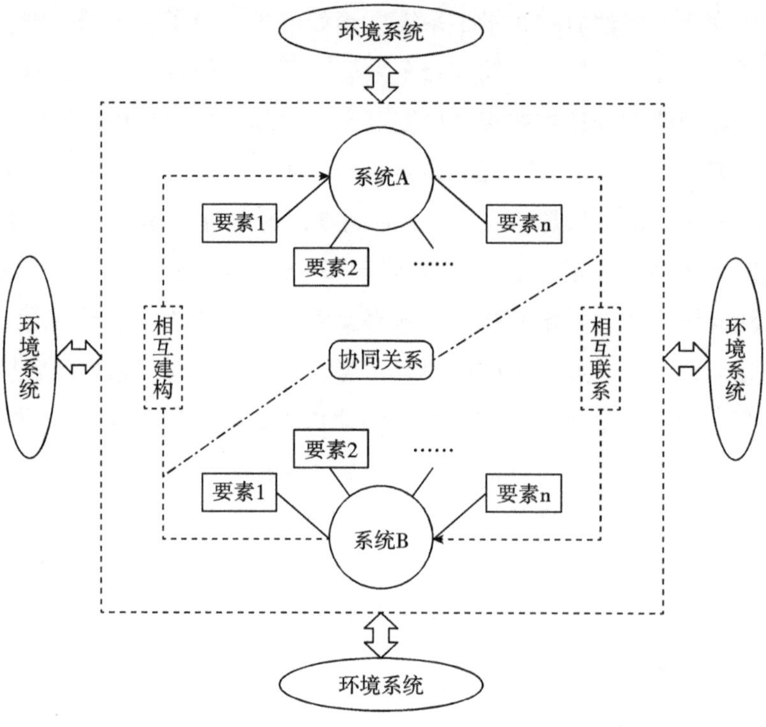

图1　系统间的协同关系

系统开放性主要是指处在复杂外部环境下的系统不仅会受外部环境影响，也对外部环境产生作用。系统开放性既体现在系统可以实现与外部进行能量或物质交换，积极应对复杂的自然环境和社会环境变化，还体现在系统间的相互作用和影响，能使系统间形成联动，产生有序且稳定的驱动力，提高系统的整体效应。要素关联性指的是系统是由多个系统要素组成的，特定系统中的系统要素会在协同作用下由无序转换为有序的组合，推动系统达到动态平衡状态。特定系统的系统要素与其他系统的系统要素也会在外部条件作用下，通过持续调试、控制及反馈，产生相互联系、相互影响的整体作用力，从而达到个体与整体的协同发展。

（二）协同理论的理论优势

协同理论在研究系统间协同关系或战略对接议题时具有独特的理论优势。首先，有利于显现系统间的协同性。协同理论旨在实现系统间的协同效应，主张通过改变各系统的互动地位和关联方式，使系统间关系朝着可控的有序结构转化。在这个过程中，法律、制度等规则便成了重要控制参量。因此，在推动大运河国家文化公园对接京津冀协同时，应注重有关系统间地位和关联方式的制度设计。其次，有利于更好地展现系统演化的动态性。传统系统论的观点强调系统的稳定性和延续性，但协同理论却将动态性视为系统的基本属性。系统在不稳定与稳定，无序与有序间不断摆动才是其常态①。在这种观念基础上，协同理论重视系统与外部系统和环境间的动态关联，主张通过系统内部调试获得维持系统有序性的物资、能量和信息。这一观点也印证了大运河国家文化公园与京津冀协同两大系统在人才、生态、经济等基础性资源方面存在的极为紧密的联系性。从这个角度出发，建立系统间的资源流通和保障系统就显得尤为重要。最后，有利于分析系统要素间相互作用的非线性关系。协同理论认为，系统要素间的非线性关系，构成了推动系统演化以及系统间协同关系生成的根本动力。在非线性关系的作用下，系统或系统间能量将被放大，进而形成整体效应。因此，从这一理论观点看，京津冀地方政府在推动战略对接时，应积极转换思维方式，有意识地整合关系思维、整体思维、过程思维、非线性思维等复杂思维模式，以提升战略对接过程中应对复杂性问题的能力。

---

① 系统理论认为："当系统吸收的物质、能量、信息等不能维持系统随机涨落之后的需要，偏离平衡态的系统仍将恢复涨落以前的状态；当系统吸收的物质、能量、信息等可以维持系统随机涨落之后的需要，系统又处在阈值（临界状态）附近，则涨落将使系统达到一种新的稳定有序状态。"参见：傅广宛．我国公共服务提供系统的耗散结构特征及其有序化［J］．中国行政管理，2006（11）：59－62.

三、协同关系建立的可能：基于三个层面的理论分析

与传统意义中相对封闭的“公园”观念不同，大运河国家文化公园本质上是一个复杂的半封闭半开放系统（王健等，2019），其内涵理念是以大运河文化资源为核心的要素自由流动、资源开放共享与治理协作有序的空间载体。这与京津冀协同发展所倡导的开放合作原则是相互耦合的。可以将大运河国家文化公园和京津冀协同视为两个复杂开放的系统，将协同理论应用于两者间协同关系的研究，可以发现它们之间存在三个层面的协同关系。

（一）系统协同关系：基础性资源的互补与共享

系统协同指的是系统之间在维系系统存在发展的基础性资源方面给予相互支撑。大运河国家文化公园与京津冀协同在系统空间上存在高度重合性。京津冀地区是大运河文化带的重点区域之一，涵盖了大运河文化带“五大片区”之一的“京杭大运河黄河以北片区（含雄安新区）”的绝大部分。这决定了它们在某些基础性资源领域是共享和相互支撑的。一方面，前者为后者提供了必需的生态资源。其中，最为核心的是水资源。众所周知，大运河是京津冀地区重大调水工程的关键水系，是京津冀生产生活得以维系的基本条件，如南水北调的东线工程，从江苏省扬州附近的长江干流引水，利用京杭大运河以及与其平行的河道输水，连通洪泽湖、骆马湖、南四湖、东平湖，并作为调蓄水库，经泵站逐级提水进入东平湖后，向北穿黄河后自流到天津。从长江到天津北大港水库输水主干线长约1156千米，自2013年11月15日正式通水以来，抽江的水量达87.7亿立方米/年，其中大部分流入京津冀地区，即将于2020年开工建设的南水北调东线一期北延应急工程每年可增加向京津冀地区供水约4.9亿立方米。南水北调工程是京津冀协同发展的生态源，而京津冀地区成为南水北调工程的最大受益者（葛剑平、牟溥，2015）。另一方面，后者又为前者提供了发展建设所必要的人、财、物等资源。京津冀地区是我国人口密度最高、经济发展水平最好、文化资源最为丰富的区域。京津冀协同发展倡导通过优势互补、互利共赢，实现京津冀人口经济资源环境相协调的高质量发展态势，又为推进大运河文化带和大运河国

家文化公园建设创造了良好的系统条件。根据国家第六次人口普查的结果，京津冀区域常住人口已达 11109.22 万人，占全国比重为 8.03%（周进，2018）。2018 年区域 GDP 总量突破 8.5 万亿元（陈雪柠，2019）。由此可见，大运河国家文化公园与京津冀协同发展间相互耦合、协同发展，具备了整体提升的巨大空间。

（二）要素协同关系：功能要素与任务要素的契合

要素协同关系是指系统间在具体操作层面的相互协同关系。大运河国家文化公园与京津冀协同两大系统间的要素协同关系，主要表现为前者的功能要素与后者的建设任务要素间相互契合和支撑。大运河国家文化公园是推进大运河文化带高质量建设的重要抓手和核心工程，具有高定位、跨区域和撬动性的特点，具备支撑沿线区域协同发展的功能特征。依据《建设方案》提出的建设管控保护、主题展示、文旅融合、传统利用四类主体功能区的构想，再结合 2019 年 2 月发布的《大运河文化保护传承利用规划纲要》中对大运河文化带建设目标的界定，本文将大运河国家文化公园的核心功能概括为：环境保护功能、文旅融合功能、社区共建功能和要素流通功能。

京津冀协同发展是党的十八大以来中央提出的五大国家战略①之一，依据 2014 年 2 月习近平总书记有关京津冀协同发展的重要讲话精神，以及 2015 年 4 月中共中央政治局审议通过的《京津冀协同发展规划纲要》，京津冀协同在现阶段的核心任务可以概括为四个方面：生态空间扩大、产业对接协作、城市布局优化和市场一体化。这与大运河国家文化公园的环境保护、文旅融合、社区共建和要素流通四大系统功能要素形成了并行嵌套、协调支撑的要素协同关系，具体表现在：

（1）生态协同。大运河国家文化公园的“管控保护”主题功能区，将在保护文化公园管理区内滨河生态系统、各类文化和自然遗产、人文景观风貌的原真性、完整性基础上，加强生态空间管控，推进生态保护修复和水环境污染防治，构建山水秀丽的绿色生态带。这一功能积极回应了京津冀协同

① 党的十八大以来，中央所提出的五大国家战略分别是：京津冀协同发展、长江经济带发展、粤港澳大湾区建设、长三角一体化发展、黄河流域生态保护和高质量发展。

发展战略“着力扩大环境容量生态空间，加强生态环境保护合作”的任务要求。特别是在具体操作层面提出完善水资源保护、水环境治理、清洁能源使用等领域合作机制，也将有利于大运河国家文化公园生态环境保护和生态功能的发挥。

（2）产业协同。大运河国家文化公园提出建设文旅融合主体功能区，以文化公园助推文化旅游的深度融合，这将为京津冀协同推进产业结构调整提供新的内生动力。同时，也有利于进一步理顺京津冀三地产业发展链条，丰富区域产业样态，形成区域间产业合理分布和上下游联动机制，避免同构性、同质化发展，加快推进产业对接协作。

（3）内涵协同。主要是指两大战略系统在增进城乡发展内涵上存在协同关系。大运河国家文化公园提出建设主体展示和传统利用主体功能区，通过建立核心展示园、集中展示园和特色展示点，并倡导适当发展文化旅游、特色生态产业和适当控制生产经营活动。这将有利于夯实京津冀区域的文化基石，也有助于提高京津冀城市群的内涵发展水平。同时，文化公园所秉持的文化生态理念将有利于京津冀构建生态、生产、生活相协调的城乡空间格局，也利于城乡地域特色和人文特色的塑造，并最终形成可持续的区域文化网络体系。

（4）要素协同。大运河国家文化公园作为新时代中央一项重大决策部署，将主动融入京津冀城市群，并客观推动人才、技术、资本等市场要素自由流动和高效配置。与此相契合，京津冀协同发展正着力加快推进市场一体化进程，下决心破除限制市场要素自由流动和优化配置的各种体制机制障碍，推动各要素按照市场规律在区域内自由流动和优化配置。

（三）环境协同关系：系统的结构二重性

协同理论认为，系统中行动者的行为与外部环境之间也存在协同互构的关系，这一观点根源于社会科学领域有关人的行为与（社会）结构的讨论。在吉登斯有关人的行为与（社会）结构的理论中，提出了“结构二重性”的观点。吉登斯说：“英美功能主义中的‘结构’概念作为一个‘描述性’术语出现，而法国结构主义则是以还原的方式来使用这个概念，我认为，‘结构’概念的这两种使用方法将导致从概念上模糊能动的主体。”（安东尼·吉登斯，2003）在吉登斯那里，结构就是指规则，而规则就是指行为的规范和表意性符号，其中规范包括政治、经济和法律制度，表意性符号就是指具体的有意义的符号，如语言、动作等。另外，“结构可以在实践中表现出来，但不是具体实践的外显模式，而是一些记忆中的原则。结构本身也不是具体的存在，它没有实践和空间的边界，它必须以知识的延续或实践的延续才能存在。结构对于实践，如同语言规则对于说话行为的差异。结构，恰似某种抽象的规则，它只是使某种构造性行为成为可能的虚幻的存在”（Giddens Anthony，1984）。可见，吉登斯的“结构”概念与本文中系统外的“环境”概念是一致的，本文将其提出的“结构二重性”观点作为讨论战略系统中行动者与外部环境互构关系的哲学基础。

吉登斯认为“结构”和“行为”是互为因果相互影响的关系，“所谓的结构二重性指的是社会体系同时既是社会行为的中介，也是行为结果的结构化特征……我相信，结构二重性概念是任何关于社会再生存解释的基础，而且根本没有功能主义色彩”（Giddens Anthony，1995）。沿着这个理论，本文认为大运河国家文化公园和京津冀协同两大系统较好地呼应了当前重大的外部环境，特别是现阶段的三大政策环境，即五位一体的总体布局、高质量发展和国家治理现代化。一方面，三大政策环境形塑了两大系统目标定位、功能设定、核心任务以及内部制度等。另一方面，两大系统中的内部制度以及行动者行动亦会回应并进一步影响外部环境。然而，对于正在推进中的大运河国家文化公园而言，其内部系统的建构将不仅是对系统外宏观环境的有力回应，还将对与京津冀协同之间的系统关系（见图2）产生根本性影响。

（四）建立协同关系的障碍

大运河文化带京津冀段拥有得天独厚的基础性资源，再加上京津冀协同发展战略的持续推进和一体化程度的不断提高，为实现大运河文化带与京津冀协同关系的建立奠定了良好基础，但也应当清醒地认识到两者构建协同关系所面临的障碍。杨英法等（2019）将制约“京津冀协同发展与大运河文化带建设共融共建”的因素归结为三个方面：一是资源定位的局限。认为由于缺乏对大运河文化带的全面认知，难以发挥大运河的文化资源优势，难以形成以文化产业转型升级撬动区域发展内生力的态势。二是治理体制的障碍。

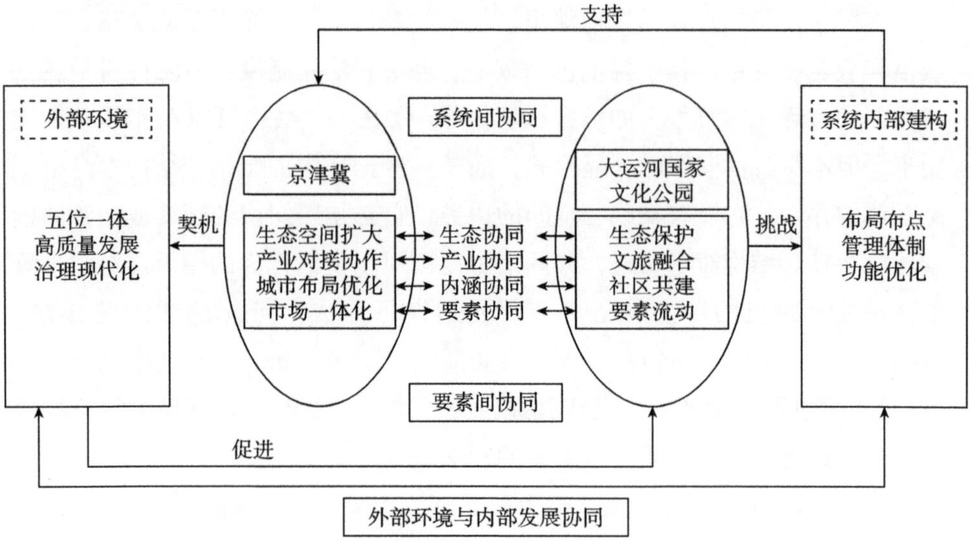

图 2　大运河国家文化公园与京津冀的协同关系

由于缺乏区域协同治理、利益共享的发展共识，再加上区域发展水平的不均衡和利益诉求的多元分化，尚未达成具有约束力和可操作性的合作模式。三是宏观规划的脱节。在宏观规划上存在产业定位和方向不清晰的问题，与微观行动中造成的产业转移对接程度偏低。

上述三个方面同样是影响大运河文化带对接京津冀协同发展的主要障碍，但从《建设方案》所释出的信息看，大运河国家文化公园建设又将为破除这些障碍提供难得的机遇。首先，公园建设将涉及国土空间规划、基础设施、管理体制等多个层面，有望触发区域协同发展关键环节改革的连锁效应；其次，《建设方案》中有关完善国家文化公园建设管理体制机制的构想，将建立中央统筹、省负总责、分级管理、分段负责的工作格局，这将有利于激活京津冀跨区域统筹协调的工作机制，也将为进一步理顺区域内要素整合和流通渠道创造条件；最后，《建设方案》所设计的四个主体功能区将有利于更好地整合大运河国家文化公园管理区内的重要文物和文化资源，形成具有特定开放空间的公共文化载体，使大运河文化带建设的潜力和活力得以更充分的释放。接下来本文将结合这些判断，从系统内部建构的角度提出对策建议。

四、协同关系建立的路径：系统内部建构的视角

如何积极对接京津冀协同发展战略，主动融入京津冀城市群，是推动大运河国家文化公园高质量建设所面临的巨大挑战。与此同时，由于大运河国家文化公园尚处于谋篇布局阶段，对于京津冀地方政府而言又是一个难得的机遇：通过更科学的顶层设计，更好地对接并推进京津冀协同发展战略。为此，本文认为从系统内部建构角度出发，未来京津冀大运河国家文化公园建设中应重视以下三个方面的工作：

一是协调公园的布局与布点。从布局角度看，京津冀大运河国家文化公园建设应在推进新时代“五位一体”总体布局的视域下，助推优势互补的高质量区域发展布局和优化区域经济产业结构布局。这就要求在京津冀大运河国家文化公园园、区、点等实体项目的布点上，既要考虑到不同地区在文化旅游资源、社会经济发展条件等方面的现有差异，又要考虑到区域分工的未来定位，通过有序布点最终形成串点成线的格局并策应布局的需要。

二是完善公园管理体制。根据《建设方案》有关“完善国家文化公园建设管理体制机制。构建中央统筹、省负总责、分级管理、分段负责的工作格局”的要求，建议遵循面积适宜和管理可行原则，在划定管理区的前提下，尽快建立京津冀大运河国家文化公园专门管理机构，统一行使大运河国家文化公园（京津冀段）管理区内国有文化资产的所有者职责。按照事权统一原则，由京津冀大运河国家文化公园管理机构统一行使管理职能，通过综合规划、综合管理和综合执法，对大运河国家文化公园管理区内的文化和自然资源实行一体化、集中高效的统一管理。同时，强化专业合作和分工负责，文旅、生态、林业、水利等部门在管理区内，依法对管理区内相关资源的管理和保护利用进行监督和指导。公园管理机构还应与地方政府合理分工，明确权责、积极协作，建立各司其职、有机衔接、相互支撑、密切配合的良性互动关系。属地政府主要行使辖区内经济社会发展的综合协调、公共服务、社会管理和市场监管等职责，配合公园管理机构做好公园建设工作。重视协调公园与社区关系，通过科学规划建设入口社区和特色小镇，实现大运河文化生态系统的可持续发展。

三是优化公园主体功能区的规划。主体功能区指的是“根据不同区域的发展潜力和资源环境承载能力，按区域分工和协调发展的原则划定的具有某种主体功能的规划区域”（邓玲、杜黎明，2006）。从区域发展角度看，建设主体功能区在促进区域分工与合作、引导生产要素有序流动、优化空间开发结构、创新区域管理模式、促进人与自然和谐发展等方面都具有重要意义（孙久文、彭薇，2007）。《建设方案》根据资源布局、禀赋、环境和配套等，提出了管控保护区、主题展示区、文旅融合区、传统利用区四类国家文化公园主体功能区，将成为突破大运河沿线的行政区划限制，更快释放大运河文化资源优势的关键。为此，本文建议：首先，设计分层级的主体功能区单元。主体功能区的规划，应当是一个从中央到相关地方多层级政府都应当贯彻的发展规划理念，但各级政府的划分标准应当分层次，实验阶段可建立中央—省—市三级规划管理体制。中央主要依据大运河文化带全线的资源分布情况和沿线区域战略分工，制定大运河国家文化公园主体功能区国家级标准，凸显不同区域在全国国土空间开发格局中的地位和重要性，并解决主体功能区的省际协调协作问题。大运河沿线省级政府制定大运河国家文化公园主体功能区省级标准，应考虑到：国家级标准、本省资源环境承载能力、大运河文化资源分布、现有开发程度、国土空间分布特征等因素。其次，京津冀三地应发挥京津冀协同发展战略的政策优势，加强主体功能区内各行政区间的合作。在推进大运河国家文化公园建设的初期，重点是理顺不同行政区政府的职责义务，特别是在建立国家公园管理机构之后，首先要做的是理顺国家文化公园管理区内的社会服务供给主体职责，避免多头管理，其次在此基础上积极利用互联网技术，构建互联互通的文化公园管理区公共服务网。

参考文献

［1］京津冀三地社科专家齐聚通州共论“大运河文化带建设和京津冀协同”［EB/OL］．［2017 -12 -02］．https：//www. sohu. com/a/208062729_ 120702.

［2］中办国办印发长城、大运河、长征国家文化公园建设方案［N］．人民日报，2019 -12 -06（1）．

［3］杨继瑞，罗志高．“一带一路”建设与长江经济带战略协同的思考

与对策［J］. 经济纵横，2017（12）：85 –90.

［4］侯鹏，孟宪生. 新时代我国区域经济一体化的空间战略［J］. 甘肃社会科学，2019（2）：196 –203.

［5］高国力，黄征学，张燕. 促进“一带一路”与三大区域发展战略对接［J］. 宏观经济管理，2018（8）：15 –18.

［6］黄杰. 以大运河文化带为核心的三大战略协同建设研究——以探索大运河文化带扬州段建设为例［J］. 扬州大学学报（人文社会科学版），2018，22（2）：46 –51.

［7］赫尔曼·哈肯. 高等协同学［M］. 郭治安，译. 北京：科学出版社，1989：1.

［8］吴大进，曹力，陈立华. 协同学原理和应用［M］. 武汉：华中理工大学出版社，1990.

［9］郑春勇. 西方学术界关于协同演化理论的研究进展及其评价［J］. 河北经贸大学学报，2011（5）：14 –19.

［10］Norgaard. Environmental Economies：An Evolutionary Critiqueand Plea for Pluralism［J］. Journal of Environmental Economiesand Management，1985，12（4）：382 –394.

［11］Hodgson G M. Darwinism in Economics：From Analogy to Ontology［J］. Journal of Evolutionary Economics，2002（12）：59.

［12］Murmann J P. Knowledge and Competitive Advantage：The Co –evolutionof Firms，Technology，and National Institutions［M］. Cambridge：Cambridge University Press，2003：23.

［13］Jouhtio M. Co –evolution of Industry and Its Institutional Environment［Z］. Institute of Strategy and International Business in Helsinki University of Technology，2006：2.

［14］王健，王明德，孙煜. 大运河国家文化公园建设的理论与实践［J］. 江南大学学报（人文社会科学版），2019（5）：45.

［15］新华社. 南水北调东线一期北延应急工程开工可增加向京津冀供水能力 4.9 亿立方米［EB/OL］.［2019 –11 –28］. https：//baijiahao.baidu. com/s？id =1651447652197517614&wfr = spider&for = pc.

［16］葛剑平，牟溥．让南水北调成为京津冀协同发展的生态源［J］．北京观察，2015（3）：20－21.

［17］周进．京津冀地区的功能布局调整与人口发展［J］．新视野，2018（1）：59.

［18］陈雪柠．去年京津冀 GDP 总量突破 8.5 万亿元［N］．北京日报，2019－04－04（2）．

［19］安东尼·吉登斯．社会学方法的新规则：一种对解释社会学的建设性批判［M］．北京：社会科学文献出版社，2003：26－27.

［20］Giddens，Anthony. The Constitution of Society：Outline of the Theory of Structuration［M］. Berkeley：University of California Press，1984：17.

［21］Giddens，Anthony. Politic，Sociology and Social Theory：Encounters with Classical and Contemporary Social Thought［M］. Stanford，Calif：Stanford University Press，1995：19.

［22］杨英法，李彦玲，韩峰．京津冀协同发展与大运河文化带建设互融共建探讨［J］．社会科学家，2019（6）：38－42.

［23］中办、国办印发《长城、大运河、长征国家文化公园建设方案》［N］．人民日报，2019－12－06（1）．

［24］邓玲，杜黎明．主体功能区建设的区域协调功能研究［J］．经济学家，2006（4）：60－64.

［25］孙久文，彭薇．主体功能区建设研究述评［J］．中共中央党校学报，2007（6）：68.

隋唐大运河国家文化公园建设背景的乡村振兴战略实施

杨　晴*

内容提要： 推进隋唐大运河国家文化公园建设要审时度势，充分挖掘文化公园建设与国家相关战略的契合点，争取国家相关战略叠加。隋唐大运河国家文化公园建设与乡村振兴战略在文化建设上有内在一致性，也是在疫情防控背景下落实“六稳”“六保”的重要支撑点。从宏观上来看，可以从优秀农耕文化创新、自然与人文资源结合、传统文化资源发掘三方面进行框架设计。隋唐国家文化公园建设大致有三个主要模式：文化资源主导型、自然生态主导型、传统文化主导型，而滑县大运河融合发展示范区建设则是文化资源主导型模式的典型。

关键词： 大运河智库；隋唐大运河国家文化公园；乡村振兴战略

建设国家文化公园，是发掘好、利用好丰富文物和文化资源，让文物说话、让历史说话、让文化说话，推动中华优秀传统文化创造性转化创新性发

* 作者单位：中国大运河智库联盟河南财经政法大学大运河研究院。

展、传承革命文化、发展先进文化的重要举措。因此，建设大运河文化公园首先要发展好、利用好相关文物与文化资源，然后推动中华优秀传统文化实现创造性转化和创新性发展。具体到河南而言，建设隋唐大运河国家文化公园不能一空依傍，而要审时度势与乡村振兴战略相结合，与国家黄河流域生态保护和高质量发展战略相结合，争取战略叠加，把大运河（河南段）国家文化公园建设成为国家典型“文化公园”。河南省政府提出“推进长城、大运河、长征国家文化公园建设。加快中国文字博物馆二期建设，实施隋唐大运河国家文化公园、宋都古城等一批保护利用项目。”这就将隋唐大运河国家文化公园建设提上了日程。2020 年 5 月 11 日，河南省文化旅游大会召开，会上指出要紧紧抓住黄河流域生态保护和高质量发展的重大战略机遇，顺应趋势、主动作为，发挥优势、奋勇争先，大力弘扬黄河文化，推动文化旅游高质量发展，加快文化旅游大省向强省转变，并于 2020 年 6 月 7 日印发了《中共河南省委河南省人民政府关于建设文化旅游强省的意见》（以下简称《意见》），《意见》提出要建设一批重大标志性项目，其中即有建设隋唐大运河国家文化公园。

一、隋唐大运河国家文化公园建设与乡村振兴战略实施相结合的内生逻辑

隋唐大运河沿岸文化资源丰厚。隋唐大运河河南段是整个大运河文化带的“中心枢纽”。隋唐大运河文化遗产在现河南省境内主要包括隋唐大运河通济渠、永济渠及京杭大运河会通河台前段，即洛河、汴河、卫河、会通河四个遗产段落，涉及洛阳、郑州、开封、商丘、焦作、新乡、鹤壁、安阳、濮阳九个省辖市和巩义、滑县、永城三个直管县（市），河道长度为 686 千米，遗存面积约 200 平方千米。作为大运河世界遗产的重要组成部分，河南隋唐大运河（卫河、通济渠段）河道沿线地区正处在汇通大运河文化带与“一带一路”的关键位置。八大古都中的四个位于该区域内，历史文化名镇和特色小镇星罗棋布。沿线分布有世界文化遗产 5 处，全国重点文物保护单位 264 处，人类非物质文化遗产代表性项目 1 项（二十四节气）、国家级非物质文化遗产代表性项目 66 项。郑州、洛阳、开封、安阳等城市既是大运

河沿线的古都，也是今天中原城市群的中心、副中心和重要节点。

文化建设是乡村振兴战略的重大抓手，亦是隋唐大运河国家文化公园建设的题中之义。乡村是具有自然、社会、经济特征的地域综合体，兼具生产、生活、生态、文化等多重功能，与城镇互促互进、共生共存，共同构成人类活动的主要空间，实施乡村振兴战略，具有重大现实意义和深远历史意义，而且实施乡村振兴战略也是挖掘与传承中华优秀传统文化的有效途径。2019 年河南省省长陈润儿在《政府工作报告》中指出："坚持乡村振兴战略总要求，围绕农业强、农村美、农民富，加快推进产业、人才、文化、生态、组织'五个振兴'。坚持质量兴农、绿色兴农、品牌强农，稳定粮食产能，推进'四优四化'，加快绿色食品业转型升级，促进农村一二三产融合发展，提高农业效益，增加农民收入。"河南省实施乡村振兴战略要加快推进"五个振兴"，其中就有文化振兴，促进农村一二三产业融合发展。隋唐大运河国家文化公园建设应作为实施乡村振兴战略的重要支点，一来可以充分挖掘相关文化资源，以激发乡村文化创新创造活力；二来可以优化隋唐大运河相关文化产业发展，以推进文旅深度融合。因此，隋唐大运河国家文化公园建设与乡村振兴战略实施可以密切结合起来，优化文化资源配置，协同推进文旅深度融合。

实施乡村振兴战略，建设隋唐大运河国家文化公园，也是在疫情防控背景下落实"六稳""六保"的重要支撑。2020 年 5 月，李克强总理在政府工作报告中指出，守住"六保"底线，就能稳住经济基本盘，就能为全面建成小康社会夯实基础。乡村在落实"六稳""六保"中任务重，头绪多，传统的基础设施建设亦需关注，而文化建设也要提上日程。在乡村振兴战略中，文化振兴战略是其中重要一环，与当前建设隋唐大运河国家文化公园是一体两翼。建设隋唐大运河国家文化公园既能改善乡村基础设施建设，也能带动相关文化产业投资，以确保"六稳""六保"的实现。

二、隋唐大运河国家文化公园建设与乡村振兴战略实施的框架设计

隋唐大运河国家文化公园建设与乡村振兴战略有以下契合点：

（一）传承创新优秀农耕文化

河南作为农业大省，其农耕文化贯穿古今，农耕文化即指农业生产实践活动所创造出来的与农业有关的物质文化和精神文化的总和。内容包括农业科技、农业思想、农业制度与法令、农事节日习俗、饮食文化等。毋庸讳言，农耕文化中自是鱼龙混杂，既有优秀的成分，也有糟粕的成分。然而优秀的农耕文化更有助于增加文化农产品供给，发展创意农业，拓展农村农业经济新领域，增加农民就业，提高农民收入；有助于丰富农民的精神文化生活，促进农村精神文明建设；更有助于增强中国文化软实力。

中共中央、国务院颁发的《乡村振兴战略规划（2018—2022年）》指出：实施乡村振兴战略是传承中华优秀传统文化的重要途径。同样，在大运河国家文化公园建设方案中，需要秉承的原则之一就是“文化引领，彰显特色。坚持社会主义先进文化发展方向，深入挖掘文物和文化资源精神内涵，充分体现中华民族伟大创造精神、伟大奋斗精神、伟大团结精神、伟大梦想精神，焕发新时代风采”①。优秀农耕文化亦是中华优秀传统文化的一部分，因此在大运河文化公园建设与乡村振兴战略实施过程中，都需要传承并创新农耕文化。

传承与创新农耕文化，首先要厘清科技发展与农耕文化的关系。科技赋能农业，促进农业发展，变革原有农业生产方式，为农耕文化的传承、发展和创新奠定坚实的科技基础。同时，利用传统的农耕文化指引科技在农业及农村中的合理使用。其次要积极引导传统农耕文化适应生态文明建设的需要。生态环境对农业生产乃至国家的发展都是至关重要的，党的十八大指出，建设生态文明是关系人民福祉，关乎民族未来的大计，传承农耕文化必须要抛弃粗放式生产方式，走集约化生产之路；还要协调好新农村文化建设与农耕文化的关系。

---

① 引自农业农村部网站，http：//www.moa.gov.cn/ztzl/xczx/xczxzlgh/201811/t20181129_6163953.htm。

（二）注重历史文化与自然生态相结合

大运河河南段绵延657千米，保护规划范围面积共493.9平方千米，遗产分布点涉及11个地级市和省辖市（县），在中国大运河的58个世界文化遗产点中河南有7个，分别是洛阳市的回洛仓遗址和含嘉仓遗址、通济渠（汴河）郑州段、通济渠（汴河）商丘南关段、通济渠（汴河）商丘夏邑段、永济渠（卫河）滑县—鹤壁浚县段、浚县黎阳仓遗址。这些文化遗产，有的已经成为遗址，有的还在发挥运河功能，如隋唐大运河永济渠段还在通水，更有学者指出，隋唐大运河是集政治、经济、文化、生态、技术、自然等于一体综合性社会生态系统。因此，在隋唐大运河国家文化公园建设中，既要注重隋唐大运河历史文化的传承，更要注重与自然生态的结合。同时，历史文化与自然生态相结合，这也是乡村振兴战略实施的基本原则的应有之义，2013年12月中央城镇化工作会议指出，城镇建设要让居民望得见山，看得见水，记得住乡愁。《乡村振兴战略规划（2018—2022年）》指出："坚持人与自然和谐共生。牢固树立和践行绿水青山就是金山银山的理念，落实节约优先、保护优先、自然恢复为主的方针，统筹山水林田湖草系统治理，严守生态保护红线，以绿色发展引领乡村振兴。"①

坚持历史文化与自然生态相结合，需要以生态系统的理念来指导历史文化资源的有序开发。生态系统指在自然界的一定空间内，生物与环境构成的统一整体，在这个统一整体中，生物与环境之间相互影响、相互制约，并在一定时期内处于相对稳定的动态平衡状态。要认识到历史文化与自然生态也是一个动态平衡的状态，不能为了开发历史文化资源而打破这种动态平衡状态。

（三）合理利用传统文化资源

《长城、大运河、长征国家文化公园建设方案》在主题功能区建设指导意见中指出，传统利用区是城乡居民和企事业单位、社团组织的传统生活生

---

① 引自农业农村部网站，http：//www.moa.gov.cn/ztzl/xczx/xczxzlgh/201811/t20181129_6163953.htm。

产区域，合理保存传统文化生态，适度发展文化旅游、特色生态产业，适当控制生产经营活动，逐步疏导不符合建设规划要求的设施、项目等。《乡村振兴战略规划（2018—2022年）》也指出，实施农耕文化传承保护工程，深入挖掘农耕文化中蕴含的优秀思想观念、人文精神、道德规范，充分发挥其在凝聚人心、教化群众、淳化民风中的重要作用。划定乡村建设的历史文化保护线，保护好文物古迹、传统村落、民族村寨、传统建筑、农业遗迹、灌溉工程遗产。传承传统建筑文化，使历史记忆、地域特色、民族特点融入乡村建设与维护。从上述论述中我们可以看出，对待传统文化资源要合理利用与开发。

合理利用传统文化资源，必须要认识乡村振兴与传统文化资源利用之间是一种辩证统一的关系，两者必须统一于隋唐大运河国家文化公园的实践中。一方面，乡村振兴本身就包含乡村文化振兴这一基本内容，而乡村文化振兴的基础与核心都在于农村传统文化资源传承创新，即乡村振兴必须通过农村文化资源传承创新来实现乡村文化振兴和树立乡村文化自信；另一方面，传统文化资源利用要以隋唐大运河国家文化公园建设为新起点和新契机，在这一战略的整体推进中实现乡村文化的充分发展，即传统文化资源利用要以乡村整体振兴为前提和依托。在乡村振兴中实现传统文化资源利用，就是要以隋唐大运河国家文化公园建设为基本载体，通过村落（社区）与文化公园的协调建设来实现传统文化资源的整体性传承。

三、隋唐大运河国家文化公园建设与乡村振兴战略实施的路径设计

结合乡村战略实施与隋唐大运河国家文化公园建设，总体上应该坚持因地制宜原则，不能千篇一律。据媒体报道，隋唐大运河国家文化公园建设大致有三个主要模式：文化资源主导型、自然生态主导型、传统文化主导型。文化资源主导型以洛阳隋唐大运河国家文化公园建设为例，自然生态主导型以新乡市大运河国家文化公园建设为例，传统文化主导型以滑县大运河融合发展示范区建设为例。下面就笔者掌握的滑县大运河融合发展示范区建设为例，阐述隋唐大运河国家文化公园路径设计。

在《河南省大运河文化保护传承利用实施规划》中，滑县作为运河要素集中连片地区，被列入城乡融合发展示范区。在建设城乡融合发展示范区过程中，滑县围绕遗产保护、生态修复、文旅创新、产城融合等方面，积极探索统筹联动发展新路径。

大运河滑县段拥有河南省运河沿线保存最好的道口古镇，道口古镇因运河而生，沿河分布有保存完整的码头群、古城墙、大王庙等遗存，滑县拥有包括河道、码头、城墙、村镇等较为丰富的遗存类型，运河沿线生态功能保存完好，其中运河森林公园、运河西湖最具代表性。滑县拥有全国重点文物保护单位3处，河南省文物保护单位9处，河南省传统村落10处。滑县非物质文化遗产类型丰富，170余项被列入各级非遗名录，成为运河文脉传承延续的活态载体，其全方位的遗存特征在中国北方大运河沿线城市较为少见。其具体建设路径有：

（1）落实高规格机构。成立滑县大运河遗产保护示范区管理委员会，负责统一指导和统筹协调规划实施，制定年度工作安排，监督重要项目落实；成立运河遗产监测中心，管理运营遗产监测平台，为遗产的合理保护、有效管理、科学决策提供支持。

（2）统筹多规合一。以《河南省大运河文化保护传承利用实施规划》《大运河国家文化公园建设实施方案》为纲领，结合已编制完成《大运河滑县段运河古镇保护发展及整治利用总体规划》《滑县工业遗存（西纸厂）保护与利用设计》《顺北历史街区环境整治设计》《刘家大院古民居修缮方案》《道口古镇基础设施提升工程》等十几项规划及方案，编制《滑县大运河文化保护传承利用实施方案》，统筹滑县大运河文化保护传承利用整体发展思路，一张蓝图绘到底。

（3）采用多渠道叠加模式。滑县大运河城乡融合发展示范区建设采用多种渠道叠加模式，充分结合文化遗产保护相关政策，保护与整治古镇历史街区、修缮传统民居；结合工业遗产保护与利用契机，对近现代工业遗产进行活化利用；发挥百城提质工程效益，优化提升古镇周边街道环境及建筑风貌；结合乡村振兴战略，对运河西岸传统村落片区进行风貌提升和环境整治。滑县对文物本体、历史街区、工业遗存等实施高质量保护，优先整治河道及周边环境，完善相关配套服务设施。在顺河南街历史街区、西纸厂工业遗存活化利用等方面已初见成效。滑县政府高度重视大运河保护传承利用工作，正在编制《滑县大运河文化保护传承利用实施方案》，并已经启动编制工业遗产群落保护与利用方案、道清铁路博物馆方案、古沉船博物馆方案、运河西岸村落环境整治方案等多个设计方案。滑县在大运河文化带建设中，统一规划、分步实施，重点从历史街区改造提升、工业遗产活化利用、传统建筑保护修缮等方面落实大运河文化保护传承利用要求，探索出“政府主导、公众参与、小规模逐步推进”的改造模式，打造大运河滑县段城乡融合发展示范区，全方位实现田园运河高品质文旅体验。

综上，滑县大运河融合发展示范区建设给我们以下启示：一是坚持体制创新，成立统一的议事协调机构，并赋予充分的权限，探索文旅发展的新的措施及路径；二是坚持规划先行，科学决策，充分采纳相关研究机构及专业人士建议；三是用好用足国家和省相关政策，统筹规划，集中资源。滑县做法为河南省大运河国家文化公园建设提供了有益借鉴。

·大运河智库·智思

智

1. 聪明。

《孟子 · 公孙丑下》：“王自以为与周公孰仁且智？”

2. 智慧，智谋。

《淮南子 · 主术训》：“众智之所为，则无不成也。”

《史记 · 项羽本纪》：“汉王笑谢曰：‘吾宁斗智，不能斗力。’”

思

1. 考虑；思考。 如：深思熟虑；思前想后。

《论语 · 为政》：“学而不思则罔，思而不学则殆。”

2. 想念；挂念。

张衡《四愁诗》：“我所思兮在太山，欲往从之梁父艰。”引申为悲伤。

张华《励志诗》：“吉士思秋，实感物化。”

3. 智慧，才智。

《后汉书 · 贾逵传》：“性恺悌，多智思，俶傥有大节。”

智思，即大运河智库孜孜以求的本底灼见

大运河国家文化公园的省域管理体制

刘晓峰　邓宇琦*

内容提要：大运河国家文化公园是国家公园的新形态，具有属性嵌套性、功能多元性和范围广域性的特点。江苏作为大运河国家文化公园唯一重点建设区，已在四个方面全面发力，起到了示范引领作用。本文建议从组建实体管理机构、明确多元主体关系和完善管理运行体制三个方面，探索构建大运河国家文化公园省域管理体制。

关键词：大运河智库；大运河国家文化公园；大运河管理体制

一、前言

2019 年 7 月 24 日，习近平主持的中央全面深化改革委员会第九次会议，正式审议通过了《长城、大运河、长征国家文化公园建设方案》，标志着以长城、大运河、长征为核心的线性文化遗产保护传承与利用将进一步完善（王健等，2019）。作为撬动大运河文化带建设的重要支点性工程，推动大运

* 作者单位：中国大运河智库联盟南京邮电大学大运河研究中心；浙江大学管理学院。

河国家文化公园建设需要尽快破解一系列制度性障碍，探索国家文化公园的新型管理模式，并以此推动国家公园体制的改革创新。

推进国家公园建设是党的十八大以来我国探索自然生态系统保护的重要举措，其核心是构建适合中国国情的国家公园体制，这既是党的十八届三中全会提出的重点改革任务，也是我国生态文明制度建设的重要内容①。大运河等国家文化公园作为国家公园的新类型，自然成为国家公园体制建设的重要组成部分。另外，对于大运河文化带建设这一新时代重大战略决策而言，从管理体制角度入手优化顶层设计，是有效推进大运河文化带建设的关键，也是对党的十九届四中全会“坚持和完善中国特色社会主义制度”会议精神的有力回应。本文将从理论和实践两个层面深入讨论大运河国家文化公园省域管理体制问题，为有效推进大运河国家文化公园建设，彰显我国在国家公园建设方面的制度优势提供智力支持。

二、大运河国家文化公园的战略定位

明确大运河国家文化公园的战略定位是构建科学管理体制的前提。本文认为应从两个方面考量大运河国家文化公园的战略定位：

（一）大运河国家文化公园是国家公园体系的新形态

国家公园是国家为保护某些典型自然生态系统的完整性而划定的特定自然区域，在该区域内，可以适度开展教育、科研和旅游活动（刘克勇、邓泽林，2014）。自1872年世界上第一个国家公园——美国黄石国家公园诞生至今，目前世界上已有150多个国家设立了国家公园。

我国对国家公园内涵的认识不断深化发展。中办国办2017年9月印发的《建立国家公园体制总体方案》明确将国家公园定义为“由国家批准设立并主导管理，边界清晰，以保护具有国家代表性的大面积自然生态系统为

① 2016年以来，中央深改组和深改委先后审议通过了三江源（2016年3月）、大熊猫（2016年12月）、东北虎豹（2016年12月）、祁连山（2017年3月）、海南热带雨林（2019年1月）等10个国家公园体制试点方案。2017年9月，中共中央办公厅、国务院办公厅印发《建立国家公园体制总体方案》。

主要目的，实现自然资源科学保护和合理利用的特定陆地或海洋区域”。这一概念表明，国家公园的基本理念是“生态保护第一”，设立标准是“自然生态系统代表性、面积适宜性和管理可行性”。可见，这里的国家公园概念基本上等同于自然保护地体系。然而，由于我国传统的自然保护地体系是按照资源类型分类设置的，因此在实践中便出现了国家自然保护区、国家风景名胜区、国家水利风景区、国家森林公园、国家湿地公园、国家地质公园、国家矿山公园七种类型。

党的十八大以来，中央高度重视新时代文物和文化资源保护传承利用工作，《国民经济和社会发展第十三个五年规划纲要》《国家“十三五”时期文化发展改革规划纲要》将建设国家文化公园确定为国家重大文化工程。国家文化公园将逐步被纳入国家公园体系，成为我国国家公园体系中的新类型。《长城、大运河、长征国家文化公园建设方案》的发布则标志着这一新型国家公园进入实质性建设阶段。至此，我国国家公园已成为包含自然类国家公园和文化类国家公园两种形态的体系，我国国家公园的内涵也因此而超越了西方语境下的国家公园内涵（见表 1）。

表 1　我国国家公园的主要类型

分类		功能定位	首个代表及设立时间
自然类	国家自然保护区	国家生态安全屏障	鼎湖山自然保护区（1956 年）
	国家风景名胜区	供人们游览、休息、科学考察的风景区	泰山风景名胜区（1982 年）
	国家水利风景区	以水域（水体）或水利工程为依托的主体	十三陵水库水利风景区（2001 年）
	国家森林公园	森林生态保护	张家界国家森林公园（1982 年）
	国家湿地公园	湿地生态保护	北京野鸭湖国家湿地公园（2005 年）
	国家地质公园	地质遗迹	云南石林地质公园（2000 年）
	国家矿山公园	矿业遗迹保护	黑龙江鸡西恒山国家矿山公园等（2005 年）
文化类	国家文化公园	文化资源的保护传承利用	长城、大运河、长征国家文化公园（2019 年）

资料来源：根据公开资料整理。

有别于自然类国家公园，大运河国家文化公园具备三重特质：一是基本属性的嵌套性。大运河文化带是大运河国家文化公园的属性之源。《大运河文化保护传承利用规划纲要》将大运河文化带的建设目标定位为“璀璨文化带”“绿色生态带”和“缤纷旅游带”，这决定了大运河国家文化公园应包含文化、旅游和生态三重基本属性。本文认为，对于大运河国家文化公园而言，这三重属性并不是平行关系，而是以文化属性为核心，以生态属性为根本，以文旅属性为延伸的嵌套式结构。二是主体功能的多元性。《长城、大运河、长征国家文化公园建设方案》指出，大运河国家文化公园将重点建设管控保护、主题展示、文旅融合、传统利用四类主体功能区。据此可以将其主体功能解构为文化资源保护功能、文化资源展示功能、文化旅游融合功能和文化生态建构功能。文化资源保护功能主要体现为通过建设保护第一、传承优先的样板区，实现对文物本体及环境实施严格保护和管控，以及对濒危文物实施封闭管理。文化资源展示功能主要体现在通过建立核心展示园、集中展示带和特色展示点，汇集形成文化载体密集地带，提升文化资源的整体保护利用和系统开发，满足分众化参观游览体验。文化旅游融合功能体现在以文化公园助推文化旅游的深度融合，体现文物和文化资源的外溢辐射效应。文化生态建构功能体现为通过适度发展文化旅游、特色生态产业和适当控制生产经营活动等，实现传统文化生态的合理保存，是文化生态理念的集中体现。三是辐射范围的广域性。作为超大型长距离重大题材的线性文化载体，大运河国家文化公园的建设范围包括京杭大运河、隋唐大运河、浙东运河三个部分，通惠河、北运河、南运河、会通河、中（运）河、淮扬运河、江南运河、浙东运河、永济渠（卫河）、通济渠（汴河）10 个河段。涉及北京、天津、河北、江苏、浙江、安徽、山东、河南八个省市，是迄今为止辐射范围最广的国家公园。

（二）大运河国家文化公园是大运河文化带建设的重要抓手

大运河文化带建设是新时代党中央国务院做出的一项重大决策部署，大运河国家文化公园是加速推进大运河文化带建设的重要抓手。两者既有在指导思想、规划设计等方面的一致性，也有在建设侧重点、功能定位等方面的差异性（王健、王明德、孙煜，2019）。其关系体现在以下三个方面：

一是整体与部分的关系。大运河文化带是具有整体性、全局性和战略性的综合性工程。横向上涉及大运河文化内涵的挖掘和丰富、文化遗产的保护传承、河道水系的治理管护、生态环境的保护修复以及文化产业的发展等多个方面。纵向上涉及文旅融合、城乡协调发展、重大区域发展战略对接等相互关联的多个层面。大运河国家文化公园是大运河文化带建设的重点工程和重要组成部分，其建设工作将始终围绕“文化公园”这一具有特定开放空间的公共文化载体而展开，涉及的层面和领域均少于大运河文化带，因而其建设规划应服从服务于大运河文化带建设的总体规划这一整体。

二是定向与探索的关系。大运河文化带建设作为更高一层级的战略设计，对于大运河国家文化公园建设具有定向导航意义，如坚持保护优先、重视空间布局、强调统筹协同、注重顶层设计等基本建设原则，在大运河国家文化公园的建设方案中也有所体现。但作为我国首个以文化为核心和建设目标的重大区域发展决策部署，大运河文化带建设缺乏先行经验，迫切需要借助大运河国家文化公园这一实体工程进行实质性“探路”，其重点应侧重在：探索四大功能区建设的协同推进路径；探索国家公园管理体制的改革创新路径；探索推动文旅融合的全面深化路径；探索与重大区域发展战略的有效对接路径。

三是布局与布点的关系。大运河文化带侧重从整体上着眼四方面布局，即推进新时代“五位一体”总体布局；串联国家重大区域发展战略布局；助推优势互补的高质量区域发展布局；优化宏观经济产业结构布局。然而大运河国家文化公园侧重在局部着眼于园、区、点等公园实体工程的布点，是基于省域协调机制，以沿线设区市为单元的布点工程，并最终形成串点成线的格局。

基于上述分析，本文认为，大运河国家文化公园建设应当紧紧围绕四个功能区建设，一方面拓展国家公园内涵，积极助推国家公园体制改革，另一方面把握好与大运河文化带建设的关系，通过串联功能、优化布点，实质性推进大运河文化带建设（见图 1）。

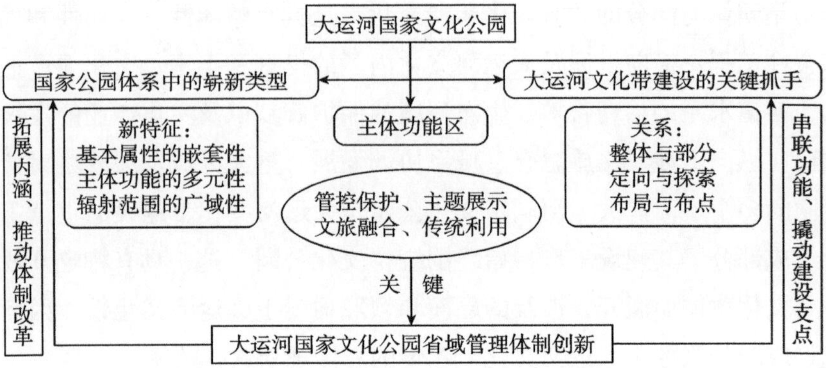

图1　大运河国家文化公园的战略价值

三、江苏省大运河国家文化公园建设的实践探索

大运河江苏段作为大运河国家文化公园唯一重点建设区，在没有先例可循的情况下，其“先行探路”的建设定位是非常明确的。《长城、大运河、长征国家文化公园建设方案》规定江苏省大运河国家文化公园应于2021年底前完成建设，率先构建“权责明确、运营高效、监督规范的管理模式”，形成“可复制推广的成果经验”，为全面推进大运河国家文化公园建设创造良好条件。

事实上，江苏早在2018年就依据《国家“十三五”时期文化发展改革规划纲要》中“依托长城、大运河、黄帝陵、孔府、卢沟桥等重大历史文化遗产，规划建设一批国家文化公园，形成中华文化标识”的部署，积极推进大运河国家文化公园建设。2018年4月，启动《大运河国家文化公园（江苏段）建设规划》编制工作。2018年7月，将中国大运河博物馆（筹）纳入国家文化公园重点项目加以推进。2019年7月24日，中央全面深化改革委员会审议通过《长城、大运河、长征国家文化公园建设方案》之后，大运河国家文化公园（江苏段）建设进入全面推进阶段，一系列顶层设计相继推出，建设框架基本成形，本文将其实践进展概括为四个方面：

一是多元参与协同推进。2018年6月，江苏省大运河文化带建设工作领导小组成立，是统筹推进大运河文化带（江苏段）和大运河国家文化公园（江苏段）建设工作的领导机构。其职能包括：统一领导和统筹协调大运河文化带建设工作，审议大运河文化带建设的重大政策、重大问题，协调跨地区跨部门重大事项，督促检查重要工作落实情况。其下设办公室主要负责日常工作，具体落实大运河文化带建设工作的综合协调、组织推进和督促检查。有关设区的市和县（市、区）也已建立了相应机构，统筹协调本行政区域以及与相邻行政区域的大运河文化带和大运河国家文化公园建设工作。根据《江苏省大运河国家文化公园建设保护实施方案（2020—2021 年）》，目前已确定省委宣传部、省发展改革委、省文化和旅游厅等 20 个部门以及沿线地市共同参与，分别对应落实五个方面 28 项具体工作。

二是完善顶层设计加强引导。2018 年 4 月，江苏率先启动《大运河国家文化公园（江苏段）建设规划》编制工作。2019 年 11 月，江苏省十三届人大常委会第十二次会议通过《关于促进大运河文化带建设的决定》，成为全国首部关于大运河文化带建设的地方性法规。进入 2020 年以来，顶层设计步伐加速。2020 年 1 月，江苏省大运河文化带建设工作领导小组相继印发《江苏省大运河国家文化公园建设保护实施方案》《2020 年全省大运河文化带和国家文化公园建设工作要点》。江苏省发展改革委也出台了《江苏省大运河文化保护传承利用实施规划》，对大运河国家文化公园建设工作做了专题部署。按照《江苏省大运河国家文化公园建设保护实施方案》的谋划，3 月还将审定并出台《江苏省大运河国家文化公园建设保护规划》。6 月前将完成大运河文化遗产保护传承、文化价值阐释弘扬、生态长廊建设、河道水系治理管护、现代航运建设发展、文化旅游融合发展六个省级专项规划的编制。此外，运河沿线 11 个设区市将实施大运河文化保护传承利用规划与大运河国家文化公园建设保护规划“两规合一”，加强与本市国土空间总体规划衔接，编制出台本地实施规划。

三是明确重点工作精准发力。江苏在实践层面的基本思路是：把大运河文化带和大运河国家文化公园建设贯通起来统筹推进，立足国家重点建设区定位，以项目化思路推进各项工作。《2020 年全省大运河文化带和国家文化公园建设工作要点》中详细列举了八个方面的工作，包括：做好文化遗存保护、构建文化展示体系、加强文化价值传承弘扬、加快文化旅游融合发展、推动生态运河建设、强化河道水系综合利用、提升现代航运水平、统筹大运河沿线区域经济社会发展。这八个方面涵盖了27项具体工作任务，意在有的放矢、精准发力。

四是汇集建设资源有序推进。2019年1月，“江苏省大运河文化旅游发展基金”在南京成立，这是全国首个大运河产业发展基金。随后，由省文投集团牵头，谋划组建大运河文化旅游产业投资联盟，积极搭建大运河文旅投资服务平台。由省文明办、省广电总台、省电影局等单位牵头成立大运河剧院联盟、大运河城市院线联盟，搭建大运河文化交流展演平台。成立大运河保护志愿者联盟组织，搭建群众参与平台。此外，江苏省还注重发挥高等学校、研究机构的智力优势，推动设立高水平的大运河文化研究机构，加大资源投入，打造大运河文化保护传承利用的高端智库，如省社科院成立大运河文化带建设研究院并在多地设立分院，南京邮电大学成立大运河研究中心，并于2018年6月发起成立中国大运河流域第一家新型智库联盟——中国大运河智库联盟，并成功举办7届联盟论坛，为江苏大运河文化带和大运河国家文化公园的高质量建设和发展提供了有力的智力支持。通过上述举措，有效汇聚了丰富的人力、财力和智力资源，初步构建起政府主导下的社会、媒体、企业、群众协同参与的江苏大运河文化带治理机制。

四、构建大运河国家文化公园省域管理体制

（一）国家文化公园管理体制改革的基本趋势

党的十八大以来，国家公园体制改革受到党中央国务院高度关注和重视，2013年十八届三中全会提出“加快生态文明制度建设，建立国家公园体制”。2015年5月，中央编办、国土部、环保部等13部门联合印发《建立国家公园体制试点方案》，标志着我国国家公园体制改革正式启动。其后，三江源、大熊猫、东北虎豹等10个国家公园体制改革试点公园纷纷建立。在总结试点经验的基础上，2017年9月中办国办发布《建立国家公园体制总体方案》，成为国家公园体制改革的引领性文件。

“管理体制”在广义上等同于“体制”，指的是“国家机关、企业事业单位在机构设置、领导隶属关系和管理权限划分等方面的体系、制度、方

法、形式等的总称”，涵盖了法约尔所说的“计划、组织、指挥、协调、控制”等多个环节的制度设计。本文的“管理体制”概念应做狭义理解，仅指权力在纵向和横向上的配置方式。[①] 学术界普遍认为，国家公园管理体制是有效调动相关利益主体积极性与主动性的决定性要素（Papagcorgiou and Kassiomis，2005）。世界自然保护联盟（IUCN）将国家公园管理体制分为政府治理、联合治理、私人治理、社区治理四种类型。有学者从纵向管理职权分配的角度，将国家公园管理体制划分为集中管理、地方自治和综合管理三种模式，并比较了其差异性（彭红松等，2016）（见表2）。

表2　美国、英国和德国的国家公园管理体制比较

典型国家	管理主体	管理模式	土地权属	经营体制
美国	中央政府	集中管理	绝大部分归中央政府所有	特许经营制度
英国	中央与地方政府共同	综合管理	大部分为私人所有	法律制度约束下的频繁旅游活动
德国	地方政府	地方自治	绝大部分归地方政府所有	公益性为主的适度旅游活动

按照上述分类方式，我国国家公园管理体制应属中央与地方政府共同管理的综合管理模式。近年来，中央针对国家公园管理体制所存在重叠设置、多头管理、边界不清、权责不明、保护与发展矛盾突出等问题，积极开展体制改革试点，相继印发《建立国家公园体制总体方案》（2017 年 9 月）、《关于建立以国家公园为主体的自然保护地体系的指导意见》（2019 年 6 月）以及一系列试点方案。从试点的情况看，国家公园管理体制改革呈现出三个趋势：

（1）事权统一。改革的核心任务是将多头管理改由一个部门统一行使公园管理职责，主要包括：国家公园内的生态保护、自然或文化资源资产管理、特许经营管理、社会参与管理、宣传推介、特定的综合执法等，并负责

---

① 这与《建立国家公园体制总体方案》中的“管理体制”概念是一致的，该方案提出“理顺管理体制，创新运营机制，健全法治保障，强化监督管理，构建统一规范高效的中国特色国家公园体制”，其中“管理体制”是“体制”的首要组成部分。参见：中办国办印发《建立国家公园体制总体方案》［N］．人民日报，2017－09－27（001）．

协调与当地政府及周边社区关系。

（2）分级协同。国家公园管理权由中央和省两级政府行使。国家公园的资源资产所有权或由中央政府直接行使，或由中央政府委托省级政府代理行使。其中的关键是在合理划分中央和地方事权的前提下，建立有效的央地协同管理机制。中央政府侧重政策支持、业务指导、规划设计等方面，地方政府侧重协调配合、公共服务、社会管理、市场监管等方面。

（3）社区共管。社区共管体现了生态系统理念。“生态”是生物学中的一个概念，指的是生物有机体及其与周围环境的相互关系①。20 世纪中期，一批持有开放主义系统论观念的学者开始将其引入社会科学领域，随后“政治生态学”“经济生态学”“组织生态学”“文化生态学”等学科分支相继产生，这一理念对当代社会科学研究的发展产生了极其深远的影响。国家公园可以被视为一种复杂的生态系统，其管理应更加注重区域内居民的生产生活问题，更加重视周边社区建设要与国家公园整体保护目标相协调，应合理规划好入口社区和特色小镇。

作为国家公园的新形态，江苏省大运河国家文化公园管理体制的构建理应遵循上述趋势，并着力结合国家文化公园的独特定位及与大运河文化带建设的特殊关系实现体制创新，为构建国家文化公园管理体制探路。

（二）建构江苏省大运河国家文化公园省域管理体制的对策建议

江苏省大运河国家文化公园管理体制建设应充分吸取 2015 年以来国家公园体制改革试点工作的经验和教训，并结合大运河国家文化公园的战略定位和江苏实际。其制度设计应着力克服国有文化资源所有者权益不到位、政出多门和管理越位、错位、缺位的问题，建立全责边界清晰、所有权与监管权分离、公园管理部门与地方政府和社区良性互动的大运河国家文化公园省域管理体制（见图 2）。

---

① 1866 年由德国科学家海克儿（Erst Haeckel）在其所著《普通生物形态学》提出。参见：王进．我们只有一个地球——关于生态学的哲学［M］．北京：中国青年出版社，1999：22.

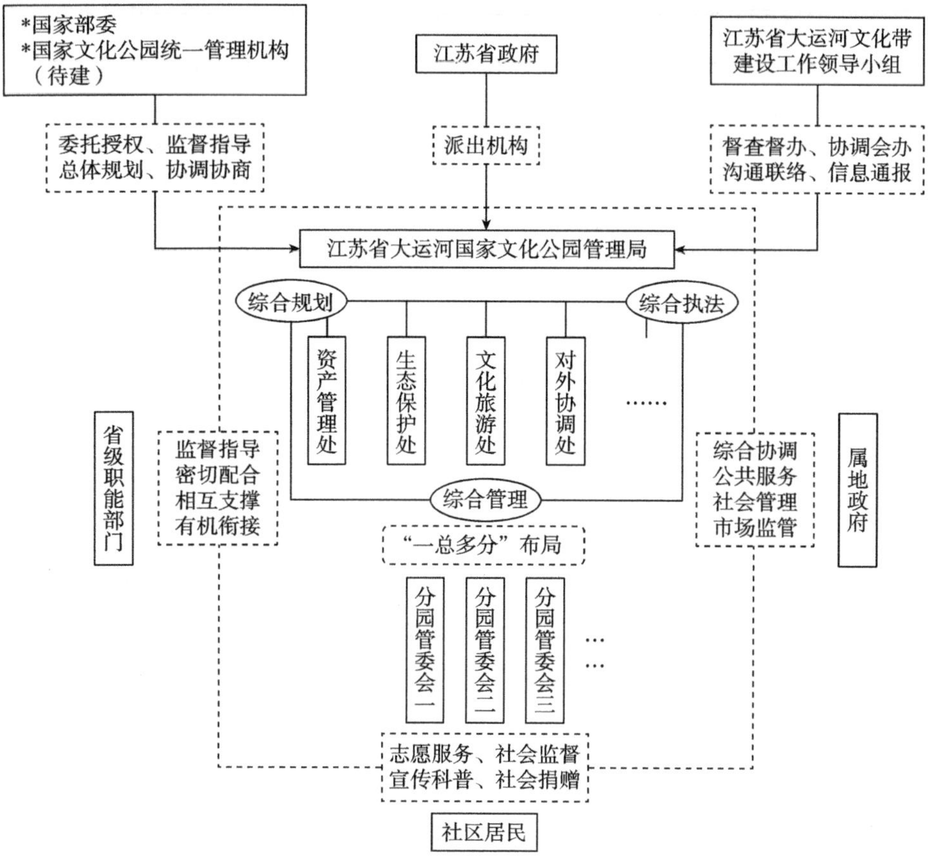

图 2 大运河文化公园省域管理体制构想

为此，本文建议：

一是尽快组建实体管理机构。遵循面积适宜和管理可行原则，在划定管理区的前提下，设立江苏省大运河国家文化公园管理局，作为江苏省政府派出机构，统一行使大运河国家文化公园（江苏段）管理区内国有文化和自然资产的所有者职责。① 同时，下设资产管理、生态保护、文化旅游、对外协

① 国家公园体制改革中有关资源资产所有权的制度设计是：国家公园内全民所有自然资源资产所有权由中央政府和省级政府分级行使。其中，部分国家公园的全民所有自然资源资产所有权由中央政府直接行使，其他的委托省级政府代理行使。条件成熟时，逐步过渡到国家公园内全民所有自然资源资产所有权由中央政府直接行使。参见：中办国办印发《建立国家公园体制总体方案》［N］. 人民日报，2017－09－27（001）.

同等职能处室履行管理职能。江苏省大运河国家文化公园管理局及其职能设置，应具有一定的灵活性，可根据中央层面机构改革适时进行调整。同时，按照“一总多分”布局，在大运河文化资源代表性区域建立分园，并设立江苏省大运河国家文化公园分园管理委员会。委员会受省管理局和所在市政府双重领导，以管理局管理为主。

二是明确多元主体权责。按照事权统一原则，由江苏省大运河国家文化公园管理局统一行使管理职能，通过综合规划、综合管理和综合执法，对大运河国家文化公园管理区内的文化和自然资源实行一体化、集中高效的统一管理。同时，强化专业合作和分工负责，文旅、生态、林业、水利等部门在管理区内，依法对管理区内相关资源的管理和保护利用进行监督和指导。公园管理局还应与地方政府合理分工，明确权责、积极协作，建立各司其职、有机衔接、相互支撑、密切配合的良性互动关系。属地政府主要行使辖区内经济社会发展的综合协调、公共服务、社会管理和市场监管等职责，配合管理局做好公园建设工作。探索公园与周边社区的共生模式，通过科学规划建设入口社区和特色小镇，实现大运河文化生态系统的可持续发展。

三是完善管理运行体制。在人事管理方面，建议按照“编随职转，人随事走”原则，从省市县相关机构现有编制中调整划转，落实机构编制人员和“三定”方案。同时通过完善内部管理制度，明确职能职责、工作流程、岗位标准，形成职业化的国家文化公园管理队伍。在经费管理方面，应依据实际管理需要核算预算，包括基本预算和专项预算。一方面，积极加强与国家相关部门的衔接对接，推动更多项目进入国家重大建设项目库，在财税、金融、土地、投资等方面争取更多政策支持。另一方面，省财政和属地财政也应通过现有渠道加大支持力度。在制度建设方面，加快地方性法规、规章及规划建设。在颁布首部关于大运河文化带建设的地方性法规基础之上，尽快审定出台《江苏省大运河国家文化公园建设保护规划》，在六个省级专项规划陆续出台之后，运河沿线 11 个设区市尽快出台本地实施规划。在管理局内部管理制度建设方面，应完善涵盖生态保护、文化保护、项目、资金、财物、社会参与、文化体验、科研科普、合作交流、特许经营、责任考核等方面的制度体系。

参考文献

［1］王健，王明德，孙煜．大运河国家文化公园建设的理论与实践［J］．江南大学学报（人文社会科学版），2019（5）：42－52.

［2］刘克勇，邓泽林．建立基于公共服务的国家公园体制［J］．林业经济，2014，36（4）：3－7.

［3］王健，王明德，孙煜．推动大运河国家文化公园江苏段建设［J］．群众，2019（10）：27－29.

［4］国家“十三五”时期文化发展改革规划纲要［N］．人民日报，2017－05－08（001）．

［5］中共中央办公厅．中共中央关于全面深化改革若干重大问题的决定［Z］．2013－11－15.

［6］辞海编辑委员会．辞海［M］．上海：上海辞书出版社，1989.

［7］丹尼尔·A. 雷恩，阿瑟·G. 贝德安．管理思想史（第六版）［M］．孙健敏，等译．北京：中国人民大学出版社，2012：245.

［8］Papagcorgiou K.，Kassiomis K. The National Park Policy Context in Greece：Park Users' Perspectives of Issues in Park Administration［J］．Journal for Nature Conservation，2005，13（4）：231－246.

［9］Nigel Dudley，Grazia Borrini Feyerabend. A Tool to Help Selecting the Appropriate IUCN Categories and Governance Type for Protected Areas［EB/OL］．http：//www. iucn. org.

［10］彭红松，章锦河，陆林，等．中国国家公园体制建立的若干思考［J］．安徽师范大学学报（自然科学版），2016（6）：575－579.

大运河国家文化公园建设的法治保障*

白　硕**

内容提要：大运河国家文化公园建设需要法治保障。现阶段缺乏没有国家层面的立法进行统筹和规范，不同管理目标下的法律法规之间存在冲突矛盾，保护性的国家遗产立法滞后于开发性产业的立法，静态保护立法与大型线状文化资源整体保护的矛盾。通过借鉴国外国家文化公园法治情况，提出完善我国大运河国家文化公园建设法治保障的建议。

关键词：大运河智库；大运河国家文化公园；大运河法治保障

《长城、大运河、长征国家文化公园建设方案》（以下简称《方案》）要求，各地区各部门结合实际认真贯彻落实。按照《方案》要求，长城、大运河、长征国家文化公园建设，计划用4年左右时间，到2023年底基本完成。大运河江苏段作为大运河国家文化公园的重点建设区，2021年底前要完成建设任务。

2021年8月8日，国家文化公园建设工作领导小组印发了《大运河国家

---

* 基金项目：北京物资学院服务北京“四个中心”建设和北京城市副中心建设研究项目，北京副中心北运河通武廊文化旅游廊道的建构（2021SGZX03）的阶段成果。

** 作者单位：中国大运河智库联盟北京物资学院大运河研究院。

文化公园建设保护规划》，要求整合大运河沿线八个省市文物和文化资源，按照“河为线、城为珠、珠串线、线带面”的思路优化总体功能布局，深入阐释大运河文化价值，大力弘扬大运河时代精神，加大管控保护力度，加强主题展示功能，促进文旅融合带动，提升传统利用水平，推进实施重点工程，着力将大运河国家文化公园建设成为新时代宣传中国形象、展示中华文明、彰显文化自信的亮丽名片。

各地加快落实《方案》。江苏省首批规划了22个核心展示园，25条集中展示带和148个特色展示点，率先出台了《关于促进大运河文化带建设的决定》，这是全国首部促进大运河文化带建设的地方性法规，并正在建设大运河国家文化公园扬州三湾核心展示园、中国大运河博物馆（筹）。北京出台了《北京市大运河文化保护传承利用实施规划》和五年行动计划。该实施规划从2025年、2035年、2050年三个阶段对大运河文化保护传承利用的中长期目标进行了安排。2025年，大运河文化带生态环境整体改善，水系水质全面改善，周边环境得到有效治理；滨水空间可达性、趣味性明显提升。2026～2035年，大运河文化遗产实现整体性、系统性保护，大运河滨河生态文化廊道全线建成；2050年，魅力运河、美丽运河、多彩运河、协同运河全面建成。以大运河为轴线，构建“一河、两道、三区”的大运河文化带发展格局。“一河”即以大运河北京段为轴线，组织推进大运河文化保护传承利用，建设大运河文化带。“两道”即全线滨河绿道和重点游船通航河道。重点推进南长河、玉河、通惠河、潮白河、北运河等绿道建设升级；同时，开发重点游船通航河道，确保通惠河部分河段、潮白河部分河段、北运河通州段实现游船通航。“三区”即运河文化展示区、运河生态景观区和疏解整治提升区建设。运河文化展示区包括白浮泉水源文化、颐和园古都文化、万寿寺古都文化、什刹海—玉河京味文化、通惠河沿线创意文化、通州古城漕运文化、城市副中心大运河文化七个展示区。运河生态景观区重点围绕南长河公园、大通公园—庆丰公园、潮白河森林公园、大运河森林公园区域形成较大尺度的运河生态景观标志区。疏解整治提升区主要围绕颐和园、鼓楼西大街、南锣鼓巷、管庄四个片区，推进“疏解整治促提升”专项行动。天津市西青区打造杨柳青大运河国家文化公园。河北省沧州市集中力量，打造特色突出、亮丽夺目的大运河国家文化公园。河南省新乡市大运河国家文化公园建设领导小组第一次会议决定建设新乡市大运河国家文化公园。

党的十八大以来，习近平总书记多次强调："凡属重大改革都要于法有据""确保在法治轨道上推进改革"。大运河国家文化公园建设就是一项重大的改革创新任务，目前只有江苏省出台了首部针对大运河文化带的地方性法规，所以要充分发挥立法对大运河国家文化公园建设的规范引领作用，以法治凝聚共识、完善决策、规范行为、推动进程。

一、大运河国家文化公园建设的法治依据和法治挑战

大运河是中国古代创造的一项伟大工程，是中华文明的重要标识，是一部书写在华夏大地上的宏伟诗篇，2014 年成功列入《世界遗产名录》①。习近平总书记高度重视大运河文化带建设，多次作出重要指示批示，明确指出"大运河是祖先留给我们的宝贵遗产，是流动的文化，要统筹保护好、传承好、利用好"。2019 年 2 月，中办、国办印发《大运河文化保护传承利用规划纲要》（以下简称《规划纲要》），12 月，中办、国办印发了《长城、大运河、长征国家文化公园建设方案》（以下简称《方案》），这两个文件是建设大运河国家文化公园的根本遵循。按照《方案》，大运河国家文化公园根据文化遗产和文化资源整体布局、禀赋差异及周边人居环境、自然条件、配套设施等情况，结合国土空间规划，重点建设管控保护、主题展示、文旅融合、传统利用四类主体功能区。大运河国家文化公园主题展示区包括核心展示园、集中展示带、特色展示点三种形态。大运河国家文化公园建设主要有四大任务，包括制定修订法律法规、编制建设保护规划、实施文物和文化资源保护传承利用协调推进基础工程、完善建设管理体制机制。

（一）法治依据

国内法主要有《文物保护法》《非物质文化遗产保护法》《水污染防治法》《环境保护法》《旅游法》《大运河遗产保护管理办法》等。国际条约有

① 王佳宁，孙静，王君也．新时代中国大运河文化带建设总报告六省两市基本态势、总体评估和趋势展望［J］．人口与社会，2018（6）：4 -24.

《保护世界文化和自然遗产公约》。我国对于大运河国家文化公园的立法存在空白。

（二）法治挑战

1. 没有国家层面的立法进行统筹和规范

国家文化公园是在民族复兴、文化强国和旅游发展的背景下，由我国提出的新概念，是大型文化遗产保护的新模式和优秀文化展示的新方式。[①] 让大运河国家文化公园更好承载“国家”属性，需要解决各地分散立法的问题。2012 年 7 月，文化部颁布了《大运河遗产保护管理办法》（以下简称《办法》）。《办法》规定：国务院文物主管部门主管大运河遗产的整体保护工作；大运河沿线县级以上地方人民政府文物主管部门，负责本行政区域内大运河遗产的保护工作。该办法关注大运河遗产的保护工作，没有涵盖传承和利用，也没有涉及大运河文化带和大运河国家文化公园。

国家层面的立法缺失，导致地方立法出现困境。比如，地方性法规的法律位阶偏低，无法就大运河国家文化公园的遴选标准、管理体制、资金保障、事权配置等形成全国统一标准；实现大运河国家文化公园管理体制与我国国家公园、自然保护区、风景名胜区等其他自然保护地的既有法律相衔接，也是地方性法规难以实现的任务；大运河国家文化公园要保持文化资源的原真性和完整性，突出文化地标，往往是跨行政区域的，但地方性法规只针对本辖区内，也就难以契合大运河国家文化公园管理突破行政区域界限、消除行政壁垒的制度需求。因此，没有国家层面的立法进行统筹和规范，地方改革实践走到一定阶段就可能遇到瓶颈。

2. 不同管理目标下的法律法规之间存在冲突矛盾

依法加强自然与文化遗产保护，首先须健全和完善相关立法体系。[②] 大运河沿线有全国重点文物保护单位百余处，九座城市是国家及历史文化名城。大运河河道漫长，作为内河航运的主干道，水上运输活动频繁，监管航

---

① 李飞，邹统钎．论国家文化公园：逻辑、源流、意蕴［J］．旅游学刊，2021，36（1）：14 –26.

② 岳小花．完善自然与文化遗产保护立法体系［N］．中国社会科学报，2021 –09 –22.

运污染难度较大。传统意义上的文物保护，与河道、在用的水利设施的管理要求之间也存在保护与发展的矛盾。大运河保护、传承、利用之间协调难度大，如《文物保护法》规定对文物保护单位不得改变原状，是针对古遗址、古墓葬、古建筑、石窟寺、石刻、壁画等纪念性很强的遗产，而大运河仍然发挥着重要的防洪、灌溉、供水、生态、航运功能，部分航道需要加宽和局部截弯取直，存在动态、发展的需要。2006 年交通部发布了《京杭运河通航管理办法》，第 23 条规定，京杭运河水域因沉船、搁浅等原因发生断航险情时，海事管理机构可以采取强制打捞清除等措施。必要时，航运管理部门可以采取疏浚、改道等应急措施。

3. 保护性的国家遗产立法滞后于开发性产业的立法

世界上设立国家公园的国家，都有国家公园法。文化部出台的《大运河遗产保护管理办法》，立法层级低，主要侧重对于世界遗产大运河遗产的保护，没有涉及大运河国家文化公园的建设。大运河国家文化公园建设面临着一些亟待解决的重点难点问题。有些部门各依条线法规，囿于习惯做法，常常互不相让，难以在实践中做到协同推进；有的地方自觉不自觉地要求保护为发展让路，对侵害公众权益、突破管控空间甚至非法占用河道的行为迁就纵容；有的地方和部门没有以文化的眼光打造两岸风光，拟建在建工程项目未能展现水与岸、河道与建筑、功能设施与人文景观的协调之美、整体之美等。

4. 静态保护立法与大型线状文化资源整体保护的矛盾

大运河国家文化公园建设涉及遗产的保护利用开发、非物质文化遗产保护利用、水利工程建设、环境与生态、旅游发展等多方面。保护好运河沿线有形的物质文化和无形的非物质文化，必须把大运河文化遗存保护全部纳入法律调整的范围。大运河河道本体、运河沿线的自然生态环境、沿线区域的历史名城名镇名村也应得到有效法律保护。静态保护立法，散见于不同的法律法规，与大运河国家文化公园整体保护存在矛盾。国外一些国家制定了“运河法”，如 1912 年“巴拿马运河法”和 1913 年日本的“运河法”，消除部门主义和地方主义，统筹规划、整体保护、有效传承、合理利用。

二、大运河国家文化公园江苏段建设中的法制创新实践

《国家“十三五”时期文化发展改革规划纲要》提出，我国将依托长城、大运河、黄帝陵、孔府、卢沟桥等重大历史文化遗产，规划建设一批国家文化公园，形成中华文化的重要标识，而建设好大运河国家文化公园，终究是为了推动大运河的保护、传承与利用，增进社会对中华优秀文化的理解和认同，促进文化与生态、城乡建设的协同发展，让运河文化融入人们的日常生活，让人民群众参与保护和共享运河文化。大运河江苏段作为大运河国家文化公园的重点建设区，2021 年底前要完成建设任务。江苏省对于大运河国家文化公园建设进行了法制创新探索，依次制定《江苏省大运河文化保护传承利用规划》和《大运河国家文化公园江苏段建设保护规划》，区域先行立法，形成了一些立法成果，取得了良好效果。大运河江苏段沿线的设区市和省级层面的地方立法同时推进。大运河文化带建设区域立法工作从苏州、无锡、常州、镇江、扬州、淮安、宿迁、徐州和南京、泰州、南通 11 个设区市的地方立法起步，先行先试，开展地方创制性立法。同时，省级层面统筹大运河文化带（江苏段）建设立法工作，为大运河国家文化公园建设全国性立法提供江苏样本。

（一）江苏省《关于促进大运河文化带建设的决定》概述

2019 年 12 月江苏省人民代表大会常务委员会出台了《关于促进大运河文化带建设的决定》（以下简称《决定》）。2020 年 1 月 1 日，正式施行。作为全国首部促进大运河文化带建设的地方性法规，既有刚性约束，又有引导性规定，进一步推动大运河文化带建设步入法治轨道，为今后全国大运河文化带建设立法提供“江苏经验”。《决定》共 27 条，大体可分为三个部分。一是总则性规定，包括立法目的、适用范围、目标定位、方针原则、组织领导、规划引领；二是实体性规定，包括打造高品位、高水平的文化长廊、生态长廊、旅游长廊，推动产业升级，共建共享民生家园；三是保障性规定，包括资金投入、政策支持、区域联动、监督管理、考评激励、依法推进等。

（二）立法创新的内容

1. 重视文物保护

国家《规划纲要》是我国第一部以文化引领为主导的区域发展规划，明确提出要“以大运河文化保护传承利用为引领、统筹大运河沿线区域经济社会发展。”为此，《决定》通篇贯穿了“以文化为引领”的要求，在突出遗产保护、强化文脉传承、规划建设展陈设施、构筑区域文化高地、鼓励文艺创作、支持学术研究、加强文旅融合、壮大文化产业等方面均作出了明确规定。特别是针对遗产保护范围内的工程建设应报不报、未批先建等突出问题，根据中央文件最新要求，总结南京等地立法经验，对实行土地出让或者划拨前工程建设考古前置制度作出了创设性规定，该制度使出让、划拨土地成为真正意义上的“净地”，能够有效降低建设单位投资风险，有利于缩短建设工期，加快建设进度，解决长期以来文物保护与城市建设之间的矛盾。

此外，在保护范围、建设控制地带内的建设项目应当严格控制，并依法经国家文物部门同意；落实建设项目遗产影响评估制度，实行土地出让或者划拨前工程建设考古前置制度，考古调查、勘探由省文物部门组织，所需费用由财政承担。除防洪调度、工程抢险等特殊情况外，不得损害大运河河道、堤岸、历史遗存和文物古迹。

2. 加强空间管控

为了高品位、高水平地建设文化长廊、生态长廊、旅游长廊，保证国家《规划纲要》和省相关规划落地见效，《决定》提出，大运河世界文化遗产的保护范围和要求以申报世界遗产文本《中国大运河》为准，政府要按照规定划定滨河生态空间和核心监控区，实行土地用途管控。《决定》对划定大运河世界文化遗产的保护范围、列入全国重点文物保护单位的大运河遗存的保护范围和建设控制地带、滨河生态空间和核心监控区等作出了明确规定。特别是在规范和约束大运河文化保护传承利用相关行为方面提出了许多刚性的要求，比如，严控滨河生态空间新增非公益性建设用地，将核心监控区纳入国土空间规划并制定禁止和限制发展的产业目录，禁止在核心监控区内新建扩建不利于生态环境保护的工矿企业等项目，禁止在核心监控区的非建成区大规模新建扩建房地产等开发项目，禁止大运河苏中苏北段设置入河排污口、苏南段新设入河排污口，禁止在大运河河道和岸边违法堆放倾倒固体废弃物，禁止在大运河沿线河湖内非法采砂，禁止排放未经处理或者处理后未达标的生活污水、工业废水等污水，实行船舶污染物集中上岸、集中处理，提高考核断面水质达标率等。

3. 建设文化高地

《大运河文化保护传承利用规划纲要》中提到，要构建大运河沿线京津、燕赵、齐鲁、中原、淮扬、吴越六大文化高地。江苏应深入发掘中原文化高地、淮扬文化高地和吴越文化高地内在的独特性，彰显文化高地所承载的大运河文化精神品格。《决定》提出，县级以上政府应当优化大运河文化保护传承的社会环境和文化空间，推动大运河文化创造性转化和创新性发展，引导和支持沿线地区打造楚汉文化高地、淮扬文化高地、吴越文化高地、金陵文化高地。《决定》规定将大运河文化带公共设施建设和公共服务经费纳入本级财政预算，建立完善财政、科技、金融、土地等扶持政策，创新投融资体制，支持符合条件的大运河保护传承利用项目建设。

4. 规范评价体系

大运河文化带建设是一项全新改革创新任务，是一项系统工程，涉及部门众多，利益关系复杂，需要统筹协调好保护与利用、全局与局部、当前与长远等重大关系。《决定》规定，要按照“一带一路”建设、长江经济带建设、长三角一体化发展、淮河生态经济带建设等国家重大战略要求，以大运河国家文化公园建设和大运河全域旅游为纽带，建立完善相邻设区的市之间、县（市、区）之间和跨省界的水域联巡联防联治协调机制，开展跨区域多层次交流合作。《决定》提出，建立省级大运河文化遗产监测管理中心及沿线分中心，共建共享统一的全省大运河文化遗产监管平台，完善监测预警机制、文化遗产巡查督办机制和社会监督机制，对大运河沿线全年实行省、市、县、乡、村五级河湖长制，发挥河湖长制综合监管作用。根据《决定》，大运河文化带建设将纳入综合考核评价体系，将与大运河文化相关的自然资源资产和文化遗产分别列为领导干部自然资源资产离任审计和经济责任审计的重要内容。《决定》还提出，鼓励社会力量通过兴办实体、资助项目、捐款捐物等方式参与大运河文化保护传承利用，建立健全大运河文化带建设志愿者工作机制，并保障人民群众的知情权、参与权、监督权和受益权，推进美丽乡村建设和农村公共空间治理，建设传承运河文脉、留住乡愁记忆、体现现代文明的幸福家园。

5. 共建共享人民运河

贯彻新发展理念，很重要的一点就是要突出“共建共享”，为了促进大运河文化带真正成为人民群众的情感纽带、宜居福地和精神家园，让大运河文化带建设真正成为富民工程、育民工程、民心工程，《决定》对保障人民群众的知情权、参与权、监督权和受益权，不得侵害沿线群众合法权益作出明确规定。针对鼓励公众参与，明确提出引导社会力量通过兴办实体、资助项目、提供服务、捐款捐物等方式参与大运河文化带建设，建立大运河文物保护员制度，建立健全大运河文化带建设志愿者工作机制。针对共建共享民生家园，明确提出推进农村公共空间治理，建立健全农村公用设施的长效管护制度。针对农村住房改造中出现的“拆村落建营房”等问题，明确提出推进美丽乡村建设，打造彰显大运河文化内涵、乡村传统肌理和景观格局的村落集群，建设传承运河文脉、留住乡愁记忆、体现现代文明的幸福家园，从而充分展现江苏大运河的文化之美、生态之美、发展之美和家园之美。

6. 加强保障措施

《决定》规定应当将大运河文化带公共设施建设和公共服务经费纳入本级财政预算，建立完善财政、科技、金融、土地等扶持政策，创新投融资体制，支持符合条件的大运河保护传承利用项目建设，健全大运河生态受益地区与保护地区之间、流域上游与下游之间的区域补偿机制，鼓励和支持大运河沿线城市加强协同创新、联动发展。《决定》规定建立完善相邻水域联巡联防联治协调机制，建立省级大运河世界文化遗产监测预警平台，将大运河文化带建设纳入综合考核评价体系，建立健全大运河文化带建设联合执法、综合执法机制，对违反本决定行为的法律责任作出了明确规定。特别是“将与大运河文化相关自然资源资产和文化遗产分别列为领导干部自然资源资产离任审计和经济责任审计的重要内容”“对污染大运河生态环境、破坏大运河自然和文化遗产等损害社会公共利益的行为，法律规定的机关和有关社会组织可以依法提起公益诉讼”“全面实行省、市、县、乡、村五级河湖长制，加强对大运河文化遗产保护的督察考核，发挥河湖长制综合监管作用”等，都是具有江苏特色的创制性规定。

7. 协调领导体制和运行机制

《决定》针对大运河文化带建设涉及部门多、综合协调难等问题，在领导体制和运行机制上作出了规范，规定省大运河文化带建设工作领导小组负责统一领导和统筹协调大运河文化带建设工作，规定省大运河文化带建设工作领导小组办公室负责具体落实大运河文化带建设工作的综合协调、组织推进和督促检查，规定省、有关设区的市和县（市、区）人民政府承担推进大运河文化带建设实施主体责任，明确有关综合管理部门、行业主管部门和相关单位的责任，建立工作会商协调机制，共同做好大运河文化带建设工作。

三、大运河国家文化公园建设的国外法制借鉴

国家文化公园是新兴事物，其建设无据可循。但国家公园建设已有上百年历史，世界多国已形成了相对完善的遴选标准和机制①。

（1）美国 1872 年设立了黄石国家公园，是世界上第一个国家公园。1916 年美国颁布了《国家公园组织法》，赋予国家公园管理局“为了当代和未来世代的利益，保护风景、自然、历史、文化遗迹和野生生物，使其维持未受损害的状态”的重要职责。2000 年 12 月美国出台《伊利运河国家遗产廊道法案》。其最显著特点是超越一般河道保护立法的范畴，实为区域生态文化保护和经济社会发展规划的综合性立法，覆盖了沿线 234 个市镇。在历史遗迹保护方面，该法案保护包括运河、附属建筑物、船舶、文件、图片等物质文化遗产，以及与沿运河地区民俗、艺术等相关的非物质文化遗产；在自然资源保护方面，该法案坚持原真性保护原则，以水质保护和植物群修复为核心，强调实现生态系统的恢复；在旅游开发方面，该法案将遗产旅游、自然资源保护、户外休闲游憩、遗产解说教育活动等加以整合，打造文旅品牌，寻找保护和发展的平衡点，在创造良好游览体验的同时，提升当地居民的生活质量。

（2）1911 年，加拿大建立了世界上首个国家公园管理机构——联邦国

---

① 吴丽云，常梦倩. 国家文化公园遴选标准的国际经验借鉴［J］. 环境经济，2020（3）：72－75.

家公园管理局。联邦国家公园管理局行使政府的专业专门职能管理，在国家公园组织结构管理、自然保护区、自然资源保护、文化资源保护方面都制定了一系列的法律法规，保障了全国范围内游憩的统一管理。1930 年，共颁布了《加拿大国家公园法》和《加拿大国家海洋保护区法》。

（3）日本国立公园体系实行统一的财政体制。日本国家公园系统的管理由国家环境署与县政府、市政府以及国家公园内各类土地所有者密切合作。国家公园的景点可以说是遍地开花，国家公园由相关的府县政府管理。志愿队伍从事国家公园的美化与清洁，保护环境，并为游客提供服务。自然公园为国民提供了休闲度假景点，也避免游客扎堆的现象。

（4）1986 年，韩国立法规定隶属环境部的国立公园管理公团是国立公园的管理主体。实行失业者免费入园制度，并提供休息空间。不以单一门票收入来考核、激励国家公园。

国外国家文化公园建设的法制借鉴有：一是制定统一的国家文化公园法律是制度保障。用立法的形式将国家文化公园的管理体制、权责体系、机构设置等明确下来，改变因多头管理、空间交叉重叠带来的保护和管理体系碎片化，推动大运河遗产的保护、传承、利用等工作纳入法治轨道。二是突出“保护第一”理念，建设大运河国家文化公园注重保持文化遗产及其周边环境的原真性、完整性，保护文化遗产的真实性和多样性。在保护的基础上，有效传承和合理利用。三是彰显“国家公益”和“全民福利”，处理好公益性与市场化的关系。大运河国家文化公园要坚持全民共享，让文化传承与旅游发展相兼顾。

四、大运河国家文化公园建设的法治保障对策

国家文化公园的核心概念是文化。[①] 大运河是世界文化遗产，大运河国家文化公园的建设也将选择大运河文化带中那些在全国乃至世界范围内具有突出文化价值、鲜明文化特色、重要文化影响的“最中国”元素，从而充分

---

① 赵云，赵荣．中国国家文化公园价值研究：实现过程与评估框架［J］．东南文化，2020（4）：6－11.

体现大运河的真实性、完整性、延续性。国家文化公园是带上的明珠，应以运河本体为中心的园、带、点等建设为重点，以文博园馆展示区为载体，展示运河文化的代表性文化。要将国家文化公园试点纳入大运河文化带建设规划之中，以国家文化公园建设为突破口，带动大运河文化带的建设，探索出保护、传承、利用大型线性遗产的中国模式。习近平总书记在中央全面深化改革领导小组第二次会议上的讲话提出，“凡属重大改革都要于法有据。在整个改革过程中，都要高度重视运用法治思维和法治方式，发挥法治的引领和推动作用，加强对相关立法工作的协调，确保在法治轨道上推进改革”。在建设大运河国家文化公园的过程中，没有先例可循，更要加强法治保障，确保大运河国家文化公园建设，正确推进、准确推进、有序推进、协调推进、依法推进。

（一）尽快制定《大运河保护条例》

“法者，治之端也。”我国应尽快制定《大运河保护条例》，集中解决大运河保护与管理“管什么”“谁来管”“怎么管”等问题。开展大运河保护立法工作，借鉴国外制定、实施运河法的经验，整合各有关部门以及所有利益相关者的诉求，国家出台《大运河保护条例》。加强顶层设计，健全大运河综合管理体制，设立国家层面与地方的组织协调机构，构建中央统筹、省负总责、分级管理、分段负责的工作格局，理顺区域间、部门间、产业间的关系，夯实大运河保护传承利用的基础。加强《文物保护法》《环境保护法》《水污染防治法》等相关法律执行，整合各类执法资源，依法查处大运河遗产本体、保护范围和建设控制地带各类违法事件。对于破坏大运河遗产及其景观环境的违法行为人，仅仅给予经济上的处罚是不够的，还须行政处罚、刑事处罚和社会信用处罚并重。

（二）尽快制定《大运河国家文化公园建设与管理条例》

首先，应当做好法律之间的协调、衔接工作，避免大运河国家文化公园在管理对象上与其他类型的国家公园出现交叉重叠。按照《文物保护法》《世界文化遗产保护管理办法》等法律规章要求，编制大运河文化资源保护传承方案，形成规划及文化部门对所涉工程联合审批制度。加强与相关保护规划的衔接，从规划选址、用地管理、规划条件、方案审查、工程许可等环节，落实大运河文化资源保护要求。其次，需要明确大运河国家文化公园中文化资源权利的行使机制，明晰中央和地方在文化资源资产管理事项上的事权分配。再次，明确统一专门的管理机构及其职权职责，以解决当前大运河国家文化公园中自然和文化资源管理部门分散、多头管理、职能交叉等问题。最后，还应形成大运河国家文化公园制度体系，包括大运河国家文化公园管理计划与审查制度、自然和文化资源保护制度、多主体权利协调与冲突解决制度、资金保障制度、公众参与制度以及经营规范制度等。等条件成熟时，制定一部统一的国家文化公园法律。《贵州省长征国家文化公园条例》是中国首部涉及长征国家文化公园的地方性法规，2021 年 7 月 1 日起正式施行。《河北省长城保护条例》2021 年 6 月 1 日正式实施，从省级地方立法层面对长城国家文化公园作出规范。只有从现在起加快立法进程，才能为“到 2023 年，建立国家文化公园基本完成”的目标提供法治保障，推动国家文化公园建设驶入“快车道”。

（三）加强大运河国家文化公园地方立法

江苏省人大常委会出台了《决定》。一是省人民政府要根据本决定制定具体实施办法，相关设区的市结合本地实际，制定保护传承利用大运河文化的规定。比如，配套制定大运河保护办法等系列专项地方性法规和政府规章，推动形成省大运河文化带建设的法规制度体系。二是省人民政府及相关部门要尽快制定大运河岸线保护利用导则，推动大运河文化元素融入水上岸边建设项目，细化落实《决定》对因拓宽道路而挤占河道及护岸、因砌石挡墙过多过高而损害原生风貌等作出的限制性规定，对推广应用生态型护岸、优化城市天际线、美化滨河建筑立面、丰富沿岸景观层次、整体保护大运河沿线空间形态和历史文化风貌等作出引导性规定，从而推动大运河从地理空间走向文化空间，实现优秀文化、优良生态和优美环境的有机统一。

（四）体现历史文化景观转化为国家文化公园的立法要求

通过大运河国家文化公园的建设，融入多元城市功能，带动地区的整体复兴和城市活力的提升；探索形成将历史文化景观转化为国家文化公园新的理念和实践方法。从整体层面挖掘大运河及其沿线地区的历史文化价值，关注线性文化遗产和历史文化景观的保护、传承与利用。在大运河国家文化公园管控保护区范围内，文化遗产梳理甄别全面完成，考古发掘持续推进，珍贵遗产实现应保尽保。对核心区范围内的文物、古迹和历史遗存等统一标识。在主题展示区，形成大运河博物馆、遗址公园和主题馆群。在文旅融合区，文化旅游及相关产业深度融合。在传统利用区，建设高峰论坛、博览会、旅游节。生态环境得到全面保护，工业污染和土壤污染防治到位。推出一批大运河题材的文艺精品和品牌活动。

（五）要充分发挥地方人大的监督作用，明确地方政府的主体责任

监督法律法规实施是人大及其常委会的法定职责，加强立法后评估、定期开展“回头看”，如《江苏省制定和批准地方性法规条例》明确要求“地方性法规施行满两年的，法规规定的省有关主管机关应当向常务委员会书面报告法规的实施情况”。省大运河国家文化公园建设工作领导小组办公室要制定工作要点和计划安排，落实各成员单位的目标责任。省政府及有关部门对贯彻实施中遇到的新情况、新问题要及时研究解决。省各级人大要全面履行监督职能，充分发挥法律巡视重要作用，督促政府及有关部门抓好贯彻落实，发挥主体责任，切实维护法规的严肃性和权威性，为大运河国家文化公园建设提供法治保障。

参考文献

［1］王佳宁，孙静，王君也．新时代中国大运河文化带建设总报告六省两市基本态势、总体评估和趋势展望［J］．人口与社会，2018（6）：4－24.

［2］李飞，邹统钎．论国家文化公园：逻辑、源流、意蕴［J］．旅游学刊，2021，36（1）：14－26.

［3］岳小花．完善自然与文化遗产保护立法体系［N］．中国社会科学报，2021－09－22.

［4］吴丽云，常梦倩．国家文化公园遴选标准的国际经验借鉴［J］．

环境经济，2020（3）：72－75.

［5］赵云，赵荣．中国国家文化公园价值研究：实现过程与评估框架［J］．东南文化，2020（4）：6－11.

·大运河智库·智策

智

1. 聪明。

《孟子 · 公孙丑下》：“王自以为与周公孰仁且智？”

2. 智慧，智谋。

《淮南子 · 主术训》：“众智之所为，则无不成也。”

《史记 · 项羽本纪》：“汉王笑谢曰：‘吾宁斗智，不能斗力。’”

策

1. 马鞭。《左传 · 文公十三年》：“绕朝赠之以策。”
2. 鞭打。《左传 · 哀公十一年》：“抽矢策其马。”引申为促进、促动。如：策动；策励。
3. 古代考试以问题书之于策，令应举者作答，称为“策问”，也简称“策”。后来就成为一种文体。

   《后汉书 · 边韶传》：“著诗、颂、碑、铭、书、策凡十五篇。”
4. 聪明的策略，妙策。

   《后汉书 · 郅寿传》：“〔郅寿〕三迁尚书令，朝廷每有疑义，常独进见。肃宗奇其智策，擢为京兆尹。”

智策，即大运河智库各类研判的身体力行

大运河沿线新型青年职业农民的培育

杨璐璐*

内容提要：大运河沿线北京、天津、河北、山东、江苏、浙江、河南和安徽六省两市的新型青年职业农民，作为新型职业农民的重要主体和有生力量，是乡村振兴的中坚。本文揭示了大运河沿线新型青年职业农民培育面临的问题及其解决办法。主要包括：进一步完善优化青年职业农民培育的配套政策体系；规范职业农民的教育培训体系建设；强化教育培训的地方政府组织保障；优化培育新型青年职业农民的长效机制，即动力机制、运行机制、保障机制和调节与评估机制。

关键词：大运河文化；新型青年职业农民；乡村振兴

现阶段学术界对青年职业农民的素质和职业的相关研究主要集中于对新型职业农民内涵、特征以及素质模型构建和指标整合上。学者认为新型职业农民具有农场生产管理、涉农财务管理、农业互联网创业营销、关系组织与协调等八大工作领域。除了具有较好农业生产专业能力以外，还需要具备盈利能力、资金投入能力、一定的产业化组织能力和社会化服务能力以及规模

* 作者单位：中国大运河智库联盟中国矿业大学（北京）中国土地政策研究中心，大运河智库观察家观察员 60 人论坛观察员。

经营能力。此外，还需要具备一定的生态素质、科学文化素质、道德法律素质、科技素质、经营管理素质、身心健康素质。“爱农业、懂技术、善经营”是新型职业农民的典型特征。

大运河沿线北京、天津、河北、山东、江苏、浙江、河南和安徽六省两市的新型青年职业农民，作为新型职业农民的重要主体和有生力量，是乡村振兴的中坚，相较于青年农民，是一种职业概念。相较于“60后”“70后”新型职业农民而言，其又有鲜明的特点。具体来讲，新型青年职业农民包括大量城市务工返乡人员、退伍军人、大中专毕业生等新生力量，他们往往带着都市社会和信息社会的新理念、新技术和新文化，从事涉农产业，延伸产业链，给乡村社会注入活力。

一、新型青年职业农民的内涵

（一）内涵界定

新型青年职业农民是指年龄处于18～45周岁，自愿把从事狭义的农业生产经营作为一种职业，并时刻具备与市场相匹配的职业素养和职业技能的农民。要想其时刻具备与时俱进的面向乡村需求的职业素养，就要不断地对其进行教育培训。

（二）“新型青年职业农民”的范畴

（1）“新型青年职业农民”属于农村实用人才的范畴。农业农村人才、农村实用人才和新型职业农民的关系体现在2007年、2011年、2015年三个历史发展方面。“农业农村人才”成为描述与现代农业和社会主义新农村建设、乡村振兴相关人才的统称，其中“新型职业农民”是农村实用人才中的一类，“新型青年职业农民”又是新型职业农民当中的特定年龄、素质群体。

（2）“新型青年职业农民”是“职业农民培育”的重点对象。自2012年中央一号文件提出“新型职业农民”以后，将其纳入自上而下的国家人才系统培育工程，每年中央财政拨付专项资金支持。新型职业农民的概念具有鲜明的中国特色和阶段特征，在不断的发展和探索中，其概念逐次演进，标准不断更新，内涵日益丰富。职业农民的内涵经历了一个“职业农民”—

“新型农民”—“新型职业农民”—“高素质农民”四个阶段的现代转型行动。首先，早期“职业农民”和“新型农民”的提出，从“培养”到“培育”的变化。其次，“新型职业农民”的提出后，其内涵从政策口径上不断清晰和明确；其来源不断拓展，培育对象打破了城乡户籍限制，除农村户籍的潜在新型职业农民以外，还包括非农户籍的劳动力，实现了职业与身份的剥离；培育对象经历了由“大众”到“精英”的演变，注重农村发展带头人、经营主体带头人等精英化培训。至此，我国农村人才培养完成了从全面普及提高、以农村劳动力转移为重点的农民技能培训到以农村发展带头人、经营主体带头人为重点的精英培育的转变，明确回答了“谁来种地”“谁来种好地”“谁来服务”的现实问题。再次，党的十九大提出实施乡村振兴战略以来，新型职业农民的培育工作重点强调围绕乡村各方面人才需求进行人才队伍建设。关注乡村振兴重点人群的培育，如乡村振兴带头人、产业脱贫带头人、创新创业带头人、新型农业经营主体带头人。2019 年开始，农民教育培训工作围绕促进产业兴旺目标进行转型升级，启动三年提质增效行动，提出“加快构建高素质农民教育培训体系”和“十四五”高素质农民培育计划。可见，新型职业农民的内涵、来源、培育对象围绕不同时期农村工作重点和发展战略目标进行调整。新型职业农民并非一个静态的词汇，而是具有动态性，具有相应的时代特征，是个具有丰富内涵的词汇。最后，在农业部门的政策中，并没有专门提出“新型青年职业农民”的概念，但是新型职业农民的培育对象、来源、机制方面的论述，均提到了“青年”。培育来源中包含大学生村官、农村青年、退役军人、返乡农民工、青年农场主等青年群体。2016 ~ 2020 年的培育对象聚焦在从事农业经营的青年经营主体。《2020—2022 新型农业经营主体和服务主体高质量发展规划》进一步提出聚焦青年接班人。

（三）“新型青年职业农民”是青年农业农村人才中的一类

青年是农业农村人才的重要力量。2020 年 11 月 14 日，共青团中央书记处第一书记贺军科在重庆调研时指出，“乡村振兴就是一个大有可为的战略重点，迫切需要青年力量，迫切需要共青团有所作为……”青年力量参与乡村振兴战略，推动乡村建设成为必然趋势和要求。共青团在农村的人才发展中将新型青年职业农民作为优秀人才选拔和组织建设的对象。

新型青年职业农民是青年农业农村人才中的一类。共青团将留乡创业青年、新型青年职业农民作为乡村治理优秀人才的重要来源。把通过推优方式为乡村治理储备优秀人才作为深化共青团改革，加强农村基层组织建设的重要方式。

（四）新型青年职业农民的现实主体是农村务农青年、返乡创业大学生、返乡创业农民工、青年农场主

农业部门的有关新型职业农民培育计划阐明新型青年职业农民的主体具体包括三个方面：一是农村务农青年，二是创业人群，三是新型经营主体和带头人。新型青年职业农民的主体涉及生产型、创业型、经营主体型和“带头人”型四类，即指农村务农青年、返乡创业大学生、返乡创业农民工、青年农场主。

团中央有关青年发展的行动计划对农村青年人才培育内容体现在引导青年返乡创业、培育青年农场主、培育致富带头人、培育电商人才四个方面。重点支持大学生、青年农民工返乡创业，支持农村青年就业创业，提高农村青年致富和自我发展能力。新型青年职业农民的主体指向农村务农青年、返乡创业大学生、返乡创业农民工、青年农场主。

教育部门对大学生就业的指导政策，促进大学生纳入青年职业农民培育体系，新型青年职业农民指向返乡创业的中高职学校毕业生、退役军人、返乡农民工和现代青年农场主。

二、新型青年职业农民培育的重点内容和支持政策

（一）人才支持政策的类型和表现

大运河沿线青年职业农民培育的人才支持政策分为以下三类：人才吸引与保障政策、人才培养与发展政策、人才管理与维护政策。由于人才支持政策具备时间性、空间性和历史性的特征，因此在乡村振兴背景下，人才支持政策的侧重点会有所不同，政策的质量和实施效果也会有所不同。以“青年”“青年农场主”“大学生”“返乡农民工”“返乡创业”“高素质农民”

“新型职业农民”“新型农业经营主体带头人”“创新创业带头人”等为关键词从北大法宝数据库下载中央层级的农村人才政策文献，并以农业农村部、教育部、社会保障局、科技局、共青团等官网文件进行补充，经过筛选，共收集到青年职业农民培育的文件106篇，发现当前对青年职业农民的培育政策主要集中于人才吸引和保障政策上，共有52篇，其次为人才培养和发展政策以及人才管理和维护政策，分别有42篇、9篇。从政策绩效上来看，人才吸引与保障政策能够有效增加乡村人力资源流量；人才培养与发展政策可以优化乡村存量人力资源，人才管理和维护政策能够从宏观上改善人力资本配置。

（二）农民工、大学生返乡创业的支持政策内容

针对农民工等群体的返乡创业财政金融政策相对完善，基本涵盖了不同类型返乡创业人员的需求，主要从提供创业补贴、拓宽融资渠道、拓宽抵押范围、提供创业担保贷款、完善金融产品设计等方面提出了针对性的政策措施。引导各地实施产业政策吸引农民工和大学生返乡创业。依托高素质农民培育、农村致富带头人培训等开展多样化的培训，为农民工等人员返乡创业提供宽松便利的公共服务政策。实施高校毕业生基层成长计划，引导大学生到农村就业。设立返乡创业试点支持农民工等人员返乡创业。

（三）培养青年农场主

制定青年农场主培训规范，鼓励各地开展各种形式的培训，给予青年农场主经费支持，搭建创业对接、孵化和服务平台。提供项目支持，引导行业项目资源向青年农场主倾斜。鼓励成立协会、联合会、联盟等专业化服务组织，支持青年农场主抱团发展，提供金融支持。自启动现代青年农场主计划以来，青年农场主数量逐年增加，正在成为现代农业建设的主导力量。

（四）培育新型农业经营主体带头人

新型农业经营主体带头人包括返乡创业者，2019年将青年农场主轮流培训计划纳入其中。新型农业经营主体带头人的培育也涉及青年群体，培育内容涉及三个方面：增量，建立新型农业经营主体储备；提质，坚持技能培训

和职业教育两条腿走路，提高新型农业经营主体综合素质；维稳，提供良好的创业环境。完善新型农业经营主体保险体系、提供金融支持政策、配套土地支持政策以及社会化服务政策、强化人才支撑。

（五）聚焦青年接班人，大力发展农业职业教育和学历提升

通过学历提升和职业教育带动提高青年务农热情和能力。农业职业教育与农村人才培育的衔接。2004～2011 年关注对农村劳动力、生产人才、科技人员等实用人才的学历教育。2012～2018 年实施新型职业农民学历提升工程，将新型职业农民职业培训与中高等职业教育相衔接。2019 年以来在前期衔接机制的基础上，继续深入探索高素质农民培育中职业培训与学历提升的衔接。农民职业教育的内容包括：探索建立“1＋X”证书制度下涉农专业学分银行体系，加强职业院校涉农专业建设和改革，推进农业职业教育集团化办学，探索产教融合、校企合作模式，建立与农业职业教育相配套的扶持政策体系，实施高素质农民学历提升计划。

三、新型青年职业农民的培育模式

大运河沿线新型青年职业农民的培育模式有政府扶持型、园区依附型、院校培育型和产业依托型。

政府扶持型模式是指由各级政府部门作为实施主体对新型职业农民展开培训的一种模式。该模式的操作主体是政府部门，政府在制定相关培训政策、提供配套资金支持、组织人力物力、确定培训机构、建立培训基地等方面发挥主导作用、提供保障措施。旨在提高农民整体素质，培养科技型、技能型、创业型农民或实用性人才。

园区依附型模式是指以农业园区为依托，对农民进行培训或吸纳农民在园区工作的一种模式。其培训主体是农业产业园区或科技园区。该模式下的新型职业农民培育以农业科技示范基地为依托，培训内容一般以园区相关的农业科技知识为主，提高培育对象职业技能水平和经营管理能力，培养出服务于农业产业园区的“生产经营型”及“技术服务型”农民。具体保障工作由政府及农业园区相互配合，共同提供。

院校依附型模式是指以各地已有院校为实施主体，对新型职业农民进行正规学历教育或非学历培训的一种模式。其培训主体是各类院校，以规范化、制度化的培训，对新型职业农民的农林科技技术和知识、文化水平、职业素质、就业技能、创业能力及管理能力等进行全面提升，旨在培养起“拔尖型”新型职业农民。

产业依托型模式是指依托区域优势产业，采用市场化运作，以培训适合当地农业产业化发展或企业生产需要的农业产业工人为目标，而对新型职业农民进行培训的一种模式。其培训主体是各地农业企业或各类农民合作组织，一般适用于具有明显优势产业的区域，并依托优势产业，培训适应当地农业产业化发展的新型职业农民，以满足该区域优势产业持续发展的需求。培训主要内容一般是与主导产业相关的农业科技知识、农业标准化生产、农产品加工和流通、产品营销、经营管理等方面的知识和技能。

四、培育新型青年职业农民面临的困境

（一）青年职业农民的培育精准度不够

新型职业农民培育工作在遴选过程中，大多将名额分配给建档立卡贫困户等特殊群体，留给青年人才、返乡创业人才等群体的名额较少。培训重理论轻实践，针对青年职业农民的个性化培训数量较少；青年职业农民群体的培育工作夹杂在各项农村人才培养计划中，相关部门在政策制定、业务配合上各自为政，资源整合难度大。农委、工商局、统计局、人社局等多部委统计数据混乱，造成遗漏。

（二）青年农民职业教育的作用机制发挥不充分

青年农民报考职业院校的积极性不够，涉农院校生源不足；专业设置和农业现代化发展需求相脱节。青年职业农民在智慧农业、信息农业、精准农业等高科技农业生产体系和知识体系的涉猎较少，在品牌建设和经营领域的培训不足；职业培训与职业教育衔接困难、中高职衔接不畅，学分银行建设存在学分获取、积累和转换缺乏系统制度安排，学分积累和兑换缺乏依据，学习成果缺乏有效载体的问题。

（三）创业帮扶政策偏好不利于返乡创业者

政策落实中，创业帮扶和政策偏向投资额大、规模较大、经济效益好的大项目，存在不透明、不公平的现象，不利于草根创业者，青年返乡人群处于劣势地位，面临不同程度的歧视。

（四）青年农民创业能力不足

当前我国的创业教育尚处于起步阶段，针对农业农村的创业培训更加有限，各涉农高校尚未形成创业教育课程体系，师资结构不合理、师资力量短缺，高校大学生创业教育多以理论为主，开设课程或组织专门的、系统的实践活动的情况较少，培育效果不佳。

五、培育新型青年职业农民面临困境的政策性原因

（一）农村人才政策缺乏统一管理和维护

从政策类型来看，当前我国对各类青年职业农民的管理与维护的重视程度不足，尚未建立有效的青年职业农民管理与维护的政策体系。各部门针对农村青年人才、返乡创业人才出台的众多人才培养专项计划（“青年农场主培育”“创新创业带头培训”“电子商务带头人培训”等）均涉及青年职业农民群体，也掌握了一定范围的青年职业农民信息资源，但是部门间缺乏人才信息共享机制，农村人才计划和称号过多过乱，青年职业农民群体遴选和培训工作重复浪费。

（二）财税优惠政策未切实落实，与培育新型青年职业农民的需求不匹配

关于培育新型青年职业农民、农民工等人员返乡创业的财税优惠政策主要包括税费政策（小型微利企业所得税优惠政策、增值税优惠政策、收费优惠政策）以及对符合条件的人员给予的财政补贴。现阶段，财税政策主要遭遇如下因素制约：第一，财政收入吃紧与税收优惠政策落实之间存在矛盾；第二，财政资金所提供的服务内容与创业农民工需求之间不匹配。

（三）农村金融建设滞后引致资金供给难以满足培育新型青年职业农民需求

由于返乡农民工创业从事的行业风险大、成本高、缺乏有效资产抵押且投资回报不确定，大多数金融机构从商业化角度出发，对这类项目融资更加审慎，存在“惧贷”现象，信贷资金有效供给不足问题突出。

第一，贷款产品的适应性有待提高。适合不同创业群体的特色金融产品和服务较少，部分地区的创业贷款产品设计与实际创业项目并不匹配，存在门槛较高、额度偏小、期限较短等问题。第二，政府与金融机构之间的联动机制不够完善。返乡创业贷款统计监测机制尚未建立。第三，返乡创业人员的金融认知水平有限。第四，有效且可操作的抵押担保方式不足。政府保证担保准入门槛高，有些地方还要求申请人寻找县域工薪人员提供反担保。“两权”抵押贷款试点正在稳妥推进，但土地流转处置平台等配套措施尚不完善，制约了“两权”抵押担保的有效实现。

（四）青年返乡创业政策的帮扶机制没有精准的发挥激励作用

第一，重视前期资助，忽视后期指导。青年农民的扶持政策主要集中于创业前期的教育资助、创业扶持、金融贷款等方面，地方政府在资金、场地、社会保障等方面加大扶持力度，简政放权，为青年返乡创业提供“绿色通道”，但在不同程度上忽略了青年农民在技术、市场和经验上的约束，缺少对青年返乡人群的创业过程指导机制。第二，重视民生救助，忽视创业救助。返乡创业救助以民生领域的救助为主，“对初始创业失败后生活困难的，可按规定享受社会救助”，难以有效建立青年成功返乡创业的信心，激励性不足。第三，返乡创业的“放管结合”仍不到位。根据课题组的调研，在一些地方，落实降低返乡创业门槛仍未打通“最后一公里”，基层政府仍存在审批程序烦琐，不作为、慢作为，办证不便利，一些收费不尽合理甚至“吃拿卡要”等问题，而有些地方在简政放权的同时，事中事后的市场监管没有跟上，造成基层市场秩序混乱。

（五）职业教育的学历贯通、就业衔接的通道尚未打通，机制尚未建立

第一，我国农民职业教育呈现出实验性、层级性、“碎片化”的特点，农民职业教育问题大多数夹在“三农”工作文件中，当前尚未出台专门针对农民职业教育的相关法律体系以保障青年职业农民接受教育的权利。第二，对职业培训与学历教育之间的成果认定、积累和转换机制以及资格证书、学历证书之间对等认证、转换标准等缺乏顶层设计，尚未出台相关细则加以规范，农业农村部、人力资源和社会保障厅（局）各省（市）规划办、财政厅（局）、国资委等相关众多职能部门配合上明显乏力，各地农民职业教育建设中存在各自为政、多重标准、影响力和认可度不高等问题。第三，就业导向和升学导向与职业教育培养目标相背离。教育主管部门出台一系列政策引导职业院校培养技能人才，促进就业，这使部分职业院校窄化培养目标，以提高就业率和升学指标为导向，仅重视岗位就业和专业能力，忽视岗位通用能力，与青年职业农民的复合型人才需求和培育目标相矛盾。

（六）产业转移与产业升级政策执行受困对返乡创业带动效果有限

第一，产业转移过程中产业配套能力不足，对返乡创业的带动效果有限。农民工输出地多属于落后偏远地区，产业配套能力严重不足，中间产品只能外购，增加了企业生产成本，从而限制了产业转移过程中带动农民工返乡创业的效果。在重庆梁平县调研时发现，返乡创业从事玩具加工的一家企业，由于当地和就近地区缺少相关配件，只能从东部省份采购，增加了运输成本，限制了企业进一步发展。第二，产业升级困难带动返乡创业后劲乏力。农民工输出地的产业结构层次较低，高附加值产品较少，处于产品链条的底端，返乡创业项目选择受限；土地、资金、人才等要素缺乏。第三，农民工输出地资源嫁接输入地市场条件不足，带动返乡创业动力有限。目前，农村有保障的农村物流覆盖范围有限，设施装备科技含量低，不利于农民工输出地资源向输入地市场转移。

六、构建支撑培育新型青年职业农民的长效机制

从内容来看，支持培育新型青年职业农民的长效机制，至少应包括动力机制、运行机制、保障机制、调节与评估机制。每个机制下又包含数量不等的第二层次的机制。其中，动力机制是根本，运行机制是核心，保障机制是保证，调节与评估机制是关键。

（一）健全培育新型青年职业农民的动力机制

第一，引入市场导向机制。积极推进地区产业专业技术开发平台建设，促进龙头企业与各类返乡创业企业之间的合作，促进龙头企业积极开放共享各类创新创业资源，加速资金、技术和服务扩散，带动和支持返乡创业人员依托其相关产业链创业。第二，完善制度激励相容机制。放宽经营范围，鼓励返乡创业人员投资农村基础设施、在农村兴办各类事业、参与建设或承担公共服务项目；将培育新型青年职业农民纳入社会信用体系，进一步在财政税收、政府采购等方面强化守信联合奖励、失信联合惩戒机制。第三，实施创新驱动机制。鼓励高等院校、科研院所和科技企业孵化器等搭建基础、公用专业技术条件平台，为返乡创业企业提供低成本服务。鼓励政府、企业及社会力量组织开展农村科技创业公益活动，推动返乡创业与万众创新有序对接、联动发展。第四，强化舆论导向机制。将乡情恳谈会、老乡联谊会、创业典型推介会等形式作为乡村情怀的连接纽带，激发其返乡创业热情，变农村的“务工经济”为“创业经济”。

（二）强化培育新型青年职业农民的运行机制

第一，建立目标导引机制。要明确“十四五”时期农民工返乡创业的主要任务、方向和重点。研判 2025 年甚至 2035 年培育新型青年职业农民可能的态势，据此出台相关政策。第二，强化地区联动机制。鼓励东部地区对口帮扶中西部地区产业发展，促进劳动密集型产业转移，建设承接产业园，完善相关配套基础设施，发展相关产业，带动新型青年职业农民的培育。第三，建立典型示范机制。结合推进新型城镇化、“双创”、农村电商等工作，

打造一批培育新型青年职业农民示范基地、一批互联网创业示范基地、一批民族传统产业创业示范基地。第四，推进产业企业融合机制。一是促进输入地资源、产业转移带动返乡创业；二是因势利导，支持返乡创业人员利用电子商务平台宣传和销售地理标志产品，引导返乡农民工等人员融入区域专业市场、示范带和块状经济，打造具有区域特色的优势产业集群，鼓励创业基础好、创业能力强的返乡人员，充分开发乡村、乡土、乡韵潜在价值，发展休闲农业、林下经济和乡村旅游，鼓励返乡人员共创农民合作社、家庭农场、农业产业化龙头企业、林场等新型农业经营主体。

（三）完善培育新型青年职业农民的保障机制

第一，强化组织保障机制。确定牵头负责单位、参与单位，并建立常规化工作机制。第二，创新物质保障机制。就土地保障而言，完善农村“两权”抵押机制，引导农村土地经营权有序流转。重点加大对贫困地区农村基础设施建设的投入力度，健全县、乡、村三级农村物流基础设施网络。第三，完善资金保障机制。就金融政策而言，可从以下五方面着手：一是健全和完善长效的信用评价机制；二是健全和完善长效的抵押担保机制；三是健全和完善长效的产品创新机制；四是健全和完善长效的银政联动机制；五是健全和完善长效的统计监测机制。第四，优化人才保障机制。一是人力资源和社会保障部门应当会同教育、农业、财政等其他部门共同制定、实施组合型创业培训政策，整合培训资源，统筹协调培训工作，形成合力。二是建立长效的创业培训资金投入机制，在就业专项资金中单列创业培训经费，并继续加大财政支持。三是开展信息统计和需求分析，提高创业培训的针对性。提高培训与创业之间的黏性，重点对接绿色农产品经营、民族传统手工艺、家庭农家乐、乡村旅游等并开展培训，将培训转化为试创业的过程。四是创新培训模式，积极开展互联网创业培训。五是打造优秀师资，加强培训基础能力建设。六是建立与创业孵化对接机制，做好后续服务。

（四）优化培育新型青年职业农民的调节与评估机制

第一，完善信息交流反馈机制。建议由国家发展改革委牵头建立不定期的情况通报机制，创办电子版的《情况通报》，对试点县的一些经验和做法进行推介，供其他试点地区参考和学习借鉴。第二，建立联席会议机制。建议将支持培育新型青年职业农民工作纳入由国家发展改革委牵头的推进大众创业万众创新部际联席会议制度。第三，优化评估机制。建议由国家发展改革委牵头建立培育新型青年职业农民试点工作的考核指标体系。

参考文献

［1］中央农村工作领导小组办公室，农业农村部，国家发展改革委，等. 关于实施家庭农场培育计划的指导意见［EB/OL］.［2019－09－09］. http：//www. moa. gov. cn/gk/zcfg/201909/t20190909_ 6327521. htm.

［2］农业部办公厅，财政部办公厅. 关于做好 2016 年新型职业农民培育工作的通知［EB/OL］.［2016－06－03］. http：//www. gov. cn/xinwen/2016－06/03/content－5079496. htm.

［3］崔红志. 新型职业农民培育的现状与思考［J］. 农村经济，2017（9）：1－7.

［4］朱启臻，胡方萌. 新型职业农民生成环境的几个问题［J］. 中国农村经济，2016（10）：61－69.

［5］李逸波，彭建强. 农民职业分化的微观影响因素实证分析——基于分化程度与城乡选择的二重角度［J］. 中国农村观察，2014（3）：42－51.

［6］杨璐璐. 乡村振兴战略视野的新型职业农民培育［M］. 北京：中国社会科学出版社，2018：7.

入境游客大运河文化遗产旅游的现实体验*

吴茂英　吴新芳　周永广**

内容提要： 研究报告以中国大运河江南运河段的苏州古运河作为研究场景，以 TripAdvisor 的入境游客评论为数据来源，运用 LDA 主题模型、数理统计分析方法研究运河遗产旅游体验的主题及其特征。研究结果显示：入境游客的运河遗产旅游体验包括历史文化底蕴、运河遗存、居民生活方式、游船观光游览方式、旅游休闲配套设施与服务五个主题；游船观光游览方式最显著且积极，旅游休闲配套设施与服务、运河遗存比较显著但稍显消极，历史文化底蕴与居民生活方式感知相对较少但评价积极；不同国家的游客体验主题存在显著差异。据此提出大运河遗产旅游体验的提升建议。

关键词： 大运河智库；旅游体验；世界文化遗产

---

* 基金项目：国家社科基金一般项目“中国大运河的多重游憩空间与文化自信战略研究”（19GB136）。

** 作者单位：浙江大学管理学院，吴茂英系大运河智库观察家观察员 60 人论坛观察员。

一、引言

中国大运河是世界上开凿最早、规模最大的人工运河，2014 年成功列入《世界遗产名录》。为了更好地保护包括大运河在内的大型线性文化遗产，我国首创了国家文化公园的保护利用模式。在习近平总书记“保护好、传承好、利用好大运河”的思路指导下，大运河与长城、长征共同成为首批国家文化公园。作为国家文化公园，大运河具有深厚的历史底蕴、宏大的文化载体和不屈的民族精神，是中国国家文化的象征和国家形象的重要代表，承担着展示中华文明、宣传中国形象、彰显文化自信的重要使命（李飞、邹统钎，2021）。为了实现这些使命，文化和旅游部与国家发展和改革委员会联合制定了《大运河文化和旅游融合发展规划》，推动大运河文化的国际传播。其中，入境旅游是通过外国游客“走进来”带动中华文化“走出去”的重要方式，也是外国游客感受国家形象的重要渠道（蒋依依，2018）。大运河以其悠久的历史文化积淀吸引着来自世界各地的游客。《江苏大运河文化旅游消费白皮书》显示，2018 年赴江苏参观游览大运河的入境游客已突破 400 万人次，并呈现逐年增长趋势。但较其他世界遗产，大运河入境旅游市场整体上相对低迷，入境游客到访率偏低，大运河文化对外展示和传播力度有限。入境游客如何感知大运河？他们在大运河的体验如何？这些问题影响着大运河入境旅游产品的开发、营销与管理，更影响着如何借助大运河入境旅游讲好中国故事、展示中华文化、传递积极国家形象的具体方式。

基于此，本文以中国大运河最受入境游客欢迎的苏州古运河为研究场景，以 TripAdvisor 上的游客评论为数据样本，运用 LDA 主题模型、数理统计分析方法分析入境游客对大运河遗产旅游的体验主题及其内在结构。具体回答以下研究问题：①入境游客对苏州古运河遗产旅游的整体体验如何？包含哪些体验主题？②这些体验主题的显著性如何？③这些体验主题的积极性如何？④不同出游类型与不同国家的游客在体验上是否存在差异？基于以上问题的回答，本文有利于促进大运河入境旅游的可持续发展，提高大运河作为中华文化标识和国家象征的国际影响力，也为大运河国家文化公园的建设提供可借鉴的依据。

二、研究方法

本文以中国大运河江南运河段的苏州古运河作为研究场景，采用多元的技术进行评论文本数据的分析。

（一）研究场景

本文选取大运河的江南运河苏州段作为研究场景主要出于两方面的考虑。一方面，在大运河线性文化遗产河道中，苏州段具有较强代表性（Guo et al.，2017）。苏州是京杭大运河的发祥地之一，是中国大运河浓墨重彩的重要河段，集中展现了中国大运河独特的城市文化景观风貌，其运河故道（山塘河、上塘河、胥江、平江河、护城河）、运河相关文化遗存（山塘历史文化街区、平江历史文化街区、盘门、宝带桥、吴江古纤道）被纳入中国大运河世界文化遗产名录中。另一方面，在大运河游憩利用上，苏州段表现突出，为研究大运河入境游客体验奠定了基础。大运河苏州段遗产河道游憩利用适宜性、旅游价值综合评价非常高（吕龙、黄震方，2007；张飞等，2020）。在江苏大运河接待入境游客人次中，苏州稳居年度游客接待量第一；从 TripAdvisor 上中国大运河沿线城市相应的点评数据来看，苏州段的入境游客点评量最多，说明大运河苏州段对入境旅游市场吸引力较强。因此，本文选择大运河苏州段作为研究场景，深入探讨入境游客对大运河遗产的旅游体验。

（二）数据分析步骤

本文数据分析步骤如图 1 所示，首先，进行数据收集，获取 TripAdvisor 上苏州古运河的入境游客评论作为数据来源。其次，进行数据预处理，为进一步的数据分析奠定基础。再次，通过 LDA 模型对数据进行分析，提取入境游客旅游体验主题。最后，在此基础上，进一步分析各主题的显著性、积极性，探讨不同群组关注的主题差异。

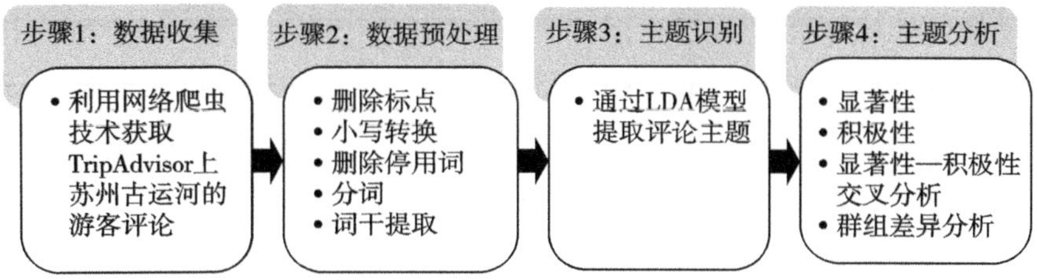

图1　数据分析步骤

1. 数据收集

本文选择 TripAdvisor（https：//www. tripadvisor. com/）作为研究平台。TripAdvisor 是全球最大最受欢迎的旅游社区和旅游点评网站，平台上的评论具有真实性高、数据量大、信息丰富的特点。

本文在 TripAdvisor 上以"Suzhou Ancient Grand Canal"为检索关键词进行搜索，发现苏州古运河有 537 条评论（截至 2021 年 2 月 22 日）。这些点评覆盖英语、日语、西班牙语、法语等多种语言，英语点评占多数（68%）。受语言条件限制，本文集中考察入境游客的英语点评。本文于 2021 年 2 月利用网络爬虫技术从 TripAdvisor 网站上获取苏州古运河所有的英语评论，包括评论用户、评论时间、国家、出游类型、评分、评论文本共六个字段。本文共收集了 365 条评论作为样本，评论的点评时间在 2011 年 11 月至 2020 年 4 月（由于疫情，2020 年 4 月至今没有入境游客的点评），评论文本字数为 23533，每条评论字数 10 ~ 364 不等，平均字数为 64。这些评论的"非常好（5 分）""好（4 分）"占 83.5%，平均得分为 4.186，整体评分较为积极。这些评论用户主要来自澳大利亚（30.7%）、美国（24.4%）、英国（10.7%）、加拿大（9.0%）等 35 个国家和地区。出游类型以与朋友（39.5%）、夫妻（39.2%）出行为主，其次为家庭出游（12.3%）、单独出游（5.8%）、商务旅游（3.3%）。

2. 数据预处理

评论文本的预处理遵循以往研究的步骤（Guo et al.，2017；Kirilenko et al.，2021）。首先，删除标点符号、非英文字符、数字，统一转换为小写，进行分词（tokenization）。其次，删除一些无意义的停用词，如"它"（it）、"这"（this）、"那些"（those）、"在"（at/in/on）、"也"（also）等。

最后，进行词性标注（part－of－speech tagging），词干提取（stemming）（如“swims”和“swimming”都转换为“swim”），并删除低频词（低于2%）。评论文本的预处理均通过Python使用自然语言工具包（Natural Language Toolkit，www. nltk. org）的模块实现。

3. 入境游客体验主题识别：LDA主题模型

本文利用潜在狄利克雷分布（Latent Dirichlet Allocation，LDA）主题模型提取入境游客对苏州古运河的体验主题。LDA主题模型是一种无监督的机器学习技术，是一种文档主题生成模型，也被称为三层贝叶斯概率模型，包含词、主题和文档三层结构。其主要思想是：一篇文档是以一定概率选择了某个主题，并从该主题中以一定概率选择某个词语而构成。也就是说，一篇文档代表若干主题构成的一个概率分布，而每一主题又代表若干词语构成的一个概率分布。LDA模型会计算出文档—主题和主题—词语两个概率分布。主题—词语概率分布体现为一系列词语及其在该主题中出现的概率，词语的概率越大，说明与该主题的相关性越大，这些词语体现了该主题的内部结构。文档—主题概率分布会获得每个主题下的文档权重，权重越大说明该文档包含该主题的可能性越高（梁晨晨、李仁杰，2020；Li et al.，2020）。LDA主题模型能够用于识别大规模文档中潜藏的主题信息。由于具有无须人工构造训练数据、处理大规模数据高效高质的优点，LDA主题模型日益广泛地应用于分析游客对酒店、景点的旅游体验（Guo et al.，2017；Taecharungrioj and Mathayomchan，2019）。

在本文中，一条评论便是一篇文档，所有评论文本可能包含了较多的潜在主题。为了避免人工指定主题数的主观性，本文借鉴已有研究采用手肘法则通过计算困惑值（perplexity values）来确定合适的主题数（Kirilenko et al.，2021）。困惑值越低，模型聚类的性能越好。本文首先将聚类（k）的数量设置为2～10，针对每一个k值，计算出其平方误差。合适的主题数一般出现于平方差和显著边际下降点或曲线的“弯角”（Taecharangroj and Mathayomchan，2019）。

4. 入境游客体验主题分析

基于LDA主题模型所识别的五个主题，本文进一步分析了主题的显著性（salience）和积极性（valence）。主题的显著性是指主题的普遍性，主题越显著，说明游客在评论中越多提及该主题。本文计算每一条评论属于各个主题的概率，以最高概率的主题作为该评论的主题，统计每个主题下评论数。以每个主题的评论数与总评论数的比值作为主题的显著性（Taecharangroj and Mathayomchan，2019）。

主题积极性衡量的是每个主题的极性表现。本文使用 TripAdvisor 上的评分数，借鉴已有研究对评论极性的处理，将 4～5 分评论归为积极评论，将 1～3 分评论归为消极评论（Kirilenko et al.，2021）。主题的积极性计算借鉴 Taecharungroj 和 Mathayomchan 对主题极性的测量（Taecharangroj and Mathayomchan，2019），计算公式如式（1）所示，观察到的积极评论数是指该主题实际的积极评论数，期望的积极评论数则是指按照总评论样本极性的分布，预期该主题中积极评论数的期望值，两者的差值相比于该主题的总评论数便是主题的积极性。主题积极性体现了每个主题相对于总评论样本积极性平均值的超出程度，若主题的积极性为正，则说明游客对该主题的评价更加积极；反之则更加消极。

$$\text{主题积极性} = \frac{\text{观察到的积极评论数} - \text{期望的积极评论数}}{\text{该主题的总评论数}} \tag{1}$$

此外，本文采用卡方检验（χ^2 Test）分析不同出游类型、不同国家的游客体验主题是否存在差异，并通过事后检验（Post Hoc Testing）来判断各组的差异。

三、研究结果

通过以上的数据分析步骤，本文得出了以下研究结果：

（一）苏州古运河入境游客体验主题

本文在 Python 编程环境中使用 Gensim 工具包（https://radimrehurek.com/gensim/index.html）进行 LDA 主题模型分析，识别出了五个主题：历史文化底蕴、运河遗存、居民生活方式、游船观光游览方式、旅游休闲配套设施与服务。表 1 列出了这五个主题及每个主题下概率排名前 14 的词语分布。每个主题的命名是基于这些概率较高的词语之间的意义和逻辑联系。两名研究人员对主题的命名进行最终的交叉确认。

表1　基于LDA模型识别的主题

主题1　历史文化底蕴		主题2　运河遗存		主题3　居民生活方式		主题4　游船观光游览方式		主题5　旅游休闲配套设施与服务	
运河（canal）	0.022	运河（canal）	0.036	船（boat）	0.014	船（boat）	0.024	乘坐（ride）	0.018
中国（China）	0.011	古老的（old）	0.017	居民（people）	0.011	观看（see）	0.014	花费（take）	0.017
文化（culture）	0.011	船（boat）	0.015	观看（see）	0.011	乘坐（ride）	0.012	居民（people）	0.012
古老的（old）	0.010	游船（cruise）	0.014	有趣的（interesting）	0.009	苏州（Suzhou）	0.011	旅行（trip）	0.011
地区（area）	0.010	游览（tour）	0.013	地方（place）	0.009	居民（people）	0.011	当地的（local）	0.009
观看（see）	0.010	建筑（building）	0.011	时间（time）	0.009	游览（tour）	0.010	商店（shop）	0.009
返回（back）	0.009	桥梁（bridge）	0.011	极好的（great）	0.008	古老的（old）	0.010	游船（cruise）	0.009
旅行（trip）	0.009	宏大的（grand）	0.010	参观（visit）	0.008	方式（way）	0.009	游览（tour）	0.009
当地的（local）	0.009	威尼斯（Venice）	0.010	旅行（trip）	0.007	时间（time）	0.008	好的（good）	0.008
游览（tour）	0.008	古代的（ancient）	0.009	生活（life）	0.006	生活（life）	0.008	服务（service）	0.008
历史（history）	0.007	中国（China）	0.007	方式（way）	0.006	参观（visit）	0.008	很好地（well）	0.008
曲艺（opera）	0.007	时间（time）	0.007	中国人（Chinese）	0.006	房屋（house）	0.007	生活（life）	0.007
苏州（Suzhou）	0.007	房屋（house）	0.007	景象（view）	0.006	桥梁（bridge）	0.006	商街（street）	0.007
游船（cruise）	0.007	地方（place）	0.006	好的（good）	0.006	体验（experience）	0.006	河岸（side）	0.007

本文所识别出的五个主题反映了入境游客在苏州古运河的游览体验。其中，游船观光游览是入境游客进入苏州古运河、感受运河风情的重要体验方式，是游客进一步欣赏运河遗存、感受历史文化底蕴和居民生活方式、体验旅游休闲配套设施与服务的主要途径。历史文化底蕴维度从整体上反映了入境游客对苏州古运河及整个大运河历史文化的认识；运河遗存、居民生活方式体现了入境游客对古运河有形和无形的旅游吸引物的感知；旅游休闲配套设施与服务是入境游客对古运河旅游的支持性基础要素的评价。

（1）历史文化底蕴。大运河的历史文化底蕴受到了入境游客的认可。入境游客在体验苏州古运河的过程中普遍提到大运河悠久的历史、厚重的文化、突出的遗产价值、“活态”的特点，并认为大运河是世界上最长、最悠久的人工运河，是著名的世界遗产地，在古代和现代都发挥了重要的价值。和该主题联系紧密的词有“运河”“中国”“古老的”“历史”等。属于该主题的评论如：“大运河是世界上最长的运河，是一条公元750年前古老的商业水道，连接了杭州和北京。这里是联合国教科文组织世界遗产，非常值得参观”“最令人惊叹的是，迄今为止，大运河还在为人们服务。当地人喜欢说，中国的长城是为了抵御外界而修建的屏障，而大运河的建造是为了联系人们”。

正是由于大运河具有深厚的历史文化底蕴、见证了中国古往今来的历史变迁，入境游客把大运河作为感受中国历史的重要窗口，从中可以窥见中国社会的多面性。可以说，大运河是中国社会历史发展的缩影和见证。作为国家形象的代表，大运河的旅游体验也影响着入境游客对中国的认知。例如，相关评论提到：“中国经历巨大的发展和更新，苏州古运河就是一个通向历史和过去的窗口”“苏州古运河是一个了解中国矛盾性的好地方。古运河是历史和商业、贫穷和富裕都混杂在一起的复合体”。

（2）运河遗存。苏州古运河的运河遗存以传统建筑物为主，包括运河水道、古老的桥梁、沿河建造的传统民居、亭台水榭等。运河遗存是构成如“小桥流水人家”一般的江南水乡景观的重要组成部分，也是大运河历史文化底蕴的具体体现。这些运河遗存能带人们回到古老的中国，体验中国的历史韵味，并为入境游客带来赏心悦目的体验。与主题密切相关词语有“运河”“古老的”“船”“建筑”“桥梁”“房屋”“威尼斯”等。相关评论指出：“我们非常享受坐在游船上悠闲地沿着古运河游览。你会看到无数古老的、装饰精致的石桥。有些石桥底下的墙上有古老的绘画，你只能在水面上坐船抬头才能看到。运河沿岸仍然有许多老式的民居，许多中国人仍然生活在这里。这些房屋中大多数都有旧石阶，直接通向水面。”

入境游客在体验苏州的运河遗存时，也会联想到意大利威尼斯，但同时也强调苏州古运河区别于威尼斯的独特性。例如：“苏州古运河被称为‘中国的威尼斯’，但还是有差别的。苏州古运河是一个迷人的工程，有许多经典的拱桥，环绕着一些古民居。整个地区都弥漫着浪漫气氛，它的年龄和景象增添了很多魅力。苏州古运河不应与威尼斯相比，威尼斯也没有唱歌的船夫。”

（3）居民生活方式。居民真实的日常生活方式，以及游览过程中和谐的主客互动，是苏州古运河的独特吸引力，也是入境游客感知的重要运河体验要素。相关的词语有“船”“居民”“生活”“方式”“中国人”等。许多入境游客对于沿运而居的居民以及他们传统的生活方式非常感兴趣，他们的凝视焦点经常围绕着居民在运河边洗衣服、晒衣服、乘凉、钓鱼、打扫等日常生活活动，如相关评论提到：“第二天早晨，我们乘运河船，看到运河边生活的居民在运河里洗衣服、休闲放松、做各种家务。这是对他们生活非常有趣的观察。”这些与日常相关的元素让入境游客感受到了旅游体验的真实性，并使他们感受到了真实的中国，同时也赋予了他们回到过去的“乡愁”之感。相关的评论如：“这是一次奇妙的巡游，看到运河沿岸的所有老房子，看到人们像很多年以前一样做着自己的事情和生意，真是太有趣了，就像时光倒流一样”“我们参观了运河外的当地市场，我们感觉正在进入一个‘真实的’中国，认识中国当地人和去当地的市场。我从来没想过我会那样爱中国。这是一个美丽的国家，居民非常幸福、谦虚”。

入境游客在凝视居民的生活方式的同时，也与当地居民产生了互动。不少游客认为友好的主客互动是游览过程中比较愉悦、独特的体验之一，如一些评论指出：“大运河的居民都很友好，向我们挥手致意。很有趣的是看到人们在运河旁边洗衣服、晒衣服和鞋子，还看到渔民（他们告诉我们，他们钓了很多鱼并吃掉了）。我很高兴有机会看到这些与我们大多数旅行中看到的旅游景点不同的地方。”

（4）游船观光游览方式。游船游览是苏州古运河主要的游览方式，为游客提供了游览运河、认识中国的全新视角。入境游客普遍提到，游船游览的方式令人印象深刻，非常惬意、有趣。与该主题相关的词语有“船”“乘坐”“观看”“游览”“参观”“方式”“体验”等。典型的评论如：“我乘坐了有导游的游船，非常令人印象深刻。古运河非常干净，景色美极了。游船坐了约40分钟。微风拂面，灯光非常漂亮”“大运河游船非常有趣！是欣赏苏州现代与传统生活的绝佳方式。在几百年前建造的运河上游览太酷了”。

游船观光游览的方式特别之处在于，以移动的方式提供了另一种视角全景式地游览苏州古运河。游船游览引导游客通过游船认识“古老的中国”，近距离地观看独特的古运河景象。相关评论有：“从船上去看‘古老的中国’非常有趣”“游船游览非常有趣！我们与旅游团一起乘坐了短途的游船游览，沿着运河一路慢悠悠地航行，最后停在山塘街后面。游船游览提供了很好的视角，让我们了解当地人是如何生活的”。

（5）旅游休闲配套设施与服务。休闲游憩是游客游览运河的重要动机之一。因此，作为运河旅游支撑系统的旅游休闲配套设施与服务（包括餐饮、购物、住宿、娱乐、解说等）也是游客体验的重要构成维度。密切相关的词语有“花费”“游船”“游览”“商店”“商街”“当地的”等。入境游客在评论中较多地提及苏州古运河的旅游纪念品商店、咖啡店、餐馆、酒吧等休闲场所。例如评论：“街道上到处都是有趣的手工艺品、材料、纪念品、食物、咖啡馆等商店。多花点时间试试当地的河边餐厅。值得”“苏州古运河是一个不错的历史区域。漫步在林立的商店中，在运河上巡游，看看真实的人们是如何生活的。商店里的价格合理，可以讨价还价。苏州古运河是个好地方，可以一边品尝着饮料一边俯瞰水景”。

除了硬件设施，服务人员的服务水平也极大地影响入境游客的体验。比如，在游船游览中，划船的主人和导游的态度和行为至关重要，他们对当地的介绍、唱歌表演等会影响游客对古运河的认知和感受。正如有些评论提到：“我们的船长是一位知识渊博的向导，他对当地传统的生活方式进行了深入的介绍”“你一定要坐小船沿运河游览。这是我们这次旅行的亮点。开船的老人在给我们开船的同时还给我们唱歌。太棒了”。

本文所识别出的五个主题——历史文化底蕴、运河遗存、居民生活方式、游船观光游览方式和旅游休闲配套设施与服务，是入境游客苏州古运河体验的主要内容。这五个主题之间相互联系，历史文化底蕴可以通过运河遗存、居民生活方式得以展现；游船观光游览方式提供了另一种视角参观古运河的运河遗存和居民生活方式，感受到古运河的历史文化底蕴；旅游休闲配套设施与服务则是其他主题的补充，满足入境游客基本的旅游需求。

（二）苏州古运河入境游客体验主题的显著性与积极性分析

本文进一步分析了五个主题的显著性与积极性（见图2）。研究表明，显著性从高到低依次为游船观光游览方式、旅游休闲配套设施与服务、运河遗存、历史文化底蕴、居民生活方式；五个主题的积极性幅度较小，说明各个主题的积极性趋于整体评论的积极性水平。居民生活方式、游船观光游览方式、历史文化底蕴感知相对更为积极，而运河遗存、旅游休闲配套设施与服务相对于整体水平有些消极。

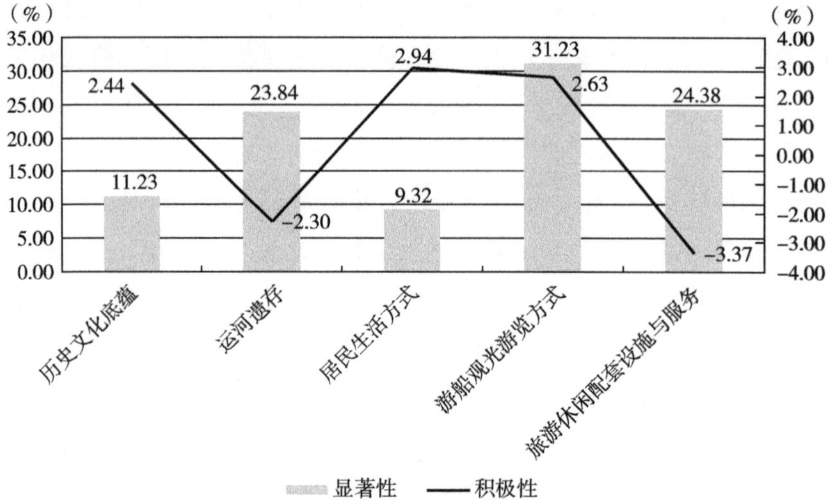

图2　主题显著性与积极性分析

从五个主题的显著性与积极性的关系来看，游船观光游览方式是最显著（31.23%）、较积极（2.63%）的主题。这说明游船观光游览项目是入境游客感知苏州古运河的重要方式，也受到了入境游客的欢迎。旅游休闲配套设施与服务显著性（24.38%）次之，但入境游客的体验相比整体水平是消极的（ –3.37%）。通过分析该主题的消极评论发现，入境游客的消极体验主要体现在两方面。一方面是旅游休闲服务水平，包括部分导游和船夫等服务人员素质较低、外语水平低，并有强迫和欺骗性的购物消费行为；缺乏必要的解说服务；高峰期等待时间太长、人手不足等问题。相关评论提到："我很习惯住在中国，但这次游船超出了我的极限！我们忍受着一个中国人用大喇叭大声说话，我们不能出去，船长在抽烟！然后我们被'要求'去买便宜、俗气的纪念品。完全是浪费时间"。另一方面，旅游服务设施和环境也导致了较差的游憩体验，如厕所和河流水道等环境脏乱差、游船相关设施差、道路拥挤、游客过多等。例如："河水很脏，不要沾到身上，也不要深呼吸去闻。游船有空调，但不够凉快，排气也不好。厕所当然不是很理想，很臭、很脏。好吧，这就是中国。"

运河遗存也是较为显著（23.84%）的主题，说明入境游客对运河遗存的感知比较强烈。但相对来说对运河遗存的评价稍微有些消极（ –2.3%），这主要是由于部分入境游客认为有些运河遗存没有得到充分的保护，呈现出破败、损毁的景象。例如相关评论指出："我感到有些伤心，那些没有政府资助的地方正在崩塌并在水中腐烂""在运河上乘船游览非常有趣，但当地政府必须修复那里的房子了，那些房子的状况很糟糕"。

另外，部分游客由于语言不通、解说服务缺乏、运河商业氛围太浓、停留时间太短等，对运河遗存的感知比较浅层。例如有些游客评论到："我不确定是否有英语导游，但令人失望的是，整个解说都是中文的，我不能理解我所看到的东西""它只是一条古老的小巷或街道，有许多商店出售衣服、饮料、当地食品和纪念品。没什么，只是在这里消磨时间"。

本文发现入境游客非常认可运河的历史文化底蕴和居民的生活方式（积极性分别为2.44%和2.94%），但感知相对较弱（显著性分别为11.23%和9.32%）。这说明了运河遗存的阐释和传播有待加强，居民的生活方式也可以更好地包装和呈现。

（三）苏州古运河入境游客旅游体验主题的分布差异

本文首先进行出游类型与体验主题的卡方检验，发现体验主题在不同出游类型的分布并无显著差异。其次，进行对不同国家与体验主题的卡方检验。由于评论涉及35个国家与地区，而80%的国家英文评论不足10条，因此本文重点分析评论量满足数据分析要求的国家，包括澳大利亚、美国、英国、加拿大这四大客源国。结果显示（$\chi^2 = 24.941$，$p < 0.05$）不同国家的游客对苏州古运河体验主题存在显著差异，国家与体验主题之间存在弱相关（Cramer's $V = 0.175$，$p < 0.05$）。各个国家间的事后检验结果如表2所示。遵循Agresti的建议，调整后标准化残差绝对值大于1.96，就认为该数值的观测频数与期望频数的差值存在统计学意义。结果显示，澳大利亚游客较少关注居民生活方式，而加拿大游客更看重旅游休闲配套设施与服务，美国游客更关注居民生活方式，相对较少关注旅游休闲配套设施与服务。

表2　不同客源国游客的体验差异：事后检验结果

国家	主题				
	历史文化底蕴	运河遗存	居民生活方式	游船观光游览方式	旅游休闲配套设施与服务
澳大利亚	11 (−0.2)	30 (0.5)	23 (−2.8)	14 (1.4)	34 (1.6)
加拿大	1 (−1.5)	11 (1.1)	5 (−1.9)	3 (−0.1)	13 (2.0)
英国	6 (1.1)	8 (−0.7)	15 (1.3)	3 (−0.4)	7 (−1.1)
美国	10 (0.4)	20 (−0.7)	38 (3.3)	6 (−1.1)	15 (−2.2)

注：括号内为调整后标准化残差。

四、结论与讨论

基于以上的研究结果，本文形成了以下研究结论，并据此提出了提升中国大运河遗产旅游体验的管理建议，也为未来研究指明了方向。

（一）结论

鉴于大运河在对外展示中华文化、传播国家形象方面的重要国际意义，以及大运河遗产入境旅游市场低迷的现状，本文选择大运河江南运河的苏州古运河为研究案例地，通过对 TripAdvisor 游客评论进行 LDA 主题分析，识别出五个入境游客运河遗产旅游体验主题，包括历史文化底蕴、运河遗存、居民生活方式、游船游览观光方式、旅游休闲配套设施与服务。通过计算五个主题的显著性与积极性发现，入境游客感知最强烈、最积极的是游船游览观光方式；对旅游休闲配套设施与服务、运河遗存感知也较强，但相对有些消极；历史文化底蕴和居民生活方式感知相对较弱但非常积极。研究同时发现，不同国家的入境游客体验主题有显著差异。

（二）研究启示

作为首个聚焦入境游客对中国大运河遗产旅游体验的研究，本文对于大运河国家文化公园提升入境旅游体验、讲好中国故事具有重要的意义。基于本文研究结论，提出以下管理建议：

（1）加强对大运河遗产的保护和阐释，提升游客对历史文化底蕴的感知。本文发现，大运河遗产是入境游客体验较显著的主题，但由于保护不足、语言解说缺乏等，入境游客的感知稍显消极，对大运河遗存背后的历史文化底蕴感知相对落后。因此，需要加强对大运河文化遗产的保护，坚持保护放在第一位，促进遗产资源合理适度利用。同时，要构建大运河叙事的中国表达，讲好中国故事、运河故事。既要完善大运河的解说标识系统，提供不同语种的专业解说，也要鼓励百姓讲述丰富、多元、有趣的运河故事，让大运河居民成为“旅游形象大使”、运河历史文化的传播者。

（2）提升游船观光游览项目，提供高品质的“水上游”。本文提出，游船观光游览方式是入境游客感知最强烈的主题，是入境游客认识中国、走进大运河的重要方式。因此，可以对游船观光游览项目提质升级，如整合沿岸的文化旅游资源推出具有地域文化特色的主题游线，提升夜间亮化景观、设计沿线实景演出等，提供品质化、内容丰富的运河休闲观光游览体验。

（3）完善旅游休闲配套设施与服务，营造良好的旅游环境。旅游休闲配套设施与服务是入境游客感知较显著但评价较消极的主题，消极感知主要体现在旅游服务人员强迫性消费，人员素质、服务意识和技能相对较低，旅游相关服务设施和环境较差。因此，需要加强对旅游服务人员的培训，提升服务技能；打击强迫性、欺骗性购物，规范旅游消费市场，建立健康有序的运行秩序。同时，加强对游船、厕所、河流水道、道路等设施与公共区域环境的治理，营造干净、整洁的旅游环境。

（4）呈现传统真实的居民生活方式，促进和谐的主客交流。本文显示，居民生活方式作为无形的、动态的资源是吸引入境游客的重要因素，入境游客对居民生活方式的感知很积极。因此，要继续保留、传承独特的生活方式和民风民俗，维护传统生活氛围，并通过有机更新不断改善居民的生活条件。同时，培育淳朴民风、文明乡风，促进和谐的主客互动，让游客体验原住民生活的真实性。

（5）提升大运河遗产旅游的跨文化营销与管理能力，促进国际共识的形成。本文发现，不同国家游客对大运河旅游的体验感知存在显著差异，比如澳大利亚游客很少注意到与运河遗产相关的居民生活方式。然而，该主题是运河遗产旅游地生动、真实的旅游体验的重要来源，也反映了运河遗产的活态特征。因此，今后的运河遗产保护和旅游开发工作，应关注不同国家、不同文化背景的游客的认知习惯和行为模式，以各国游客喜闻乐见的方式全方位地呈现运河遗产的真实面貌和独特价值，对外输出具有较强一致性和较高公信力的运河文化和中国故事。

（三）研究局限与未来展望

本文也存在一定的研究局限。首先，本文仅选取了苏州古运河作为研究区域，由于大运河遗产范围广泛，可能存在地区差异，未来可在大运河其他区域进行验证。其次，本文的数据源单一，且受语言水平限制仅分析了英语评论，未来可考虑扩大数据分析样本，比如纳入日本、韩国等重要客源市场的声音。最后，本文仅是探索性地识别出了入境游客运河遗产旅游体验的主题，未来还可进一步分析主题之间的关系、时空演变特征等。

参考文献

[1] 李飞，邹统钎．论国家文化公园：逻辑、源流、意蕴［J］．旅游学刊，2021，36（1）：14－26.

[2] 蒋依依．以国家形象与旅游形象有机融合促进入境旅游持续发展［J］．旅游学刊，2018，33（11）：9－11.

[3] 中国新闻网．江苏大运河文旅消费报告出炉：2018 年入境游客达 400 万人次［EB/OL］．［2019－05－05］．https：//www. sohu. com/a/31182591_ 123753？sec＝wd.

[4] 吕龙，黄震方．遗产廊道旅游价值评价体系构建及其应用研究——以古运河江苏段为例［J］．中国人口·资源与环境，2007，17（6）：95－100.

[5] 张飞，杨林生，何勋，等．大运河遗产河道游憩利用适宜性评价［J］．地理科学，2020，40（7）：1114－1123.

[6] Guo Y.，Barnes S. J.，Jia Q. Mining Meaning from Online Ratings and Reviews：Tourist Satisfaction Analysis Using Latent Dirichlet Allocation［J］. Tourism Management，2017，59：467－483.

[7] Kirilenko A. P.，Stepchenkovas O.，Dai X. Y. Automated Topic Modeling of Tourist Reviews：Does the Anna Karenina Principle Apply？［J］. Tourism Management，2021，83：104241.

[8] 梁晨晨，李仁杰．综合 LDA 与特征维度的丽江古城意象感知分析［J］．地理科学进展，2020，39（4）：614－626.

[9] Li J. P.，Feng Y. Y.，Li G. W.，et al. Tourism Companies' Risk Exposures on Text Disclosure［J］. Annals of Tourism Research，2020，84：102986.

[10] Taecharungroj V.，Mathayomchan B. Analysing Tripadvisor Reviews of Tourist Attractions in Phuket，Thailand［J］. Tourism Management，2019，75：550－568.

[11] Agresti A. Categorical Data Analysis（2nd ed.）［M］. New York：Wiley，2002：81.

大运河国家文化公园的文旅品牌及其孵化

秦如月　李明旭*

内容提要： 大运河国家文化公园的文旅品牌处在起步阶段，有待进一步完善和发展。大运河文旅品牌能否被社会满意接受甚至卖个"好价钱"，是否能为大运河沿线城市带来良好的经济效益等，这都需要打造和培育出好的品牌、认真做好品牌孵化工作。借助大运河国家文化公园的建设，做好运河沿线文旅品牌的孵化研究，不仅可以加速运河文化的传播，提升大众认同感，还将对大运河文化带建设带来更大的综合效益。

关键词： 大运河智库；大运河国家文化公园；大运河文旅品牌

一、引言

《长城、大运河、长征国家文化公园建设方案》（以下简称《方案》）指出，建设国家文化公园是充分发掘好、利用好丰富文物和文化资源，推动中华优秀传统文化创造性转化、传承、发展的重要举措，利用公园化管理运营推动新时代文物和文化资源保护传承利用的战略决策，形成一批可复制推广

* 作者单位：中国大运河智库联盟北京物资学院大运河研究院。

的成果经验，将为全面推进国家文化公园建设创造良好条件。《方案》提出，将在五个关键领域实施基础工程，其中，文旅融合工程要求科学规划文旅产品，推动开发文旅商品，扩大文化供给，这将为大运河国家文化公园开展整体品牌塑造和营销推介创造良好条件。借助大运河国家文化公园的建设，做好运河沿线文旅品牌的孵化研究，不仅可以加速运河文化传播，还将为运河沿线城市带来良好的经济与社会效益。

按《方案》要求，长城、大运河、长征国家文化公园的建设，计划2023年底基本完成。大运河国家文化公园涉及北京、天津、河北、江苏、浙江、安徽、山东、河南八个省市，其中大运河江苏段作为重点建设区于2021年底前完成，而我国试点国家公园的经验和教训将为大运河国家文化公园建设提供借鉴，协调好大运河国家文化公园建设与国家公园建设、地域文化、经济建设、人文之间的关系是大运河国家文化公园建设项目顺利进行的基本保障（王健、彭安玉，2019）。此次国家文化公园建设的基本原则之一是文化引领，彰显特色，这就需要为运河文化传承提供良好的载体，而单靠媒体导向和宣传活动是不够的，只有把大运河国家文化公园建设与文化旅游深度结合创建文旅品牌，明确品牌的目标和定位，实现品牌孵化，才能彰显大运河国家文化公园建设的“文化”内涵。同时，以品牌孵化形成品牌文化的光环效应作为自己的品牌屏障，能够以品牌传承和发扬真正的运河文化。那么，当前大运河沿线文旅品牌建设的现状如何？大运河国家文化公园的品牌建设又如何？借助《方案》的实施，以其他品牌孵化项目为参考，如何创建大运河国家文化公园的品牌孵化模式？这些是本文关注的重点。为此，本文尝试在大运河文旅品牌建设的现状之上，为文旅融合背景下的大运河国家文化公园品牌孵化提出合理建议。

二、大运河文旅品牌建设现状

建设大运河文旅品牌，应先明确文旅品牌内涵。界定文旅品牌的内涵不仅有助于做好运河沿线文旅品牌的孵化研究，还可以推动文旅品牌建设工作的开展，加速运河文化传播。为此，诸多学者对文旅品牌的内涵界定进行了深入的研究。建设大运河文旅品牌，还需要了解文旅品牌现状，明确大运河的文旅品牌定位，这对于在文旅融合背景下打造运河文旅品牌具有重大意义。

（一）文旅品牌的内涵与特征

目前对于文旅品牌尚未有统一的概念界定，不同学者对其内涵所持的观点各异，但综合而言，文旅品牌是要素的整合，是文化旅游产业发展到一定程度后产生的增值资产。文旅品牌具有的文化性、地域性、专有性和协同性特征，不仅彰显了文旅项目的独特性，同时在各要素的协同促进下，使文旅项目具备了更深层次的经济价值和文化价值，促进了文旅综合经济与社会效益的增长。

1. 文旅品牌的内涵

关于文旅品牌内涵的界定，很多学者进行了深入研究。王志东和闫娜（2011）将文化旅游品牌界定为一种产品和认知系统，由具有高质量、高知名度的旅游目的地等组成。张海燕和王忠云（2011）则指出，文旅品牌开发是集成多种旅游要素的价值系统，更多强调地域文化中的品牌精神和价值主张。然而张光英和沈德福（2014）则认为，旅游品牌是旅游资源、服务、文脉等旅游吸引力的核心要素，独特的文化创意则是文旅品牌的灵魂。虽然目前并没有明确的文旅品牌内涵界定，但总的来说，文化旅游品牌是依托地域旅游、文化资源等要素的整合，是文化旅游产业发展到一定程度后产生的增值资产。

2. 文旅品牌的特征

（1）文化性。文旅品牌的核心是文化内涵，一个成功的文旅品牌，可以将文化要素融入旅游体验中，为文旅项目带来更深层次的经济价值和文化价值。

（2）地域性。文旅品牌的独特性是基于其地域性，不同的地域拥有不同的自然资源、人文资源、社会经济资源等，很多文旅项目及品牌的设立是基于特定的地域文化，独一无二，因此文旅品牌具有非常显著的地域性。

（3）专有性。文旅品牌是经过认证注册的 IP 产权，通过对品牌的开发、运营及保护，提高旅游的文化附加值，从而促进文旅综合经济与社会效益的增长。

(4) 协同性。文旅品牌的塑造是一项综合工程，包括建筑、服务、游客等多个主体，也包含饮食、住宿、景点等多种形式，这些要素的协同发展影响着文旅品牌的发展。

(二) 大运河沿线文旅品牌建设的现状

大运河文化带建设的提出，给运河沿线城市的旅游开发带来了发展机遇，而由文化部、国家旅游局整合而成的文化和旅游部也为运河文旅项目的开发奠定了基础。在文旅融合背景下，沿线一些城市已利用大运河开发了一些文旅项目，打造了一些文旅品牌（见表1）。

表1　目前已有的大运河文旅品牌

地点	品牌
江苏扬州	大运河文化旅游博览会
江苏无锡梁溪区	江南古运河风情夜游节
山东省	"江北都江堰""鲁风运河""舌尖上的运河"等
山东枣庄	运河古城复兴项目
山东聊城	"江北水城 · 运河古都"

但发展运河文旅、打造文旅品牌不是简单的贴运河标签、用运河赚快钱。目前有多个城市都叫"运河之都""云和故里"，沿线很多城市都打着运河旅游名城的旗号，所建的运河博物馆风格主体也都相仿，这说明大运河的文旅品牌定位还不够清晰明确，在文旅融合背景下打造运河文旅品牌的任务还远未完成。

三、大运河国家文化公园文旅品牌建设状况分析

从生态良好、文化资源、文旅融合的角度客观分析运河沿线城市的资源禀赋，发掘现有的建设大运河国家文化公园文旅品牌可利用的生态资源、文化资源、旅游资源，对于大运河国家文化公园的建设具有重要的理论意义和现实意义。另外，明晰大运河国家文化公园品牌建设概况，有助于进一步了解大运河国家文化公园的重点建设任务和进展状况。

（一）大运河国家文化公园资源禀赋分析

大运河文化带建设要求打造大运河绿色生态带、璀璨文化带、缤纷旅游带，而运河良好的自然生态、悠久的运河文化及文化遗产、丰富的旅游项目正是建设大运河国家文化公园的前提和基础。客观分析运河沿线城市的资源禀赋，对于大运河国家文化公园的建设具有重要的理论意义和现实意义。

加强运河生态文明建设能为大运河文化公园建设提供良好的资源。从各省市 2018 年的环境状况公报来看，当前大运河沿线各省市的生态问题比较严重：一是空气质量状况未达到国家标准（35 微克/立方米）；二是运河水环境质量总体一般，大多省份为Ⅲ类水，其中江苏段水质较其他河段更优质，部分河段达到Ⅱ类标准，一些河段水资源比较匮乏，农业、工业面源污染对水质造成的污染也不容乐观；三是生态空间不足，运河沿线城市乡村等建设占据了河流的空间，耕地因污染导致质量下降、水土流失。不过对大运河生态进行保护修复的工作已被提上了日程，相关专家已经提出了政策性建议，例如，建立联席会议制度，负责统一指导、协调和督查生态带的建设；依托南水北调工程恢复河道通水并保障河水清洁；加强绿化工作，建设绿色生态廊道，各省市（除天津市外）环境污染治理投入较大，水土流失治理工作也在稳步推进，具体如表 2 所示。这些生态修复工作都将为大运河国家文化公园的建设提供良好资源。

表 2　2018 年大运河沿线八省市生态环境指标

省市＼指标	PM 2.5 平均浓度（微克/立方米）	运河水质类别	水土流失治理面积（千公顷）	环境污染治理投资（亿元）
北京市	51	Ⅴ类	777.6	665.4
天津市	52	Ⅲ类	99.3	71.2
河北省	56	Ⅲ类	5379.2	605.8
河南省	61	Ⅲ类	3673.0	641.3
山东省	49	Ⅲ类	4005.4	948.8
江苏省	48	Ⅱ、Ⅲ类	918.8	715.4
安徽省	49	Ⅳ类	1940.3	505.0
浙江省	33	Ⅲ类	3721.1	452.9

资料来源：各省市 2018 年环境状况公报、《中国环境统计年鉴》。

相较于生态资源，大运河的文化资源是祖先留给我们的宝贵遗产，因为它是“活着的”遗产。大运河流经 8 省 27 座城市，造就了庞杂而分散的文化资源，遗留了诸多的古闸、古塔、古桥，包括河道遗产 27 段，运河水工遗存、运河附属遗存、运河相关遗产共计 58 处，整合这些文化“家底”，将会让沿线城市社会、经济、人文精神焕发无限活力。这些文化资源不仅包含物质文化遗产，还包含相当一部分运河的故事、传说、技艺、民俗风情等非物质文化资源。提炼出这些显性与隐性的文化资源，并进行传承与保护，将为文化公园的建设增添内涵（雷蕾、李骊明，2019）。

目前，大运河与雄安新区建设、京津冀协同发展、“一带一路”建设等国家战略联系在一起，又正值文旅融合的新形势，这些给运河旅游创造了新的发展机遇。20 世纪 80 年代大运河就凭借其特色文化遗产、人文景观、民俗风情等在旅游业内独树一帜，如今随着运河申遗和文旅融合热潮的掀起，沿线各省市也相继推出“运河文化节”“古运河水上之旅”等专题旅游项目，这些旅游项目和产品在市场上得到了广泛认同。加之大运河文化带的建设，各种运河旅游规划、运河文旅品牌相继出现，这些丰富的旅游资源正是大运河国家文化公园建设中不可或缺的一部分。

（二）大运河国家文化公园品牌建设概况

按照《大运河国家文化公园（江苏段）建设规划》及未正式公布的《大运河江苏段文化和旅游融合发展规划》，大运河江苏段是大运河国家文化公园的重点建设区，其重点任务之一是打造大运河国家文化公园建设的“江苏样板”（王健、王明德、孙煜，2019）。江苏段首批规划 22 个核心展示园、25 条集中展示带和 148 个特色展示点，囊括 9 种类型，苏州、无锡、常州、扬州、淮安、徐州等城市均会推动大运河国家文化公园建设，其他各省市也将陆续开展文化公园的建设，其中大运河国家文化公园品牌的打造必不可少。各省市对大运河国家文化公园品牌的具体建设规划如表 3 所示。

目前，其他省市还没有关于大运河国家文化公园品牌建设的具体规划，但大运河国家文化公园研究中心已将协同推进大运河国家文化公园的品牌形象建设纳入研究工作范围，以保障文化公园品牌建设的顺利进行。

表3　各省市大运河国家文化公园品牌建设规划

地点	建设规划
江苏苏州	大运河园林大观园
江苏无锡	“两园三带十五点”
天津杨柳青	“运河上的京津冀——杨柳青国家大运河文化公园”
北京通州区	整合“三庙一塔”、西海子公园、大运河森林公园等运河旅游资源

四、大运河国家文化公园品牌孵化分析

本文以“嗨象山”文化品牌孵化计划为例，分析我国的文旅品牌孵化现状，发掘我国文旅品牌孵化的可开发潜力。本文从大运河国家文化品牌孵化资源入手，区分内部与外部资源，为构建大运河国家文化公园文旅品牌的双重品牌孵化物运作模式奠定基础，通过内部与外部联合孵化，使大运河文旅品牌在如今旅游业复杂多变的环境中实现独立运营。

（一）我国文旅品牌孵化现状

所谓品牌孵化，其实是品牌创建的过程，包括针对具体行业提出科学、严谨、完善的设计方案并进行推广等。品牌孵化包括品牌内核孵化和品牌外形孵化两项，品牌外形与内核一致才能使品牌立于不败之地。我国每年都会新增数十万个品牌，但生命周期都很短，且这些孵化品牌大多聚集在服装、餐饮、互联网等行业，目前旅游业的品牌孵化项目还为数不多。

2019年4月25日，2019象山五一新玩法发布暨象山文旅新线路新产品研发孵化计划启动仪式在宁波举行，旨在提升象山旅游品质及文化内涵，打响“嗨象山”旅游品牌。象山县旅游发展中心围绕主题举办了“文旅精品线路研发孵化计划”等主体活动，并搭建了“象山伴旅——官方全域旅游公共服务平台”孵化平台。具体规划如表4所示。

表 4　“嗨象山”旅游品牌孵化计划

孵化项目/保障	具体规划
新路线新产品	评选网红打卡点、“五个不得不” TOP 排行榜
文旅精品旅游线路	免费住宿、门票，招募特长旅游队伍
资金扶持	原创性、主题化的旅游新产品新线路
线下孵化推广平台	象山旅游直通车

类似于“嗨象山”的文旅品牌孵化项目在我国为数不多。目前，国内的文游品牌还停留在“有品牌无影响力”的阶段，产品开发过于疏浅，即使产品或项目拥有悠久的历史，也无法生动地体现出其文化内涵。另外，这些文旅项目缺少体验式活动，游客参与度低，文旅品牌同质化也很严重，多数为古镇游览加购物的模式，整个品牌链都趋于逐利，缺乏创意和灵感。即使有些品牌有孵化，如文化体验馆、古物生活馆等，也都是讲解员或电子设备播放讲解，游客体验感较差。此外，很多文旅品牌出现本身有品牌，但其并没有孵化同步的餐饮、住宿或购物等品牌，与本地特色融合不够。可以说，我国文旅品牌孵化具有很大的开发潜力。

（二）大运河国家公园文旅品牌孵化模式

进行大运河国家公园文旅品牌孵化首先要充分了解现有可利用资源，可以从内、外两部分入手，并以此为依据，构建品牌孵化模式，将内核孵化与外形孵化相结合，不断挖掘内部资源、注入新的外部资源，使其在品牌悠久的文化底蕴上不断注入新的血液，经久不衰。

1. 品牌孵化资源

进行大运河国家文化公园文旅品牌的孵化首先要有充足的资源，在这里，我们分为内部资源和外部资源，如图 1 所示。

内部资源中，其他国家公园的建设可为运河文化公园的建设奠定基础，达到资源共享的目的；合理的资金分配则可以保障品牌的顺利推广；而运河悠久深厚的文化资源则是运河文旅品牌的内涵所在，赋予品牌灵魂。外部资源中，地域特色是重点，只有不同省市的运河公园同承运河一脉又能避免同质化，才能以足够的特色优势吸引游客；而无论是公园建设还是运河品牌孵

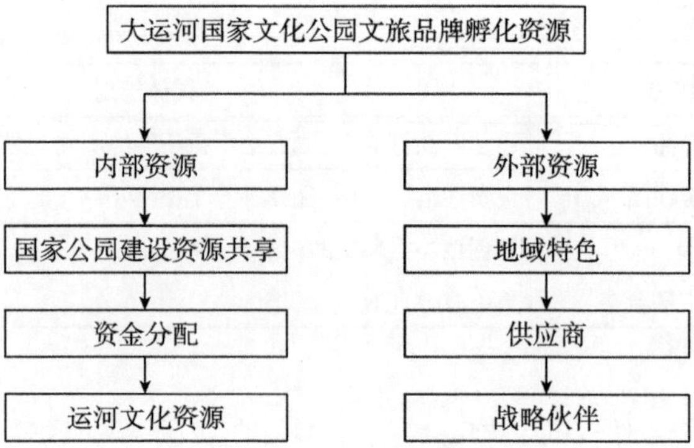

图1　大运河国家文化公园文旅品牌孵化资源

化都需要优秀的供应商，这样才能保证运河文旅品牌备受关注；推广、营销、资金、技术等战略合作伙伴也是必不可少的。

2. 品牌孵化模式

大运河国家文化公园文旅品牌的孵化同样分两项：品牌内核孵化和品牌外形孵化。其运作模式如图2所示。

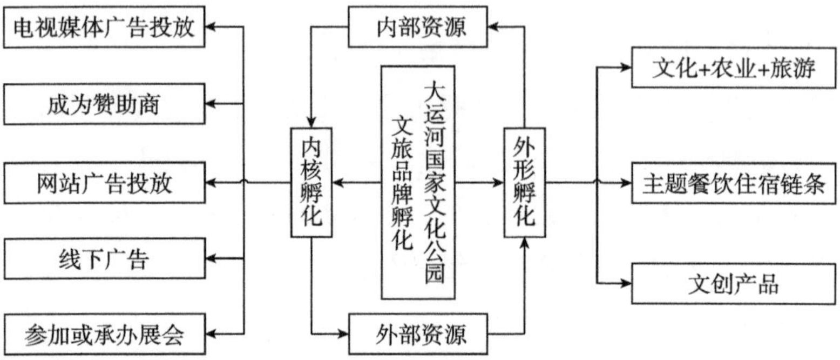

图2　大运河国家文化公园文旅品牌孵化模式

内核孵化：大运河国家文化公园文旅品牌的内核孵化指的是公园自身去做营销、推广。第一，在打响运河品牌后，可直接在电视媒体投放广告，且需要长期曝光，对于电视媒体，可以选择运河沿线的八省市广播电台，传播面广，且便于合作。第二，为运河文旅品牌提供赞助商，当然赞助的赛事、节目等要尽量向文旅方向靠拢，不能只看重流量。第三，向大型门户网站投放广告，同时要建立自己独立的网络平台——官网，曝光后使网友有站可寻。第四，线下广告也是很有必要的，如高速公路、公交站、地铁站、商场广告牌等，这些人流量大的地方可以算是优质渠道。第五，参加或承办展会，运河公园都应该附有各自的体验馆，或者 VR 视觉体验古代漕运，或者实际体验当地民俗风情等。

外形孵化：这里所指的外形并不是公园建设，而是大运河国家文化公园以自身品牌寻求与他方合作。第一，现在很多文旅品牌有“农业 + 旅游”的农旅项目，但是缺乏文化内涵，大运河文化公园可推出“文化 + 农业 + 旅游”的创新模式，将沿线农耕文化植入旅游项目中，这种方式不仅提高了农业的附加值，还使运河文化深入人心，一举三得。第二，打造以运河为主题的住宿餐饮链条，使每个文化公园内的餐饮住宿都有品牌，都依附于运河本身，且各个地方的住宿餐饮都要有自己的地域特色，避免雷同但又不脱离运河主题。第三，文创产品是现在各个旅游景点中都必不可少的，但都大同小异，无法吸引游客眼球，运河文创产品可借鉴故宫大 IP 的开发，使其产品独树一帜。

本文列举的大运河国家文化公园文旅品牌的双重品牌孵化物运作模式，在内部主导外部联合的孵化过程中不断挖掘内部资源、注入新的外部资源，使大运河文旅品牌在如今旅游业复杂多变的环境中实现独立运营，这种模式看似浪费资源，但其实质是在品牌悠久的文化底蕴中不断注入新的血液，使其经久不衰。

五、文旅融合下大运河国家文化公园品牌孵化建议

文旅融合下实现大运河国家文化公园品牌孵化，不仅需要有选择性的招商引资以获取品牌孵化的资金来源，还需要赋予大运河国家文化公园文旅品牌以特殊的价值与内涵，以特色文创产品为载体，传播运河品牌，更需要借助农村地区的优势，打造品牌孵化的复合模式，从而达到扶贫与运河文旅品牌孵化的双创收。

（一）招商引资为品牌孵化提供稳定保障

大运河国家文化公园品牌孵化所需的内外部资源挖掘都离不开资金支持，招商引资则可为品牌孵化提供资金来源。但招商引资也需具有选择性，要大力引进文化创意型项目的招商和建设，配合大运河国家文化公园的建设，努力打造集游览、度假、会展、休闲、文化演出、住宿、美食购物等多种功能于一体、能充分发挥旅游产业效益、助推和带动文化产业提升的复合型旅游休闲项目和高端文旅综合体。要支持相关文旅休闲项目列入省、市重点项目库，推动运河沿线各地区相关潜力行业转化为与运河相关的旅游产品，为运河文旅品牌孵化寻找战略合作伙伴提供便利。要扶持相关高新技术文创产品，促进运博会、运博馆、艺术节等文化创意产业与运河文旅品牌的结合与互动，在深挖运河文化内涵的同时，在取其精华去其糟粕的前提下与国内外知名文旅品牌相融合并促使其落户运河文化公园。

（二）孵化特色文创产品传播运河品牌

在文创产品大热的现状下，要打破常规，赋予大运河国家文化公园文旅品牌以特殊的价值与内涵，用最直观的文创产品传播运河品牌。鼓励文创产品跨界合作，横向发展，将运河品牌植入小说、影视作品、音乐、手游、网游等进行变现，这是与人民生活最接近最易于传播的途径。对于运河这种线性文遗，沿线每个城市都有自己的地域特色，每个地方可根据自己的地域特色建立运河公园吉祥物，衍生一些周边文创产品，这种可移动的文创产品极大地扩大了品牌的传播范围。目前，很多旅游景点的文创产品繁多且重复率极高，为杜绝运河品牌走上此道路，应以“一景一品”的理念打造极富运河文化底蕴的文创产品，加深品牌印象。另外，应支持美术学院、设计研究机构等与运河文旅品牌合作，使文旅产品更具特色，别具一格。

（三）乡村扶贫助推大运河国家文化公园建设与品牌孵化

大运河的很多古闸、古塔、古桥的遗址都分布在农村地区，且农村地区的生态环境相对城市来说更好、运河文化也更悠久，我们在考虑品牌孵化的过程中不能忽视农村地区的孵化项目。因此，大运河国家文化公园文旅品牌的孵化与乡村振兴、精准扶贫挂钩，将给运河品牌的孵化带来极大的优势（郑必镇，2019）。目前很多省市还没有敲定大运河国家文化公园的选址，如果将运河文化公园选址在广大乡村地区，则可以打造“古村落 + 旅游休闲 + 生态保护 + 精准扶贫”的复合模式，这里所说的古村落包括运河遗址的新型农村小镇，依托农村的自然生态、广袤地域以及文化遗址，打造以运河文化公园为主体的运河特色小镇，这种因地制宜的精准扶贫将为运河品牌打出最有效的广告。对于一些有非物质文化遗产、独特民俗的村落，则可以打造“文化体验 + 文创产品 + 旅游休闲”的模式，例如，浙江杭州的宫廷杭绣、绍兴的越窑青瓷，江苏的苏绣、苏州的缂丝织造，北京的兔儿爷，山东的鲁锦、潍坊风筝，天津的杨柳青年画，河北的武强年画等。这些不仅可以为游客提供手工体验，还可以面向中小学生团体旅行，推出“吃、住、游、学、购、娱”一体的研学服务（曾帅、杨思羽，2020），再依托农村电商的发展打造本村的信息服务平台，搭建“网络 + 文旅 + 乡村振兴”的扶贫模式，从而实现扶贫与运河文旅品牌孵化的双创收。当前我国旅游扶贫主要针对少数民族地区，运河沿线八省市的旅游扶贫将为全国乡村地区的发展打开新视野。

参考文献

［1］王健，彭安玉．大运河国家文化公园建设的四大转换［J］．唯实，2019（12）：64－67.

［2］王志东，闫娜．山东文化旅游品牌战略研究［J］．理论学刊，2011（6）：106－109.

［3］张海燕，王忠云．产业融合视角下的民族文化旅游品牌建设研究［J］．中央民族大学学报（哲学社会科学版），2011，38（4）：17－23.

［4］张光英，沈德福．“清新福建”旅游品牌视野下的旅游资源总体评价体系研究［J］．经济研究导刊，2014（31）：238－241.

［5］雷蕾，李骊明．国家文化公园开发与陕西大遗产资源［J］．西部大开发，2019（6）：94－97.

［6］王健，王明德，孙煜．大运河国家文化公园建设的理论与实践

[J]．江南大学学报（人文社会科学版），2019，18（5）：42－52.

[7] 郑必镇．基于乡村振兴的农村旅游扶贫路径研究［J］．农村经济与科技，2019，30（24）：50＋102.

[8] 曾帅，杨思羽．四川省旅游扶贫特色文化开发模式研究［J］．现代营销（信息版），2020（2）：188－189.

·大运河智库·智鉴

智

1. 聪明。

《孟子 · 公孙丑下》：“王自以为与周公孰仁且智？”

2. 智慧，智谋。

《淮南子 · 主术训》：“众智之所为，则无不成也。”

《史记 · 项羽本纪》：“汉王笑谢曰：‘吾宁斗智，不能斗力。’”

鉴

1. 古代器名。青铜制。形似大盆。用以盛水或冰，巨大的或用作浴器。盛行于东周。古时没有镜子，古人常盛水于鉴，用来照影。因此铜镜也称为鉴。

2. 照；审察。

《梁书 · 到洽传》：“乐安任昉有知人之鉴。”

3. 警诫或教训。如：前车之鉴。

《诗经 · 大雅 · 荡》“殷鉴不远，在夏后之世。”

智鉴，即大运河智库战略规划的潜心发力

运河商务区建成全球财富中心的国际比较*

邹旭鑫**

内容提要：北京城市副中心在运河商务区建设过程中，大力发展财富管理等新兴金融服务产业，完善财富管理行业的全产业链，致力于将财富管理产业打造成城市副中心经济发展的新动力。本报告聚焦运河商务区建设全球财富中心，坚持问题导向，通过比较分析纽约、瑞士、新加坡等国际上已建设成功的国际财富管理中心在发展模式、目标定位、特色优势、监管体系等方面特点，总结经验和教训，并在深入一线调研和专家座谈交流的基础上，积极研究破题之策，提出了一系列政策建议。

关键词：大运河智库；运河商务区；北京城市副中心

北京城市副中心的金融业发展正在由单点走向成片、由国内走向国际，

* 基金项目：北京社科基金项目“北京市产业疏解与对外经济辐射的协同效应研究”（18YJB010）；北京物资学院青年科研基金项目“交易成本、生产性服务业集聚与制造业高质量发展”（2019XJQN10）；北京物资学院“中国经济高质量发展理论与实践”科技协同攻关团队（2020GG01）；大运河研究专项项目——北京城市副中心建设全球财富中心比较研究（2021XJYH03）。

** 作者单位：中国大运河智库联盟北京物资学院经济学院。

以运河商务区为载体，渐次建成全球财富中心。目前，城市副中心内注册的各类持牌及经监管部门认可的金融企业已超300家，有超过一半的银行机构新设或升格为法人行或一二级分行，近两年更是集聚了一批业界顶尖的金融机构、智库机构和金融专业服务机构，财富管理、绿色金融、金融科技三大产业生态加速构建。运河商务区已经集聚了一批金融企业，它们成为副中心金融产业发展的重要载体。同时，运河商务区正积极培育、发展壮大绿色经济，通过构建高效绿色的金融服务体系，高质量培育绿色金融市场主体，推动金融机构创新绿色金融产品和服务，赋予“两区”绿色低碳发展新动能。

一、运河商务区与全球财富中心的比较分析

从形成条件上来看，国际上一些财富管理中心一般都是在金融中心发展取得一定成果的基础之上形成的，是金融中心发展到一定阶段的产物。财富管理中心要发展，首先金融业必须得发达。尽管金融是现代经济的血液和核心，但金融业不能脱离实体经济而独立存在，财富管理中心的建设与发展是受诸多因素共同作用的结果。

从发展模式上来看，目前，全球财富管理中心主要有亚洲模式、欧洲模式、北美模式以及群岛模式。亚洲模式主要以中国香港以及新加坡为代表，欧洲模式主要以瑞士和英国伦敦为代表，北美模式主要以美国的纽约、旧金山等城市为代表，群岛模式则主要以开曼群岛、英属维尔京群岛等一些群岛国家为代表。

本报告选取了四种模式下具有代表性的国际财富管理中心，总结了现有的四大发展模式的基本情况，并进一步将这四种模式在目标定位、发展优势、监管体系、政策优惠等方面与北京国际财富中心进行对比分析。

本报告对全球财富管理中心现有的四大发展模式进行了简要总结，具体如表1所示，各种财富管理的发展模式各具特色。例如，欧洲模式、北美模式以及群岛模式都主要是由市场力量推动的，而以中国香港和新加坡为代表的亚洲模式，其财富管理的发展还离不开地区金融部门以及政府部门强有力的支持。特别是在1998年亚洲金融危机后，新加坡制定了成为亚洲重要金融中心的发展规划。短短几年，它迅速吸引了世界顶级财富管理机构，并积

累了大量私人财富。其发展经验具有重要的借鉴意义。

表 1　全球财富管理中心四大发展模式和北京国际财富中心的发展情况

	亚洲模式	欧洲模式	北美模式	群岛模式	运河商务区北京国际财富中心
主要特点	依托独特的地理位置优势，吸引大量离岸资金，以离岸业务为主，有着低税率、宽松的市场准入环境	以离岸业务为主，传统上以贵族和皇室为主要服务对象，后来逐步扩大到各类富裕人士	财富管理以在岸业务为主，“产品化”发展模式为客户提供多元化的金融产品和高水平的金融服务，形成以佣金为核心的交易驱动型商业模式	具有离岸中心的政策优惠，群岛主要起到注册的功能，运营还需要在其他地方完成	依托运河商务区，致力于金融科技和财富管理两大重点发展产业，融汇众多国际资源平台，铸就中国商务平台
参与机构	有私人银行，也有综合性银行，更有大量国际知名财富管理机构	私人银行是主导力量，也有众多的小型私人银行以及家庭办公室	以大型金融集团的专业财富管理机构为主	以离岸银行和信托公司为主	华夏银行、上海银行、北京银行等各大银行分行，北京绿色金融和可持续发展研究院，金融科技类企业以及相关咨询、研究机构
驱动模式	市场与政府共同推进	市场主导	市场主导	市场主导	市场与政府共同推进
代表地区	中国香港、新加坡	瑞士、伦敦	纽约、旧金山	开曼群岛、英属维尔京群岛	北京城市副中心运河商务区
目标定位	离岸金融中心	离岸金融中心	国际金融中心	离岸金融中心	全球财富管理中心

（一）运河商务区与以中国香港和新加坡为代表的亚洲模式财富管理中心比较

中国香港和新加坡能够发展成为国际金融中心，是多方面因素共同作用的结果。例如，有优越的地理位置；有繁荣的经济基础和稳定的社会秩序；有自由开放的经济体系与金融政策；有大量的高精尖人才聚集；有完善的金融法律法规以及高效的监管体系。

第一，从目标定位来看，作为在亚洲乃至世界上发展领先的国际金融中心之一的香港国际金融中心，不仅是金融服务的首选地，而且也是许多金融机构的所在地。香港特区政府将其国际金融中心的发展目标定位为离岸人民币业务中心以及国际融资和资产管理中心。与香港国际金融中心类似，新加坡国际金融中心也主要是以离岸金融业务为主，而作为北京城市副中心财富管理产业核心承载区的北京国际财富中心，其发展目标是打造具有国际竞争力和区域辐射力的全球财富管理中心。在北京城市副中心的建设过程中，为更好地打造国际财富管理中心，通州区也在大力发展以财富管理业务为主的新兴金融服务产业，完善北京城市副中心财富管理行业的全产业链发展。

第二，从发展优势来看，中国香港位于亚洲的中心地带，不仅与内地紧密相连，而且与世界各地相连，是发展离岸人民币业务的最佳选择地。在“一国两制”的政策方针下，香港离岸人民币业务中心的建设进一步提升了其国际金融中心的地位。在如今这个科技高度发达、金融业蓬勃发展的时代，香港特区政府致力于打造国际金融科技中心，其优势在于简单而又低税率的税收制度，自由的资本获取，广泛的金融产品以及有大量的金融人才。中国香港金融监管局的资料数据显示，在 2017 年，香港金融业从业人员就已超过 258000 人，约占香港工作人口的 7%，占香港本地的生产总值约 19%。

新加坡国际金融中心有着得天独厚的地理优势，它完全弥补了伦敦和纽约两座城市之间交易时段的空缺，其金融机构可以 24 小时与世界各地的金融机构进行交易，使得新加坡成为了全天候的外汇和证券交易中心。国际清算银行（BIS）的调查数据显示，2019 年新加坡是仅次于纽约和瑞士的第三大财富管理中心，同时也是仅次于伦敦和纽约的第三大全球外汇交易中心；税收制度方面，新加坡政府实行的是低税率制度，但是又通过复杂的税收制度来引进国外的金融机构，以便更好地保护本国的金融机构，满足本国金融业发展的需要。

北京国际财富管理中心虽然没有前面两个国际金融中心那么优越的地理

位置，但运河商务区位于千年大运河北首，百里长安街东端，京杭大运河贯穿其中，紧邻行政办公区，是城市副中心建设的先行区、示范区，规划面积为20.38平方千米，是北京中心城区商务功能疏解的重要载体，承载服务京津冀协同发展的金融功能，并努力培育财富管理和总部经济两大千亿级产业集群。此外，运河商务区还在建设中国（北京）自由贸易试验区国际商务服务片区，积极打造首都北京对外开放的“城市副中心窗口”。

第三，从监管体系来看，中国香港有着健全的法律体系，香港特区政府采取不干预政策。与中国香港不同的是，新加坡政府实施的是积极的干预政策，在保护本国金融机构稳定发展的基础上，适当鼓励外国金融机构进入，而北京国际财富中心的各种制度体系尚不完善。

（二）运河商务区与以瑞士和伦敦为代表的欧洲模式财富管理中心比较

瑞士的金融业发展历史悠久，其银行业在全球极为发达，现在稳居世界银行王国的位置。但其财富管理主要依托私人银行，私人银行是瑞士发展财富管理中心的主导力量。瑞士虽然位于欧洲的中心地带，但是其国土面积不大，有41284平方千米，属于欧洲小国，现如今约有850万居民，自然资源较为匮乏，但却有着高度发达的金融业。瑞士银行家协会发布的《2019年瑞士银行业晴雨表》显示，瑞士银行业在2018年发展势头仍旧十分强劲，并且取得了丰厚的业绩，为巩固瑞士全球金融中心的地位做出了重大贡献。2018年，瑞士银行业的总营业净收入增长了4.6%，高达653亿瑞士法郎，并且全年的总利润增长了17.3%，达到115亿瑞士法郎。此外，在瑞士，有多个城市都是当今世界著名的财富管理中心，如巴塞尔、苏黎世、日内瓦等。

伦敦金融城也是首屈一指的全球金融中心，虽然其地域小，但却对英国的经济增长做出了重大贡献。从总体环境来看，伦敦金融城是一个多元化且包容性很强的地区，在那里集聚了全球大量的优秀人才，使其人才结构更加国际化，具有很强的人才资源优势。同时，在伦敦金融城里，集聚效应尤为突出，各类企业及人才的集聚也为伦敦金融城的发展起到了重要的推动作用。2019年，在伦敦金融城里共有23890家企业，提供了一半以上的就业机会，并且每年都会有很多创业公司选择在伦敦金融城里设立。2019年，在伦敦金融城里新成立的创业公司就有近千家，其中有47%的公司都从事与金融相关的业务，还有11%为科技企业。众多高精尖企业集聚在伦敦金融城里，进一步巩固了其全球金融中心的地位。

北京城市副中心在打造北京国际财富中心的过程中，在市政府和区政府的共同支持与帮助下，在政府政策支持以及园区产业规划定位的双重推动下，目前在园区注册的企业已有将近80家，且总规模已超过百亿元，但与瑞士的财富管理中心比起来，各方面都还存在很大的差距，其银行、证券机构等与财富管理相关的金融机构的数量，在目前来看还远远不足。但是，打造北京国际财富中心自提出以来，一直受到财富管理、金融科技领域等业内人士的广泛关注与高度认可，产业集群势头十分强劲。目前，北京城市副中心依托运河商务区打造国际财富管理中心，也取得了一定的阶段性成果。工商银行、农业银行、建设银行、交通银行以及中国银行等各大银行已相继落户于此，而且北京金融科技国际产业园等一批金融机构也正式落户，金融业集聚发展的趋势越来越明显。此外，国内外知名的财富管理企业以及智库也都正在以运河商务区为中心不断集聚，虽然与伦敦金融城比起来，运河商务区金融产业的集聚还有待提升，但其也为把北京城市副中心建设成为具有国际竞争力和区域辐射力的财富管理中心发挥了积极作用。另外，城市副中心还实施了一些人才引进专项政策来促进高精尖人才的集聚，比如“灯塔计划”“运河计划”等。

（三）运河商务区与以纽约和旧金山为代表的北美模式财富管理中心比较

相比于前文所说的欧洲模式，美国财富管理中心的发展模式与之相反，是大国模式。瑞士主要是以离岸金融业务为主，是典型的离岸金融中心，而美国的财富管理主要以在岸金融业务为主。但两国有个共同点，就是其多个城市都是著名的财富管理中心。例如，纽约不仅是美国的财富管理中心之一，更是全球的金融中心之一，除纽约之外，还有旧金山、波士顿、洛杉矶、迈阿密以及芝加哥等，都是各具特色的金融中心。在第28期全球金融中心指数报告（GFCI 28）中，旧金山在北美的排名仅次于纽约。下面挑选纽约和旧金山两个金融中心作详细比较。

第28期全球金融中心指数报告（GFCI 28）显示，在2020年全球前10

大金融中心排名中，纽约稳居第一。在美国，纽约作为全球领先的金融中心，有着高度发达的财富管理产业，是一个全方位的财富管理中心，有着非常强大的国际金融资源配置能力。长期以来，各类金融机构和金融资产交易平台云集纽约。纽约货币市场的交易量居世界主要货币市场之首，纽约外汇市场也是除美元以外所有货币的第二大交易市场，纽交所（NYSE）和纳斯达克（NASDAQ）的股票交易量长期以来一直位居世界前列。此外，完善的金融法律法规和监管体系也为纽约国际金融中心的建立提供了制度保障。2008 年的国际金融危机之后，《多德 - 弗兰克法案》对美国金融监管体系进行了重大调整，加强了对华尔街的监管。此外，为适应新监管规则的要求，花旗银行、摩根大通、高盛等大型金融机构纷纷剥离非核心业务或提高资本金水平，从根本上重塑了商业模式。最重要的是，人才优势是纽约国际金融中心的制胜法宝。长期以来，纽约一直是全球法律、会计、管理咨询和技术领域高级金融专业人士的最大聚集地之一。

和纽约国际金融中心不同，旧金山以风险投资业为主。旧金山金融中心，准确地说，指的是“旧金山湾区”金融中心，其中包含最著名的高新科技地区“硅谷”的中心城市，正是通过科技金融的不断积累和发展，旧金山金融中心逐渐成为总部经济中心、风险投资中心、银行服务业中心和科技中心，也成为美国重要的国际金融中心。“旧金山湾区”曾经是一个以银行服务业为主的区域性金融中心，随着创业风险投资的兴起及蓬勃发展，它已逐步转变为专业的科技金融中心。如今，“旧金山湾区”已成为美国最重要的风险投资中心，其风险投资密度居世界之首，其中硅谷最具代表性，而且也是创业风险投资的发源地。从旧金山科技金融中心的形成过程来看，科技企业和创业风险投资是科技金融的主要构成要素，风险投资能够及时满足科技企业在不同发展阶段的融资需求。可以说，风险投资在美国金融体系中有着至关重要的作用，“旧金山湾区”的风险投资机构的数量、规模、投融资额在全美的占比都很大，是美国风险投资行业最发达的地区。

相比于北美模式的财富管理中心，北京国际财富管理中心更类似于瑞士模式，其主要依托私人银行，即大力引进私人银行入驻运河商务区，积极发展以财富管理业务为主的新兴金融服务产业，完善北京城市副中心财富管理行业的全产业链发展。但无论是金融机构的规模或金融人才的数量还是国际化发展等方面，与瑞士相比还有不小的差距，与美国相比更是相差甚远。

（四）运河商务区与以开曼群岛、英属维尔京群岛为代表的群岛模式财富中心比较

开曼群岛是英国在中美洲加勒比海西北部的殖民地，是世界上仅次于纽约、伦敦、东京和中国香港的第五大金融中心。在开曼群岛上的注册公司中，半数以上都是离岸公司，所有离岸公司在所有权结构上都享有高度保密权，不受报表和资本要求的限制。信托业是开曼群岛离岸金融业的一个明显特点。开曼群岛在1967年就颁布了信托法。目前，开曼群岛已有超过40家实体取得信托业务营业执照，信托公司的股东大多是英国、美国、瑞士和加拿大的银行。

英属维尔京群岛也是全球著名的离岸金融中心之一，当地政府部门的办事透明度很高，法律法规相当严格，执法力度强，合作水平高，多年来一直维护了良好的国际声誉。为保持英属维尔京群岛的显著金融中心地位，当地政府发觉有必要给国际商业社会制定更为广泛的法制，以方便他们提供离岸金融服务，因此，当地政府先后在1993年修改了1961年制定的受托人法则，并在1996年制定了合伙法及互惠基金法等。

对于依托运河商务区打造的北京财富管理中心而言，各类金融机构的集聚才刚刚开始，虽然已有华夏理财副中心分行、北京绿色金融和可持续发展研究院等金融和科技类企业入驻，但与开曼群岛、英属维尔京群岛的金融实力相比还相差甚远，国际商业法规和金融监管体系尚不健全，离岸金融业务也少之又少，要打造国际财富管理中心，还有很多需要不断发展完善的地方。

二、经验借鉴与启示

通过前文分析可以发现，四大模式下具有代表性的全球财富管理中心虽然在目标定位、驱动模式、金融监管等方面存在一定差异，但在发展过程中，普遍都具有自由开放的经济体系与金融政策、大量高精尖人才聚集、完善的金融法律法规以及高效的监管体系等发展优势。本文将从宏观和微观视角，分析四大模式及其代表性国际金融中心或全球财富管理中心发展中的经验与教训。

（一）以中国香港和新加坡为代表的亚洲模式的启示

亚洲模式值得我们学习的是：首先，通过低税率以及宽松的金融监管政策鼓励创新；其次，高度竞争且发达的金融市场，吸引了大量离岸金融资产，形成了重要的离岸金融中心以及财富管理中心。但政府应该适当干预，充分扮演好“守夜人”的角色。

作为一个全方位的国际金融中心，中国香港特区政府出台了很多政策以鼓励更多企业在香港设立资产中心，这样又可以为香港带来更多的银行、融资、风险管理等业务，深化香港资本市场，促进香港总体经济的发展。首先，以建设人民币离岸中心为突破口，既巩固了其在亚洲地区国际金融中心的地位，又推动人民币走向国际化。其次，在税收方面实行的低税率政策创造了良好的金融条件。再次，建立了一套完善且独具特色的金融监管体系。但香港特区政府长时间的消极不干预，也带来了资本的无序扩张。因此，北京城市副中心在打造国际财富管理中心的过程中，应该借鉴香港的政策制度以及人才培养方案，出台相应的税收和人才引进优惠政策，拓展金融业务种类，扩大开放力度，同时加强政府宏观调控，完善金融监管体系。

新加坡把债券市场和资产管理作为打造世界级金融中心的突破口，不断地推出各种金融衍生品来吸引外国资本的入驻，而且其擅长发展金融期货，在短期资本市场的发展也卓有成效。新加坡国际金融中心之所以能取得巨大成就，其原因主要有两点：一是抓住了世界经济发展的时代机遇，建立了亚洲美元市场，这是其成功的关键因素；二是政府对国际金融中心发展给予大力支持，制定了一系列适应本国金融中心发展的优惠政策，“国家资本主义”的治理范式提供了自由市场经济无法实现的低成本运行环境，其在制度和产品创新下的市场扩张模式和高效运作监管值得学习。因此，北京城市副中心要紧抓时代机遇，不断推进基础设施、公共设施的建设，在市委、市政府的大力支持下，努力在运河商务区打造出具有国际一流水平的财富管理中心。

（二）以瑞士和伦敦为代表的欧洲模式的启示

以离岸业务为主，独特且传统的经营方式，保密的金融文化和完善的法律体系，加之优秀的私人银行，是欧洲模式财富管理市场快速发展的重要因素。但其发展劣势是市场容量有限，财富市场增长也较为缓慢。

瑞士的私人银行在金融市场上扮演着重要的角色，有着无可替代的作用，其私人银行活跃在国内外各个地方，为客户提供相应的金融服务。此外，除了宜居的环境以及便利的交通等这些优势以外，瑞士的中立国政策、低税率政策以及保密制度对其财富管理行业的繁荣起着至关重要的作用，这也是瑞士建设财富管理中心的基石。瑞士由于受到小国的限制，因此其从一开始就着眼于国外市场，并且凭借着得天独厚的保密制度的优势，吸引了大量财富管理方面的资深人士聚集到瑞士，也推动了财富管理行业的发展。但需要注意的是，“避税天堂”为洗钱等犯罪活动提供了便利，导致一些国家和组织抵制这种制度。

英国政府的大力支持使集聚效应在伦敦金融城内发挥到了极致，政府的各项政策支持加上各类人才集聚伦敦金融城，也进一步推动了高精尖企业的聚集。首先，伦敦金融业有着完善的、较高透明度和规范程度的法律体系；其次，通过政府的合理引导，营造了良好的商业环境；再次，与其他金融中心保持了正向联系，建立了长效联系机制；最后，英国政府积极修订相关人才引进政策，通过一些税收与激励措施，并制定鼓励创新的制度来扶持金融业的发展，吸引了世界各地的拔尖人才，不断为伦敦金融城注入新鲜血液，赋予了其无与伦比的创新能力。伦敦金融城凭借其顶级的知识型就业岗位数量以及专业领域，成为全球公认的高端人才之都。因此，北京城市副中心也要紧抓时代机遇，注重金融型专业人才的引进，积极学习借鉴伦敦金融城的人才引进政策，并不断培养优秀的财富管理人才，优化营商环境，形成人才聚集的“磁场”。此外，需要注意的是，北京城市副中心的人民币资金池基础有待提高，债券的流动性有待增强。

（三）以纽约和旧金山为代表的北美模式的启示

北美模式之所以能够取得成功，主要是由于其强大的经济实力推动了全社会财富的强劲增长，增加了居民对财富管理的需求，同时，其金融发展以大型的财富管理金融机构为主，随着大型金融集团的全球化经营，又带动其财富管理走向全球。此外，全球私人财富最多的国家也是美国。值得借鉴的是，美国是以在岸金融业务为主的财富管理中心，并且美国的一些城市抓住机会，通过错位发展，积极面对市场竞争，发展成为一些各具特色的金融中心。另外，美国有着独特的财富管理文化，其相当具有竞争力。在 20 世纪 90 年代，美国财富显著增加，出现了一批"新富"群体，白手起家的亿万富翁人数首次超过老一代，而"新富"群体一般都很年轻，并且更愿意冒险，因此对高风险金融产品的需求迅速上涨，负债率和金融风险都较高，使美国的财富管理文化和一些基本的服务原则独具特色。

其中，纽约以经济实力和黄金储备作为美元的信用基础，通过布雷顿森林体系，确立了美元在国际金融体系中的核心货币地位，借助美元优势，使纽约在全球金融中心中独占鳌头。另外，完善的金融法律与监管体系为纽约国际金融中心提供了制度保障。再者，纽约的金融教育与研究实力非常雄厚，是全球最大的法律、会计、管理咨询以及科技等高级金融专业人士聚集地之一。

传统金融业的大力支持以及科技金融的积累是旧金山湾区的主要发展优势，其依靠硅谷科技创新主体高效的科技产出和技术领先的优势，带动了其他高科技企业的发展，形成了良好的投融资循环。另外，旧金山湾区还有着灵活的投资机制，创业风险投资是旧金山科技金融中心发展坚固的市场基础，使旧金山金融中心形成了独具特色的发展优势。但与此同时，硅谷银行的规模有待加大，风险抵抗能力有待提升。

因此，作为国家服务业扩大开放综合示范区和中国（北京）自由贸易试验区的北京城市副中心，应该抓住时代机遇，持续提升区域金融业态，营造浓厚的金融氛围，不断夯实其"财富管理、绿色金融、金融科技"的功能定位，使北京国际财富中心能够更好地肩负起产业发展的使命与责任，打造出独具特色的一流商务园区。同时，要加快推动人民币国际化进程，拓展人民币的国际货币功能，逐步扩大人民币在跨境投资、金融市场交易和储备中的使用。此外，还要协调推进相关金融改革，形成政策合力，完善宏观审慎管理。

（四）以开曼群岛、英属维尔京群岛为代表的群岛模式的启示

群岛模式主要是以离岸金融业务为主，通过优惠的税收优惠政策，吸引全世界大量的财富聚集，并且其所拥有的健全的法律制度、完善的基础设施以及发达的旅游业，促进了财富管理产业的发展。但是由于其外汇管制较宽松，保密程度高，资金转移不受限制，往往也成为国际洗钱犯罪活动最猖獗的地方。

开曼群岛离岸金融中心地位的确立得益于各种有利条件。首先，开曼群岛“避税天堂”的地位是发展离岸金融业的重要竞争优势。其次，美丽的海岛风光和宜居的环境有利于吸引国际金融人才。最后，开曼群岛对国际资本的开放程度之高，也是其形成强大的离岸金融中心的关键。但“避税天堂”也存在一定程度的负面影响，容易遭到一些国家或组织的抵制。

英属维尔京群岛为大力发展经济、吸引更多投资，同样也创造了宽松的税收环境，并提供相关配套的金融服务，吸引了很多跨国公司的到来。另外，其金融服务法律健全且专业程度高，有金融立法、资产管理和财富规划方面的专家团队，能够为其金融服务的领先地位提供支持。但灵活的法律制度和宽松的金融管制环境也会带来一系列问题，比如常出现的洗钱等犯罪活动。

值得借鉴的是，北京国际财富管理中心不仅要创造宜居的生存环境，也要创造独具特色的生态办公环境，以此吸引更多的优秀人才聚集此地。最重要的是，要抓住时代机遇，把运河商务区作为自贸试验区的创新鼓励政策是通州区打造财富管理中心的独有优势，通州区应该借此加速拓展其金融市场的广度与深度，降低金融机构的交易成本，进一步完善北京城市副中心的金融生态条件，加速优质的金融资源集聚于北京城市副中心，为打造国际财富管理中心夯实基础。

三、政策建议

服务于北京国际财富中心建设，加大政策规范和支持力度，配套相应的激励或引导机制是北京城市副中心运河商务区发展的必然选择。

（一）加大政府政策支持力度，扩大财富管理对外开放

综观世界各地的财富管理中心，几乎都涉及低税率这一项优惠政策，这项政策通过减轻金融机构的各种税负，为金融业的发展提供了宽松的政策环境，从而把集聚效应的作用发挥到极致。因此，北京城市副中心政府部门应在以下几个方面做出努力：一是制定各种优惠扶持政策，积极发挥好其作为中间角色的推动作用，加快各类高精尖企业在通州区的自然集聚。二是积极吸引信誉好、资质优的商业银行理财子公司、资产管理公司、基金公司、股权投资机构来北京城市副中心发展，欢迎国际国内知名财富管理机构落地北京城市副中心，规范发展金融产品投资、销售、顾问、评级等专业服务，推动财富管理行业高质量发展。三是牵头抓总落实好一系列稳外资政策措施，让企业应知尽知，打通政策落地“最后一公里”，确保内外资企业同等享受各项助企纾困政策，充分激发市场主体活力。四是围绕服务业扩大开放“三聚焦一探索”重点工作，全面探索服务业扩大开放政策和路径，打造具有特色、符合国际标准的服务业扩大开放体系，继续推进“产业＋政策＋区域”的“云团”模式，并充分利用建设国家服务业扩大开放综合示范区和中国（北京）自由贸易试验区开放改革政策的叠加优势，发挥“双轮驱动”作用。五是建立健全政策、项目、制度滚动调度机制，确保开放创新举措全面实施，形成可复制可推广的优秀案例。

（二）完善金融市场体系，培育引进新型金融机构

打造财富管理中心城市的前提是有发达的金融业，而发达的金融业需要完善的金融体系来作为依托。整合金融资源、优化资源配置是建立健全多元化金融市场体系的重要任务，其具体措施如建立各类产权交易中心，筹建金融理财产品市场，发展信贷市场与债券市场，大力发展金融中介服务，发展金融辅助产业等，可以为建立良好的金融市场体系提供保障。北京城市副中心在建立国际财富管理中心的目标下，应营造良好的金融发展环境，积极完善法制，制定优惠政策，加快培育和引进内外资银行的私人银行业务以及金融科技服务机构，发展以财富管理、绿色金融和科技金融为特色的，涵盖银行、证券、保险、基金、信托等日益完善的金融业态集聚区。此外，要完善

财富管理中介信息服务体系，大力发展信用评级行业，引进外资评级机构落地，培育国内品牌信用评级机构。另外，还要深化投融资体制改革，创新投融资机制，拓宽投融资渠道，形成政府和社会资本的有效合力，助力北京城市副中心全面高质量发展，并围绕产业创新发展的融资需求，加强天使投资、股权投资、融资担保等机构引入。

（三）积极落实人才培养方案，提高财富管理人才的竞争力

随着我国家庭总财富的增长，人们对财富管理的需求逐渐加大，可是我国从事财富管理行业的人才数量相对较少，北京城市副中心亦是如此。因此，北京城市副中心需要通过相应的人才计划，聚集一批金融领域的领军人才、经济高端人才以及国际财富管理人才。例如，可以开设专门的财富管理课程，设立财富管理人才培训点，并且制定一些与财富管理相关的资格认证考试，定期指派人员去世界各地的财富管理中心深入交流学习。另外，也需要多制定人才引进计划，例如，完善“灯塔计划”“运河计划”等人才专项政策，吸引世界各地的高精尖人才集聚北京城市副中心，提升北京城市副中心的核心竞争力。

（四）健全金融监管体系，提升风险防控能力

在金融监管方面，中国香港的金融监管秉持以服务消费者为中心的风险监管原则，但企业监管仍然是香港金融监管的薄弱环节，而新加坡实施的是金融管理局统一监管下的综合监管机制，涵盖了不同类型的金融机构和金融市场，几乎是全方位监管的。因此，北京城市副中心应该借鉴新加坡的金融监管机制，制定相应的政策与法制，对完善金融监管体系起到重要的助推作用，规范金融风险披露以及银行业财务信息披露的基本准则，防止资本无序扩张。同时，增强监管行为的灵活性与应变性，不断提升其风险防控能力。此外，推动建立金融科技标准体系和金融认证体系，促进金融科技行业标准的形成和应用，构建信息数据治理体系，加强金融风控技术研发，争取设立国家金融科技风险监控中心。

（五）加快推进新基建进度，支持金融科技赋能财富管理

加快推动5G网络、数据中心等新型基础设施建设，通过信息技术的发展，夯实北京城市副中心金融科技的发展基础，支持推动大数据、云计算、人工智能等金融科技与财富管理结合，发展“互联网+财富管理”模式，解决财富管理行业发展痛点，提升财富管理服务的普惠性、专业性、安全性；在重视新基建的同时，加强各类财富管理机构的配套基础设施建设，增强财富市场的透明度和规范性，有效释放财富管理发展的内在潜力；加大底层技术研发创新力度，建设高效可靠的金融科技基础设施；加速金融科技应用创新，推动智能金融转型发展；发挥大型金融机构的示范效应，支持金融机构和大型科技企业依法设立金融科技公司；在数字金融和智能金融领域，依托北京城市副中心风险监测预警与监管创新联合实验室，围绕金融风险监测评估、金融服务数字化转型等开展探索研究，加快推进现代金融服务创新。

（六）大力发展绿色金融，推动金融领域创新实践

在绿色金融领域，北京市围绕10个方面推动绿色金融发展，其中7项工作涉及城市副中心，充分体现了城市副中心在首都绿色金融事业中的重要地位。为此，应努力打造国家绿色金融改革创新示范区，引进和培育绿色金融机构，推动一批绿色金融示范项目落地，推动设立国家级绿色交易所，建立碳交易中心。一是支持金融机构探索开展自愿减排交易、绿色资产跨境转让等绿色金融改革创新试点。二是推动绿色产业投融资市场建设，推进国际绿色投资集团落地，探索设立绿色发展基金。三是完善绿色金融风险防范机制，建立健全绿色金融风险评估体系，强化绿色项目投融资风险补偿制度。四是积极支持绿金院、绿交所、路孚特等机构参与国家金融管理部门绿色金融相关标准的制定工作，加快推动绿色项目库、绿色票据、气候环境信息披露、ESG指数等标准的研究，逐步提升副中心在绿色金融领域的影响力和权威性。

（七）鼓励发展私人银行业务，提高财富管理服务水平

私人银行业务在大财富管理中具有独特的战略地位，横跨个人金融和企

业金融两端，串联了“财富管理、资产管理、投资银行”的服务链条。随着大型国际企业落地北京城市副中心，加之宽松的人才吸引政策的实行，必然有大量高净值人群的流入。因此，金融需求的提升将使传统商业银行转型迫在眉睫，将私人银行业务作为资产管理的重要载体，是银行综合化、多元化发展的必经之路。面对新时代赋予的新机遇，私人银行应以更精细化的客户管理能力、更生态化的产品构建能力、更专业化的投研顾问能力、更智能化的数字服务能力、更定制化的传承规划能力、更精英化的人才队伍建设、更全面化的风控合规能力，形成更具独特性的竞争优势，塑造更具韧性的长期发展能力。因此，金融监管当局要逐步放宽金融管制与外汇管制，以奠定未来中国发展私人银行业务之基石；以效仿新加坡为主，通过政府的力量推动税制改革、促进监管制度放宽、强化保密制度以及扩大金融开放，营造有利于私人银行业务发展的环境。

（八）加强普惠金融建设，拓宽财富管理范围

财富管理不仅是高净值群体的需要，也是普惠金融发展的需要。目前北京城市副中心的财富管理规模方面的指数还不太高，要扩大银行理财、保险资产管理、公募资金、私募资金、券商受托资金和信托资金的规模，仅靠高净值人群财富管理是不行的，必须扩大财富管理的范围，加强普惠金融建设。这就要求各类财富管理机构转变思路、开拓创新，创造良好的金融服务环境，进一步提高财富管理服务水平。

参考文献

［1］夸克·霍，克里斯·罗宾逊．个人理财策划［M］．陈晓燕，徐克恩，译．北京：中国金融出版社，2003.

［2］Amenc N.，L. Martellini，V. Milhau，and V. Ziemann. Asset – Liability Management in Private Wealth Management［J］. The Journal of Portfolio Management，2009，36（1）：100 – 120.

［3］任丁秋．私人银行业与资产管理：瑞士的范例［M］．北京：经济科学出版社，2000.

［4］ Markowitz H. Portfolio Selection ［J］. The Journal of Finance，1952，7（1）：77－91.

［5］ 王聪，于蓉. 美国金融中介资产管理业务发展及启示 ［J］. 金融研究，2005（7）：163－170.

［6］ 智信资产管理研究院. 中国信托业发展报告（2013）［M］. 北京：社会科学文献出版社，2013.

［7］ 任军. 探索建立以资产管理为核心的私人银行业务经营模式［M］//上海金融业协会. 上海金融改革理论与实践——2013 年上海金融业改革发展优秀研究成果汇编. 上海：上海交通大学出版社，2004.

［8］ 张培刚，厉以宁. 微观宏观经济学的产生与发展 ［M］. 长沙：湖南人民出版社，1986.

［9］ 李新，高立志. 北京 CBD 中国国际财富管理中心构建模式探讨［J］. 商业经济研究，2015（36）：141－142.

［10］ 魏昕悦，许颖. 北京城市副中心打造国际财富管理中心 ［C］//廊坊市应用经济学会. 对接京津——借势京津协同融合论文集. 廊坊：廊坊市应用经济学会，2019.

［11］ 徐维军，罗莛方，关雪伟. 财富管理中心评价指标体系构建——对我国六个主要金融城市的比较与评价 ［J］. 管理现代化，2015，35（3）：61－63.

［12］ 孙芙蓉. 打造稳定高效的国际金融中心——访香港金融管理局总裁余伟文 ［J］. 中国金融，2020（3）：9－11.

［13］ 吴念鲁，杨海平. 关于打造中国国际金融中心的评析与思考 ［J］. 金融研究，2008（8）：166－176.

［14］ 余晖. 广州建设财富管理中心竞争力研究 ［D］. 广州：广东外语外贸大学，2020.

［15］ 刘明君. 国际财富管理中心的实践 ［J］. 中国金融，2014（22）：73－74.

［16］ 覃剑. 国际金融中心发展新趋势及展望 ［J］. 海南金融，2014（5）：17－20＋24.

［17］ 孙芙蓉. 建设财富管理中心城市——访山东省委常委、青岛市委

书记李群［J］．中国金融，2014（6）：13－16.

［18］任涵均．金融地理视域下的香港与上海金融中心建设比较［J］．中国商论，2020（18）：48－51.

［19］庞凌波．卡蒂亚，经济区：商务中心、科技转化及商业孵化器，布拉索夫，罗马尼亚［J］．世界建筑，2020（3）：70－75.

［20］张懿．伦敦国际金融中心的创新［J］．中国金融，2015（18）：24－25.

［21］潘英丽．论金融中心形成的微观基础——金融机构的空间聚集［J］．上海财经大学学报，2003（1）：50－57.

［22］李亚敏，王浩．摩洛哥金融中心发展对上海建设金融中心的启示［J］．国际商务研究，2020，41（4）：75－84.

［23］蔡苏文，杨雯．青岛市加快建设财富管理中心城市的对策研究［J］．青岛职业技术学院学报，2018，31（3）：1－4.

［24］马珂．全球财富管理发展主要模式对区域金融中心建设的借鉴和启示——以成都西部金融中心建设为例［J］．西南金融，2014（3）：20－22.

［25］刘春阳．瑞士金融业的发展逻辑：基于“金融—教育”跨界融合的视角［J］．金融教育研究，2020，33（1）：75－80.

［26］叶央，蔡宁．试述财富管理中心建设［J］．金融管理与研究，2008（6）：57－60.

［27］王小琪，任申浩．西部财富管理中心的建设思路与发展路径探讨——以成都为例［J］．西南金融，2018（9）：3－7.

［28］张天桂，尤安山．香港国际金融中心的发展现状与路径选择［J］．港澳研究，2016（4）：39－51＋92－93.

［29］陈彤．香港与新加坡国际金融中心发展比较研究［J］．亚太经济，2012（1）：94－98.

［30］王勤．新加坡国际金融中心在疫情中逆势前行［J］．世界知识，2020（21）：42－44.

［31］高荣伟．一平方英里的传奇——辉煌的伦敦金融城［J］．上海农村经济，2019（11）：37－38.

［32］巴瑞林．在亚洲金融风暴中岿然屹立——谈香港国际金融中心的

比较优势与发展［J］．东南业研究，1998（2）：3－5.

［33］潘英丽．中国国际金融中心的崛起：沪港的目标定位与分工［J］．世界经济，2003（8）：15－21.

［34］巴曙松．中国内地国际收支格局和香港金融中心的新定位［J］．开放导报，2020（3）：14－21.

［35］白光昭．世界财富管理中心的变迁［J］．大众理财顾问，2015（4）：49－50.

［36］赵继敏．北京城市副中心产业发展思路［J］．合作经济与科技，2020（24）：46－47.

［37］杨蕾，孙忠艳，张华旭．基于财富管理中心视角的区域金融中心发展对策［J］．银行家，2019（7）：78－79.

［38］王力．全球金融中心城市发展变化的新趋势［J］．银行家，2018（8）：102－108＋7.

［39］白光昭．努力打造财富管理中心［J］．中国金融，2010（22）：53－54.

［40］吴小平．财富管理行业发展现状与趋势［J］．山东工商学院学报，2020，34（1）：9－20.

［41］李兵兵．开曼群岛离岸金融中心的形成与发展透析［J］．商业时代，2009（36）：93－94.

［42］陈伟晓．美国科技型金融中心发展历程对广州区域金融中心建设的启示［J］．科技创业月刊，2015，28（11）：1－3＋12.

［43］宋湘燕，李文政．纽约国际金融中心的资源配置［J］．中国金融，2015（18）：22－23.

现阶段大运河文化的认知度和意愿度

王梓琪*

内容提要：《长城、大运河、长征国家文化公园建设方案》提出以保护优先，强化传承，突出活化传承和合理利用，与人民群众精神文化生活深度融合、开放共享，这将对大运河沿线居民的生活与发展产生积极影响。本文利用调查问卷、个案分析法对河南段居民大运河文化认知度进行分析。研究表明：河南段居民在性别、年龄和受教育程度等方面对大运河文化的认知度存在差异；大运河沿线D镇居民在以文化为引领的经济发展、特色旅游产品宣传、文化遗产保护等方面还面临着困难。为此，应以《长城、大运河、长征国家文化公园建设方案》实施为契机，增强公众对大运河文化的认知度，提升沿线居民的参与度，为大运河国家文化公园建设强化群众力量。

关键词：大运河智库；大运河文化传承；大运河文化认知度；大运河文化满意度

* 作者单位：中国大运河智库联盟北京物资学院大运河研究院。

一、引言

大运河是人工挖掘的用以沟通不同地区、河流、海洋或它们之间的通航水道，具有通航、灌溉、发电等用途。世界上著名的国际通航运河有苏伊士运河、巴拿马运河、北海—波罗的海运河等，它们作为交通要冲具有重要的经济和战略意义。同时，这些运河为当地的交通运输、商贸活动、文化交流等的繁荣发挥了重要的作用。

中国大运河开凿于春秋时期，之后许多朝代都开凿了运河，它体现了中国古代人民的智慧。中国大运河从古至今，为军政事业、经济连接、粮食运输、“南水北调”工程等作出了重要的贡献。讲运河文化，就是讲这条大运河所承载的文化，以及在大运河沿线形成的长期存在的文化。

近几年，河南省也提出了“大运河文化带”的保护和建设工作，提出要保护好、传承好运河文化。然而政府和专家作为文化、遗产等认定的主体，往往忽略了居民在文化建设中的作用，河南运河文化保护和传承的最重要的主体是居民，只有居民充分地认知并认同运河文化，才能更加有利于将其保护好、传承好。那么，居民对运河文化认知及参与情况如何？本文以大运河河南段居民、沿线典型传统 H 县以及 D 镇的居民为例进行研究。

二、文献评述与研究设计

（一）文献述评

从现有研究看，相关文献主要从以下四个视角分析了大运河文化带建设中的认识和发展策略：

第一，历史发展视角。欲建设大运河文化带，首先要研究大运河文化。大运河是中国古代劳动人民创造的一项伟大的水利工程，是祖先留给我们的宝贵遗产。京杭大运河始建于春秋时期，公元前 613 年楚国开凿荆汉运河，公元前 486 年吴王夫差开凿邗沟，这也是京杭大运河河道型的始端（徐奇志、王艳，2018）。2500 多年以来，大运河在维护国家统一、繁荣社会经济、推动民族融合、促进文化交流、兴盛沿线城市等方面发挥了不可磨灭的作用。葛剑雄（2018）认为，应该基于马克思主义历史唯物论，实事求是地探索建设大运河文化带。大运河在历史上有着举足轻重的影响，没有大运河保证漕运，北京就不可能成为元、明、清三朝的首都，没有大运河，元、明、清的统一就无法维持和巩固。除此之外，有学者从考古角度充分诠释了大运河遗产的真实性、完整性、科学性及其突出普遍价值，为大运河文化的宣传与保护打下了坚实基础（林留根，2019）。杨家毅（2017）从时间、空间和包含内容等角度分析了北京段文化带的内涵，提出不仅要保护与运河相关的各类文化遗产，还要建设以运河水系为主的生态系统，恢复并完善大运河的交通功能，并适度完善以文化休闲为主要内容的民生功能。

第二，政策战略视角。这一视角的研究从政策内容出发，通过分析当前政策与实践的内在张力来实现区域空间经济的发展，并提出以区域协调发展为导向，以文化为引领，促进发展理念的落实从而建设大运河文化带。大运河文化带依托京杭大运河的运河文化提出的新的带状经济区，在国民经济发展中占有举足轻重的作用（孙久文、易淑昶，2019）。例如，漕运线曾经是古代中国的生命线，对中国城市的兴起、人口的迁徙、经济结构的转型等都有过巨大贡献（谢光前，2017）。此外，建设“文化 + 生态 + 创新”的协同发展理念，也能彰显文化与生态特质，探索协同建设的新发展模式（黄杰，2018）。有学者通过研究北京、天津、河北、山东、江苏、浙江、河南和安徽 8 省市的省情（市情），为大运河文化带建设做出“七项评估”和“八大趋势”，为各省份统筹协调、整体推进大运河文化带建设提出了指导性与创新性的观点（王佳宁、孙静、王君也，2018）。就其本质而言，通过大运河文化带建设的统筹规划，推动以文化传承和文化创新引领国家治理体系建设，能更好地解决发展不平衡不充分等问题（刘涛、钱钰、苏佳，2019）。

第三，结构创新视角。相关研究从政策执行过程的结构创新视角出发，主要以文化共同体建设作为顶层设计，提出创新相关产业结构，为当地文化传承与经济发展做贡献。贺云翱（2017）认为，借助大运河文化带建设的机遇和抓手，推动区域城市带及特色乡镇建设、文化项目联动、产业转型升级和生态文明建设，是提高苏南、苏中、苏北区域均衡发展水平的重要抓手。京津冀一体化发展与大运河文化带建设之间存在内在的关联，推动京津冀协同发展与大运河文化带建设的共融共建可实现二者良性互动，但其空间结构、治理体制不够顺畅，如区域经济、文化发展水平存在差异，各方利益诉求有待整合等，对有效形成跨区域的共享合作发展有一定的影响（杨英法、李彦玲、韩峰，2019）。姜师立（2019）认为，通过文旅融合可以推进大运河旅游高质量发展，拉长运河旅游产品的产业链，打造运河文化旅游精品线路等，将使大运河旅游再度走向辉煌。张旭媛（2019）系统分析了运河文化传播过程中遇到的困难与瓶颈，并与当下文化传播的热门行业文创产业相结合，提出融合与创新是文创视域下运河文化传播的必然选择。文化产业链的延伸将给大运河旅游带来新的发展机遇。

第四，共建共治共享视角。这一角度的相关研究主要把大运河文化带作为轴线，重点关注在实现可相互交融的生态圈、生活圈、文化圈、经济圈中发挥的作用及影响。熊海峰（2017）认为，实施“大运河文化资源普查与数字化工程”，应建立权威、统一、动态的大数据库，并在此基础上打造集管理、研究、展示、监测等功能为一体的大运河数字公共服务平台。同时，良法才有善治，应立足流域文化特点，依法制定整体战略规划，通过地方立法，促进运河文化事业和文化产业发展（陈爱蓓，2019）。另外，要推动制定《大运河保护条例》，为保护、传承、利用好大运河提供基本的规制与遵循，为文化带的永续发展奠定法制基石。保护传承利用大运河，也应利用好媒体，讲好运河故事，利用多媒介途径提高大运河在公众中的传播效果，重建公众与运河的关系，增强公众对运河的文化归属感（缑赫、张健，2019）。

上述相关研究呈现了相关研究者从不同角度对大运河的认识与实践样貌，为本文研究提供了参考和借鉴。但还存在不足，如基层人民对历史与政策的认识不够深入，对不同利益主体的诉求和行动逻辑也缺乏讨论。大运河文化带建设中，公众以及不同利益相关者配合不力、关注点不同会使大运河文化保护与发展效果大打折扣。但专门从公众视角来分析大运河文化带治理过程与问题的研究还较少。有文献研究指出，公众对大运河的关注度普遍较低，对大运河的概念认知、文化内涵和价值判断与官方界定存在差异，并更多地受到媒介作品和民间逸闻的影响（缑赫、张健，2019）。

（二）研究设计

本文结合对河南省居民的问卷调查，并以河南段 H 县 D 镇为例，结合当地现实情况，分析了居民在大运河文化带建设中的认知度与参与度的情况，以期为促进大运河文化带的进一步建设提供参考。

在大运河文化带建设的过程中，各地各部门应统一思想，深入学习领会习近平总书记对大运河文化带建设的重要批示精神，准确把握总书记重要批示精神的深刻内涵，充分认识大运河文化带建设的重大意义。公众既是大运河文化带建设的重要利益相关者（受益者），也是大运河文化的传播者。一般而言，针对大运河文化带建设的具体政策和措施主要是由各地政府依照中央政府的要求制定的，而其落实则由各地政府、大运河文化带建设相关单位、公众共同完成。因此，本文主要聚焦分析公众对大运河文化的认知与参与情况，并针对相关问题提出建议。

三、资料来源和案例县认知度状况

（一）资料来源

本文部分内容采用问卷调查的方法系统分析了河南省当地居民对大运河文化的认识，所用数据来源于我们在 2020 年 1 月至 3 月针对居民开展的有关大运河文化认知度的问卷调查。调查问卷以网上问卷为主，我们借助专业性的问卷星调研平台进行电子问卷设计并实施调研。问卷问题共分为三大部分：第一部分是当地居民的基本信息；第二部分是居民对大运河的了解状况，主要调查居民了解大运河文化的原因、途径及相关问题等；第三部分是居民对大运河文化带建设的态度，主要调查居民参与大运河文化带建设的情况与建议。在网络调查过程中，我们充分利用了问卷星服务平台、微信等工具多渠道进行问卷发放，共收回有效电子问卷 144 份。数据覆盖河南省多个区县的居民，涵盖群体范围广，具有较好的广泛性和代表性。

个案研究是质性研究，个案研究通过对某现象的例子进行深度检验和研究，可以获得更为细致入微和有血有肉的认识，通过对某个政治角度的微型研究可以以小见大，以旧创新，激发有价值的新概念与新观点（陈刚，2014）。本文围绕案例县居民对大运河文化的认识进行“麻雀解剖”，能更直观地揭示公众在大运河文化带建设中所遇到的问题，呈现出一定的典范性，这对开展本土建设具有一定价值。本文研究资料来源于问卷调查、实地走访与基层访谈。课题组于2019年5月走访了H县运河沿线的历史街区与文化遗址等（古道口镇历史街区、运河遗产管理处、大王庙文化园、运河森林公园、芊翠湖生态涵养带等），与H县居民以及D镇居民进行访谈，收集了大量关于河南省当地居民对大运河文化的认识及其对大运河文化带建设的参与情况等相关资料。

（二）案例地区概况

1. 河南大运河文化带概况

截至2020年11月河南全省常住人口为9936.6万人，面积16.7万平方千米。河南省历史悠久，文化底蕴深厚，有记载的历史已有5000余年，大运河开凿至今已有2500多年，曾持续通航数千年。大运河河南段主要是指隋唐大运河通济渠、永济渠及京杭大运河会通河台前段。京杭大运河流经的全国县（市、区）核心区共150个，河南占到了40个，是运河流经核心区最多的省份，已探明的河道长度为686千米，遗产面积约200平方千米，沿线有世界文化遗产5项、全国重点文物保护单位229处。河南是隋唐大运河的源头和核心区域，是大运河河道路线最长、流经古都最多、运河遗产最为丰富的省份。同时，大运河不仅留下了河道、码头、河堤、水工设施等物质文化遗产，还孕育了许多与其密不可分的文化与习俗。

2. 河南省大运河文化带建设成效

目前河南省已启动大运河文化带、生态带、旅游带等发展规划，主动融入国家大运河文化带建设，围绕习近平总书记关于对大运河保护、传承、利用的重要指示精神，统筹推进河道水系整治、生态环境修复、历史建筑保护修缮，提升了居住条件，规划建设了省级大运河文化创意产业园区，同时，以历史与现代相结合，学术与实际相结合的方式，促进大运河沿线地区经济、文化等领域的交流与合作，积极探索乡村振兴与大运河文化带建设的融合之路，整合和展示运河资源，让民众享受大运河文化遗产。

3. D镇居民对大运河文化的认知度

H县作为隋唐大运河永济渠的一个重要点段，也是大运河原真性、完整性的代表性河段，有着良好的发展机遇，其中D镇将成为大运河文化带建设的示范区。H县居民对大运河文化的认知度不一，在运河沿线的居民，特别是D镇文化街区居民，对大运河文化非常了解，并且有较强的文化自信，而周围非运河沿线的居民对大运河文化的了解程度一般，主要看重大运河文化带建设给他们带来的好处，不同年龄、职业和受教育程度的居民对大运河文化的认知各有差异。

四、居民认知度不同影响意愿度选择的原因分析

居民对大运河文化的认识直接影响居民对大运河文化建设的态度，进而影响居民参与大运河文化带建设的情况。

（一）居民个性特征对大运河文化认知度的影响分析

不同个性特征的居民对大运河文化的认识存在差异，居民的基本样本资料特征如表1所示。

表1 居民的基本样本资料特征

指标	分类	样本数	比例（%）
性别	男	84	58.33
	女	60	41.67
年龄	18岁以下	3	2.08
	18~30岁	120	83.33
	31~45岁	8	5.56
	46~60岁	11	7.64
	61岁及以上	2	1.39
受教育程度	初中及以下	7	4.86
	高中/中专/高职	20	13.89
	大学	87	60.42
	研究生及以上	30	20.83
每月收入	3000元以下	31	21.53
	3001~5000元	46	31.94
	5001~8000元	35	24.31
	8001~12000元	20	13.89
	12001元及以上	12	8.33

从表 1 中可以看出，样本具有如下特征：对大运河文化了解比较多的男性居民占 58.33%，女性占 41.67%，男性的数量略多于女性。在年龄构成上，被调查居民的年龄集中在 18 ~ 30 岁，占比达 83.33%，表明在大运河文化带建设中，青年成为建设中的主流群体。从被调查居民的受教育程度来看，大学学历的居民居多，占比为 60.42%，可能与当代大学生注重国家政策有关，也可能与发放问卷的途径有关。从被调查居民的每月收入情况来看，31.94% 的居民月收入在 3001 ~ 5000 元，说明被调查居民的月收入处于中等水平。

在研究居民个性特征对大运河文化带认知度的影响之前，需要了解居民对大运河文化的了解程度，为此，问卷设置了"您对大运河文化的了解程度（历史、环境、旅游、人文等）"这一问题。调查显示，对大运河文化非常了解，并有一定的深入研究的居民占 6.94%，对大运河文化比较了解，通过书籍或网络媒体平台有一定的认知的居民占 27.08%，不太了解，因为大运河自身名气较大而了解的居民占 58.33%，完全不知道的居民占 7.64%，具体如表 2 所示。由此可见，大部分居民对大运河文化还是有一定了解的。

表 2　居民对大运河文化的了解程度

	频次（人）	比例（%）
非常了解，有一定的深入研究	10	6.94
比较了解，通过书籍或网络媒体平台有一定的认知	39	27.08
不太了解，大运河自身名气较大	84	58.33
完全不知道	11	7.64

在明确了居民对大运河文化的了解程度的基础上，我们对居民个性特征和居民对大运河文化带建设的意愿态度进行了 Pearson 相关性检验，旨在确定居民对大运河文化带认知的个性特征因素。经初步检验，居民性别的 P 值为 0.002，年龄的 P 值为 0.058，居民的受教育程度 P 值为 0.066，分别在 1% 和 10% 的显著性水平下表现显著（其中年龄、受教育程度的显著性不是特别明显，是因为样本基数还不够大）。因此，我们主要从居民的性别、年龄、受教育程度三个方面出发，研究其对大运河文化认知度的具体影响。

在设计调查问卷时，我们将居民年龄划分为五个年龄段，将受教育程度由低到高划分为四组，把居民对大运河文化认知度由高到低划分为非常了解、比较了解、不太了解、不知道四种状态。根据回收的调查问卷，我们统计了不同性别、不同年龄段、不同受教育程度的居民对大运河文化认知度的情况，具体结果如表3所示。

表3　居民性别、年龄、受教育程度与文化认知度交叉频率

指标	分类	大运河文化认知度（%）			
		非常了解	比较了解	不太了解	不知道
性别	男	9.5	35.7	48.8	6
	女	3.3	15	71.7	10
年龄	18岁以下	0.0	0.0	66.7	33.3
	18~30岁	5.8	25.8	60.8	7.6
	31~45岁	25	37.5	37.5	0.0
	46~60岁	0.0	45.5	45.5	9
	61岁及以上	50	0.0	50	0.0
受教育程度	初中及以下	28.6	14.3	57.1	0.0
	高中/中专/高职	20	25	45	10
	大学	4.7	25.3	63	7.0
	研究生及以上	0.0	36.7	53.3	10

通过交叉分析发现，从居民性别来看，男性居民对大运河文化的了解程度明显强于女性居民，男性居民比较了解以上的认知度占比45.2%，而女性只占18.3%，同时，女性居民不太了解大运河文化的占比为71.7%，而男性居民占48.8%。从居民年龄来看，18岁以下的居民对大运河文化不太了解；18~30岁的居民对大运河文化的了解程度在提高，从零占比提升至31.6%的占比，但不太了解大运河文化的占比仍然很高，高达60.8%；31~45岁的居民对大运河文化的了解程度相比前两个年龄段仍有大幅度提高，与18~30岁的居民相比，从原来的31.6%的占比提升至62.5%，同时对大运河文化不太了解的居民缩减了23.3%，完全不知道大运河的居民占比缩减至零；46~60岁的居民对大运河文化的了解程度有所下滑，这可能与大运河文

化的宣传途径有关。从居民的受教育程度来看，初中及以下学历的居民对大运河文化不太了解，比例高达 57.1%，这可能与被调查居民的年龄有关，另外与大运河文化的宣传方式也有一定的联系，从初中及以下学历到研究生及以上学历，对大运河文化比较了解的程度逐步提高，由原来的 14.3% 上升到 36.7%，说明受教育程度对广大居民主动积极地了解国家政策，了解大运河文化带的建设有重要影响。

公众在了解大运河文化的过程中，个性特征突出的是公众的主动性，而相关部门的宣传可以增加公众对大运河文化的认识，为此，我们通过河南段居民的视角，统计分析各主体的宣传力度，反映当地宣传存在的问题，并寻找居民更能接受的宣传途径与方式。具体结果如图 1 所示。

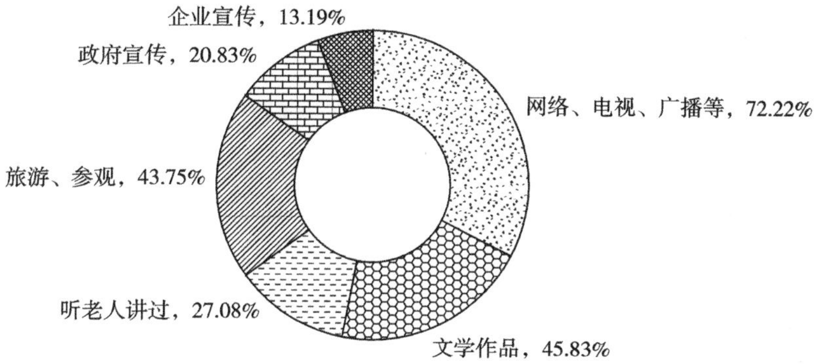

图 1　居民了解大运河文化的途径

通过对被调查居民的统计分析可以发现，居民通过网络、电视、广播等形式了解大运河文化的占比最高，高达 72.22%；其次被调查居民主要通过文学作品、旅游参观等形式了解大运河文化，可以说当前大运河文化的宣传形式还是比较传统的。68.75% 的居民认为，在大运河文化带建设中，存在宣传力度不够大的问题，同时，被调查居民认为政府是宣传大运河文化的主要责任单位（84.03%），其次是旅游机构以及公民自己本身的宣传。被调查居民对参与大运河文化带建设中的意愿度较好，十分愿意贡献自己力量到大运河文化带建设中的占 44%，如果有时间，有能力，愿意参与大运河文化带建设的占比为 66.67%。被调查居民愿意参与到大运河文化带建设中的原因有许多，其中，因传承文化的责任感强而参与的占比最高，高达78.47%，可见被调查居民的文化责任感、文化自信较强。针对宣传形式保守与宣传责任的问题，被调查居民认为通过以下方式能够更加有效地宣传，具体如图2所示。

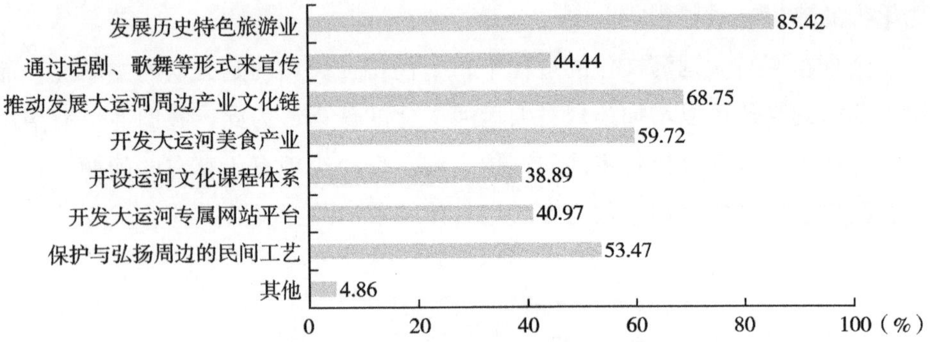

图2　居民意愿弘扬大运河文化的途径

从图2中可以看出，被调查居民认为弘扬大运河文化的途径有很多，其中发展历史特色旅游业是认可度较高的一项（85.42%），这与大运河沿线最吸引广大居民的自然风光（53.47%）、菜品饮食（38.19%）和传统技艺（27.08%）有关；其次是推动发展大运河周边产业文化链，这与居民的关注点有关，被调查居民因关注经济发展了解大运河文化带建设的占比为59.03%。综上所述，居民对大运河文化带建设持有积极的态度，而且关注大运河文化带建设的男性多于女性，与居民关注经济发展等因素有关，随着年龄的增加，居民对大运河文化的认识呈正态分布，主要与宣传形式有关，受教育程度在居民对大运河文化了解的积极性上也具有一定的影响。

（二）D镇居民在大运河文化带建设中的挑战与机遇

H县大部分居民对大运河文化带建设都是积极响应的，特别是D镇居民，对大运河文化和旅游融合发展做出了许多努力，并积极参与到大运河文化带的建设中。H县结合大运河沿线实际探索经验、总结规律，以多业态融合、服务融合为重点，将大运河文化资源转化成优秀的文化产品和优质的旅游产品，但是，他们在不断提高沿线文化和旅游发展的综合质量和效益目标时，也面临着许多问题。

1. 文化建设与经济发展的摩擦

在与D镇居民座谈时，他们面临的一个难题就是“季节性营业”，例如：“在我们镇里，一年有两次忙碌的时间段，分别是在每年的春季与秋季，其他时间比较清闲，收入也会降低很多。”①

通过对H县的走访，我们了解到其河道、码头、城墙、历史街区、祭祀庙宇形成了“五位一体”的文化遗产，D镇政府也通过“改旧保旧、以保为主、保用结合”的方式，为当地的旅游业提供了良好的机遇，提高了居民的经济收入，也传承了当地大运河文化。但是，居民的收入不稳定也会给当地的经济发展带来新的挑战。面对这一挑战寻找原因，可以发现，当地居民对文化产品、旅游产品和当地特色产品没有更好地扩大宣传力度，H县居民的话证实了这一观点。

“H县特色农产品是小麦，并且是小麦生产第一县，由小麦为主料做出的馒头、油条等产品，D镇百年老字号特色产品以及当地文化技艺，外来游客称赞不绝，但其宣传渠道有限。”②

河南省作为农业大省，农业是经济发展的重点，加大农产品销售的辐射范围，有利于带来更多边际效益，如将H县小麦制品与大运河文化相结合，重塑特色农产品品牌，将特色产品与文化产品相结合，进一步开拓旅游产品等，可以提升当地经济发展。

2. 文化建设与生态保护的摩擦

D镇武术，戏曲，莲花灯楼、高跷、舞狮等民间艺术，因运河文化孕育、延伸了经典传统工艺，使这些文化资源保留至今，当地也经历了由原来的棚户区到世界文化遗产区、旅游区的嬗变，这些都给当地带来新的发展机遇。所以，当地在积极发展特色小镇、传承文化的同时，应该注重宣传当地文化与特色，只有人人讲好文化，文化才能成就民众，进而提高居民的生活质量。

大运河文化带建设中，要在保护传承文化的基础上，在不破坏生态环境

① 资料来源于对D镇特色产品店长的访谈。

② 资料来源于对D镇周围居民的访谈。

的前提下发展周边产业。大运河文化保护与利用涉及众多利益相关者，很多人不是考虑如何保护好世界文化遗产，而是考虑怎样提高自身利益。D镇历史建筑多达1000余间，除部分建筑得到保护修缮或风格改造外，许多有价值的历史建筑也需要进行保护修缮，许多居民认为开发利用遗产资源是提高经济水平的有效途径，而文化的传承与保护是发展经济的附属品。

"政府投资危房改造、特色小镇建设，为我们提供了生活保障，更领导我们发家致富，我们就做好祖传的手艺，赚更多的钱，也希望这门手艺能够一直传下去。"①

此案例反映了现实中当地居民的状态，他们更关注大运河文化的保护与利用为自己带来的利益，对于大运河文化有一定的认知，但对于讲好故事的意识还比较薄弱，对维护生态建设的认识也不够。

综合而言，H县政府应合理利用文化资源，在保护当地大运河文化的基础上，积极开拓思路，发展旅游业为当地居民带来经济收入。但是，在拥有危房改造、特色小镇建设等机遇的同时，也面临特色产品、文化产品、旅游产品的宣传效果不佳的问题。当地居民对大运河文化具有一定的认识，但更重视获取经济利益，忽视了生态建设与遗产保护的意义。这也更深层次地反映出人们对文化遗产的过度利用与索取，虽然能够换取地方经济暂时的发展，却会使遗产的历史与文化得不到有效的保护与传承。

五、结论与建议

本文主要通过问卷调查与个案研究的方法，研究河南段居民对大运河文化的认知度情况，旨在分析《长城、大运河、长征国家文化公园建设方案》实施背景下，公众对大运河文化认识的程度及其影响因素，并根据分析结果，为今后大运河国家文化公园等建设提供建议。研究结果显示：①通过对河南段居民个性特征和居民对大运河文化的认知度进行Pearson相关性检验，得出居民对大运河文化认知度与性别、年龄和受教育程度呈显著性相关。②通过对居民对大运河文化认知度与性别、年龄和受教育程度进行交叉分

① 资料来源于对D镇居民的访谈。

析，发现男性、年龄在 18～60 岁、受教育程度为大学学历的居民对大运河文化都比较了解，女性、年龄在 18 岁以下和 61 岁以上的居民对大运河文化不是很了解。③从个案研究的结果来看，D 镇当地政府投资了大量的精力与资金到大运河文化带建设中，积极开展危房改造、建设特色小镇，发展旅游业，但对当地大运河文化及其特色产品、文化产品、旅游产品等宣传效果不佳，导致当地居民经济收入呈春秋热卖、冬夏萧条的状态。④D 镇居民对大运河文化虽有一定的了解，但对讲好大运河故事的意识较薄弱，对大运河文化的保护与传承具有消极的影响。为此，基于以上研究结论，我们提出以下建议：

第一，针对不同的认知内容，对不同年龄阶段、性别、受教育程度的居民应采取不同的措施。例如，针对 18 岁以下的青少年，在初步调查中，能够接受以课程传承和讲好运河故事的居民占比达到 38.89%，可结合当地的人文环境，开设运河文化课程体系培训。运用话剧、歌舞等形式来宣传大运河文化，也是提高当地居民对大运河文化的认识与传承的重要途径。如今网络宣传的影响力越来越重要，建议注册大运河专属网站平台，借鉴国内外优秀的运河旅游网站经验，进行运河旅游网站的建设和网页制作。同时，为了吸引海外游客，也应根据欧美人喜欢的方式设置网站，打造专门的英语网站。此外，还可以挖掘大运河文化与沿岸城市共同成就的地域文化，如设计“D 镇大运河之旅”精品旅游线路，路径的设计可以参考关于当地的优秀宣传片，以满足观看宣传片后慕名前来亲身体验的游客的需求。

第二，弘扬运河文化，科学保护与合理利用运河资源。①弘扬运河文化，策划运河旅游节活动。成功的活动不能只依靠政府或主办方，还需要社会各界的合力打造，最终要靠当地居民保护和传承大运河文化。创新大运河文化带的合作组织、合作机制、合作政策等内容，通过合作组织加强大运河文化的保护和传承，采取多种措施加强运河文化的空间表达，弥补因个性特征对大运河文化不太了解的短板，提升居民传承文化的责任感与文化自信，从而推动形成文化带命运与利益共同体，打造区域协同发展的典范样板。②在传承好大运河文化的基础上，强化配套服务设施建设。进一步完善大运河旅游中与“吃、穿、住、行、游、购、娱”等配套的基础服务设施。根据大运河景点分布，开展全省大运河旅游交通，开辟专门的运河旅游公交专线、游船等，串联大运河精品旅游路线的景点。根据当地大运河文化旅游业特色，树立特色产品、文化产品、旅游产品的品牌，减小因季节性营业带来的收入差异，使当地居民在旅游淡季也能有稳定的收入。③传承大运河文化，保护大运河环境。在开发利用运河资源时，要深度挖掘运河文化内涵，将运河沿线的文化资源进行点、线、面、块的有机融合，正确处理好保护与开发的关系，在保护传承运河文化的同时，合理开发利用，在保护当地生态环境的基础上，逐渐实现当地文化、生态、经济的联动发展、协同发展、共同发展。

第三，提升公众对大运河文化保护与传承的意识，营造文化保护传承环境，注重生态环境保护。提升公众文化传承意识，是培养国家公园文化，传播国家公园理念，彰显国家公园价值的基础工作。①针对不同区位村落的居民，为防止当地文化的独特性逐渐消失、当地文化被不正当地商品化，省级部门应统筹协调，各地采取差别化的措施，结合当地文化、人文特点，做到合理化的管理与保护，全面营造文化传承氛围，加强公众对运河文化的认知。②实施激励机制，对公众进行激励的目的是提高文化保护的积极性、文化传承的有效性。在大运河文化带建设中，公众比较重视经济发展，而实质传承保护运河文化的行为较少，应以政府部门为主导，增加“大运河文化传承优秀单位”“文化传承达人”等奖励。这些不仅能使他们树立正确的竞争观念，在竞争激励机制的作用下充分发挥个人价值，还可以使他们对自己的职业产生更大的责任感和自信心，并树立正确的职业价值观，从而满足精神层面的需求。所以，实施激励机制，对激发公众对大运河文化保护和传承的意识具有重要的作用。

参考文献

［1］徐奇志，王艳．大运河（山东段）文化遗产及其活态保护［J］．理论学刊，2018（6）：160－168.

［2］孙久文，易淑昶．大运河文化带建设与中国区域空间格局重塑［J］．南京社会科学，2019（1）：11－16＋33.

［3］陈爱蓓．以高水平法治推进大运河文化带江苏段建设［J］．群众，

2019（3）：30 – 31.

［4］林留根．世界文化遗产中国大运河的考古阐释与文化解读［J］．东南文化，2019（1）：14 – 20.

［5］刘涛，钱钰，苏佳．从文明大动脉到国家治理的文化高地——对大运河文化带功能定位与空间布局的思考［J］．中原文化研究，2019，7（2）：105 – 111.

［6］姜师立．文旅融合背景下大运河旅游发展高质量对策研究［J］．中国名城，2019（6）：88 – 95.

［7］张旭媛．融合与创新：文创视域下大运河文化传播的路径选择［J］．中国集体经济，2019（25）：117 – 119.

［8］杨英法，李彦玲，韩峰．京津冀协同发展与大运河文化带建设互融共建探讨［J］．社会科学家，2019（6）：38 – 42.

［9］缑赫，张健．公众对大运河文化的社会认知研究［J］．传媒观察，2019（10）：19 – 29.

［10］葛剑雄．大运河历史与大运河文化带建设刍议［J］．江苏社会科学，2018（2）：126 – 129.

［11］黄杰．以大运河文化带为核心的三大战略协同建设研究——以探索大运河文化带扬州段建设为例［J］．扬州大学学报（人文社会科学版），2018，22（2）：46 – 51.

［12］王佳宁，孙静，王君也．新时代中国大运河文化带建设总报告——8 省市基本态势、总体评估和趋势展望［J］．人口与社会，2018，34（6）：4 – 24.

［13］熊海峰．推进大运河文化带建设的对策探析［J］．中国国情国力，2017（10）：43 – 45.

［14］谢光前．论运河文化与中国道路［J］．江南大学学报（人文社会科学版），2017，16（5）：85 – 91.

［15］贺云翱．建设大运河文化带江苏段样板［J］．群众，2017（19）：65 – 66.

［16］杨家毅．浅析大运河（北京段）文化带的内涵［J］．北京联合大学学报（人文社会科学版），2017，15（4）：28 – 34.

· 大运河智库 · 智远

智

1. 聪明。

《孟子 · 公孙丑下》：“王自以为与周公孰仁且智？”

2. 智慧，智谋。

《淮南子 · 主术训》：“众智之所为，则无不成也。”

《史记 · 项羽本纪》：“汉王笑谢曰：‘吾宁斗智，不能斗力。’”

远

1. 距离大。 如：远方。

《庄子 · 天道》：“吾固不辞远道而来愿见。”

2. 历年久。 如：远年；远古。

《吕氏春秋 · 仲夏纪 · 大乐》：“音乐之所由来者远矣。”

智远，即大运河智库擘画愿景的久久为功

国家级新区发展的现状评估及其未来走向

王君也*

内容提要：对优化新区管理运营机制问题的研究，有助于推进全面深化改革进程以及政府治理体系和治理能力的现代化。新区肩负着在管理体制方面探索和创新的任务，其经验或可为地方政府深化行政体制改革提供借鉴和参考。新区在稳定现阶段经济社会发展、应对新冠肺炎疫情之后的实际问题方面发挥压舱石作用，在深化改革、扩大开放方面发挥率先带头作用，在新时代高质量发展上发挥引领示范作用，其首要前提在于管理体制和运营机制创新。

关键词：大运河智库；重庆智库；国家级新区体制机制

国家级新区是由国务院批准设立，承担国家重大发展和改革任务的国家级综合功能区，在带动区域经济发展、引领全面改革开放、推动体制机制创新、促进产城融合和城乡一体发展等方面发挥着重要作用。

---

* 作者单位：四川大学公共管理学院，中国大运河智库联盟重庆智库研究院。

一、国家级新区的管理体制创新

按照现行国家级新区管理体制状况，可将国家级新区管理运营机制分为政府体制模式、管委会体制模式、政府与管委会体制并行模式。

（一）政府体制模式

政府体制模式的最典型特征是国家级新区成立了建制政府，有完整的一级政府架构，政府下设相应的职能部门。现阶段，国家级新区中采用这种管理体制的有两个，分别是上海浦东新区、天津滨海新区。两个新区的管理体制都经历了开发开放办公室—管委会—建制政府的发展历程。虽然新区已成立建制政府，但这并不意味着其管理体制改革的终结。它们既有新区的特色，又会面临一般行政区管理体制方面的问题，如何探索一条管理体制新路是其使命和任务。总体来看，政府体制模式具有如下特征：

1. 按照大部门体制改革要求动态优化政府机构设置

浦东新区和滨海新区在建设有机统一的大部门体制改革方面作出了大胆而富有成效的创新，这在其特色性机构设置中有明晰的体现，具体表现在行政审批体制改革、市场监管体制改革、知识产权行政管理和执法体制改革、城市管理体制改革等方面。按照大部门体制改革思路对相似职能进行整合，提升了管理效率和效能，为企业和市民提供了更便捷高效的服务，值得其他地方借鉴。

第一，在行政审批体制改革方面，浦东新区于 2010 年 6 月成立了浦东新区市民中心（浦东新区投资促进服务办公室），负责对浦东新区区级平台行政审批服务工作实施集中办理、统一管理。滨海新区则于 2014 年 5 月成立了全国首个行政审批局，将原来分散在多个部门的 200 多项审批职能全部划转到行政审批局，审批主体由分散变为集中。由于后文还将作专门论述，这里不再赘述。

第二，在市场监管体制改革方面，浦东新区于 2013 年 12 月组建了市场监督管理局，整合工商、质监、食药监等监管职能和执法力量，由垂直管理调整为分级管理，以更好地推进市场准入、食品安全、产品质量等领域的全过程监管。滨海新区于 2015 年 3 月成立了市场和质量监督管理局，由原滨海新区工商行政管理局、质量技术监督局和食品药品监督管理局整合组建而成，负责对生产、流通和消费三个领域的产品质量和食品安全实施全过程、无缝化监管。

第三，在知识产权行政管理和执法体制改革方面，浦东新区于 2014 年 11 月组建了知识产权局，将其从科学技术委员会中独立出来，归并整合新区层面的专利、商标、版权等职能，承接市相关部门下放的部分专利、版权管理和执法事权。知识产权局的设立，改变了以往专利、商标、版权由不同部门管理的状况，适应了知识经济时代的发展需求和创新发展需求。

第四，在城市管理体制改革方面，浦东新区于 2015 年 7 月组建了城市管理行政执法局，从环保市容局中独立出来，以整合原来分散在环保市容局、建交委、规划土地局、发改委等部门的相关执法事项，提高执法效能。2015 年，滨海新区成立了 18 个街镇综合执法大队，设立了两级行政执法监督平台，实现了“一支队伍管执法”。

2. 以简政放权为管理体制改革的突破口，深化行政审批体制机制改革

上海浦东新区和天津滨海新区将行政审批体制改革作为行政体制改革的抓手，不断改革创新，设立独立机构集中管理审批事务，精简审批事项，再造审批流程，取得了显著成效。

第一，设置专门的行政审批机构。上海浦东新区和天津滨海新区均设立了直属新区政府的工作部门，对行政审批事项进行统一管理。上海浦东新区成立了浦东新区市民中心（浦东新区投资促进服务办公室），天津滨海新区则成立了行政审批局。滨海新区行政审批局将滨海新区发展改革委、经济信息委、商务委、建设交通局等 18 个部门的 216 项审批职责，全部划转到行政审批局，实现“一枚印章管审批”。

第二，精简审批事项，下放审批管理权限。浦东新区按照《上海市人民政府关于本市行政审批制度改革的通知》的要求启动行政审批制度改革以来，审批事项从最初的 724 项压缩为 204 项，减少了 520 项，平均承诺审批时限从法定 22 个工作日压缩到 8.4 个工作日，平均审批环节从 3.4 个精简到

2.8 个，取消和停止征收收费 252 项。[①] 滨海新区通过对重复、交叉的审批事项进行有效梳理，先从 216 项减少到 173 项，再从 173 项减少到 151 项，减少幅度达 30%；审批效率大幅提升，投资项目、企业设立、单办事项审批用时分别不超过原来的 1/2、1/3、1/4，50 项审批立等可取[②]。

第三，优化行政审批服务，提高行政审批服务效能。上海浦东新区主要采取了如下举措：一是探索行政审批事项标准化、信息化和扁平化管理，建立行政审批事项目录及配套管理办法，将行政审批事项要素纳入目录，并进行编码规范管理。二是探索“一门式”审批服务，推广张江经验，变“一门式办理”为“一门式办结”。三是实施重大产业项目行政审批告知承诺制改革，为面上行政审批制度改革积累经验。四是实施外资批准文件、营业执照、组织机构代码证、税务登记证、食品前置许可等“七证联办”。五是建立“8+1”区域审批平台[③]，最大限度地下放审批事权。六是开发和运用“建设项目网上联合审批系统”，实现审批信息的共享互联、审批材料的跨部门流转、建设项目的网上办理和审批进程的实时跟踪等多种功能。滨海新区实施审批流程再造，不再按部门设置审批窗口，而是根据企业需办理的事项，建立“车间式流水线”审批方式，对审批工作人员采取“车间式”管理模式，实行定岗定员定责定质和绩效考核。科学梳理流程，采取“流水线”作业方式，使关联审批事项紧密衔接，切实提升审批效率和服务水平。对简单事项实行立等审批，对联办事项实行一口办理，对关联审批实行一章多效，对网上审批实行一次领证，对踏勘验收实行统一勘验。建立最便捷的审批备案制，申请人“一张申报表、一份承诺书”，要件齐全，可在 1 个工作日完成审批，最快的仅需 1 小时。滨海新区行政审批局对企业投资项目、政府投资项目实行“一窗统一接件、同步绩效登记、审批和自然时间双锁定、全程帮办服务”的“四位一体”运行机制，强化现场和集中办理。此

---

① 参见：浦东十大改革创新项目评选揭晓［EB/OL］. http：//www. pudong. gov. cn/shpd/news/20150717/006001_ edb3c6fc-3fa5-4f4e-9634-4a78b808b51b. htm.

② 参见：张铁军．滨海新区行政审批制度改革实践与思考［EB/OL］. http：//www. csoar. org. cn/html/2016-03/3021. html.

③ “8+1”是指 8 个开发区和大市镇，再加上 1 个自贸试验区。“8+1”审批服务平台的设立，可以把各街镇经济发展审批事项纳入开发区办理，实现审批的扁平化和便捷高效。

外，滨海新区行政审批局还创新建立了网上办事大厅“直通车”办事渠道[①]。

3. 优化新区、功能区和街镇关系，探索扁平化的管理体制

上海浦东新区和天津滨海新区以扁平化为管理体制改革的方向，不断强化基层建设，扩大基层的管理权限，探索社会自治新模式。

第一，探索新区与功能区的新型关系。为积极探索构建扁平化的管理体制，浦东新区取消了六大功能区[②]，改变了功能区辖镇街的管理体制，按照“上面轻型化、下面扁平化”的改革思路，建立开发区管委会[③]，打造“7＋1”板块[④]。开发区和街镇不再有隶属关系，均接受浦东新区政府的管辖领导。在新区与上海自贸试验区的关系上，自贸区管委会与新区政府合署办公。天津滨海新区在第二轮行政体制改革中，按照《深化滨海新区管理体制改革总体方案》，撤销塘沽、汉沽、大港三个城区工委、管委会建制，并依照《天津市委、市人民政府关于滨海新区整合部分功能区的决定》，针对功能区数量较多、产业相近、发展不平衡、彼此间竞争等问题，将原来的12个功能区整合成7个[⑤]。整合后的功能区设工委、管委会，接受滨海新区区委、区政府的领导。

第二，深化街道体制改革和基层体制改革。浦东新区核减区级机关行政编制和内设机构，充实到开发区管委会和街镇第一线，下放审批事权。在街道体制改革方面，浦东新区采用“6＋2”模式，统一设置8个党政内设机

---

① 刘平，胡晓伟．天津滨海新区行政审批局成立［N］．天津日报，2014－05－21.

② 为推进综合配套改革，浦东新区建立了覆盖全区的六大功能区域，分别是：陆家嘴功能区域、张江功能区域、金桥功能区域、外高桥功能区域、三林（世博）功能区域、川沙功能区域。

③ “7＋1”中的7个开发区均成立了管委会。2010年7月27日，浦东新区人民政府印发《浦东新区开发区管理委员会管理事权的意见》的通知，明确了开发区管委会管理事权配置的基本原则、开发区管委会的事权及相关问题。其中，开发区管委会有11项事权。

④ “7＋1”板块由浦东新区原区长姜樑于2010年4月14日在上海市政府新闻发布会上提出，它既是一种生产力布局，也是一种体制设计。“7”是指上海综合保税区板块、上海临港产业区板块、陆家嘴金融贸易区板块、张江高科技园区板块、金桥出口加工区板块、南汇新城板块、国际旅游度假区板块；“1”是指后世博板块。

⑤ 12个功能区包括：天津经济技术开发区、天津港保税区、天津港、滨海高新区、东疆保税区、中新天津生态城、滨海旅游区、中心商务区、临港经济区、北塘经济区、中心渔港经济区、轻纺经济区；7个功能区即天津经济技术开发区、天津港保税区、滨海高新区、东疆保税区、中新天津生态城、中心商务区、临港经济区。

构。其中，6个为全市统一设置，分别是党政办公室、社区党建办公室、社区管理办公室、社区服务办公室、社区平安办公室、社区自治办公室；2个为新区统一设置，分别是社区队伍建设办公室、社区综合事务办公室[①]。2015年4月，浦东新区全面启动新一轮基层体制改革，对人口大镇采用“镇管社区”模式，参照街道配置公共管理资源，设立社区；街道统筹社区事务，引导居民和社区单位参与共治自治；完成街镇网格化平台建设，实现全区网格化综合管理全覆盖。滨海新区将原有的27个街道依据街镇区域大小、人口数量、发展水平和历史沿革等，按照“大街镇”的发展思路，整合成19个。[②][③] 大街镇被授予更多的权限和职能。

第三，理顺开发区管委会与街镇的关系。开发区管委会主要负责招商引资等经济发展事务，而街镇主要负责社会管理事务。2014年3月，浦东新区启动张江“管镇联动”改革试点，取消张江镇、村两级招商引资引税职能，将张江高科技园区管委会承担的园区社会管理职能转由张江镇负责，将临港四镇招商职能统筹划归临港企业服务局，统一招商管理机构、运行机制、操作政策、结算平台和考核举措。

（二）管委会体制模式

现阶段，采用管委会体制模式的国家级新区包括重庆两江新区、甘肃兰州新区、陕西西咸新区、贵州贵安新区、四川天府新区、湖南湘江新区、南京江北新区。管委会体制模式一般具有如下特征：

第一，新区一般设立党工委、管委会，分别是上一级党委、政府的派出机构，主要负责新区经济发展和开发建设的统一规划、统筹协调和组织实施。需要说明的是，四川天府新区未设立党工委，只有管委会，是四川省政府的派出机构。与其他新区管委会不同的是，四川天府新区管委会只是四川天府新区的议事协调机构，下设管委会办公室，办公室主任由四川省政府副

---

① 参见东方网2015年4月7日发布的《重心下沉服务升级　浦东新区启动新一轮基层体制改革》。

② 刘长海．天津市深化滨海新区管理体制改革“塘汉大”工委管委会建制撤销［N］．渤海早报，2013－09－28.

③ 刘长海．滨海新区功能区和街镇管理体制改革全面启动［N］．渤海早报，2014－01－01.

省长兼任，主要负责新区的规划管理、重大产业布局、重大项目推进和招商引资工作，与其他新区管委会的职能类似。

第二，新区党工委、管委会内设机构相对较少，除综合管理部门外，一般会设置涉及发展战略、经济运行、建设管理、土地规划、财政金融服务等机构。总体来看，新区的机构设置与新区的主要任务是密切关联的，现阶段，多数新区的主要任务是开发建设，因而设置的内设机构更偏重于经济发展功能，只有少数几个新区设置了与社会事务管理相关的部门，如甘肃兰州新区、贵州贵安新区。

第三，深化行政审批体制机制改革，成立政务服务中心，集中办理审批事项，优化行政审批服务。重庆两江新区于 2012 年 4 月 5 日成立两江新区政务中心，集中履行行政审批权限，汇集了多个市级部门的分支机构，大大缩短了审批时间。政务中心采取四大运行方式：一是一站式审批服务，实行“集中办公、窗口受理、一口对外、承诺服务、限时办结、统一收费”的服务办事制度；二是开展并联审批，即一个窗口统一受理、统一发照；三是建立电子监察系统，为审批工作的考核提供依据；四是建立网上审批平台。[①] 湖南湘江新区与南京江北新区也成立了政务服务中心。贵州贵安新区则大幅压缩行政审批事项，从 700 多项精简到 149 项，成立了事业单位贵州贵安政务服务中心，该中心为正处级建制，与贵州贵安招商引资服务中心、贵州贵安新区党务政务便民利民服务中心实行“一个机构，三块牌子”，内设综合科、业务科、督查科，核定人员编制 18 名。

第四，借鉴浦东新区、滨海新区改革经验，推进大部门体制改革。重庆两江新区针对市场监管体制存在的问题，将工商管理、质量技术监督管理和食品药品监督管理部门的职能进行整合，成立重庆两江新区市场和质量监督管理局。甘肃兰州新区推动组建大综合执法局，集中执行城市管理、规划、国土等 7 大领域 1791 项行政处罚权。南京江北新区成立规划国土环保局，实现规划、国土、环保合署办公，有利于统筹推进“多规合一”、综合执法。从各新区设立的其他机构也可看出，一般新区都同时承担着多种职能。

第五，优化新区与功能区的关系。管委会体制模式的国家级新区与功能

① 参见华龙网 2012 年 4 月 5 日发布的《政务中心揭牌企业审批从 70 天缩短至 2 天》。

区关系较为复杂。

重庆两江新区党工委、管委会受重庆市委、市政府委托，代管北部新区党工委、管委会和两路寸滩保税港区管委会，直管区内两江工业开发区管理机构。两江新区内各区人民政府、经济功能区管理机构根据各自职责，负责各自辖区的行政管理和社会事务工作，接受两江新区党工委、管委会对经济建设和开发开放工作的指导、协调。2016 年 2 月，重庆市委、市政府出台了《关于调整优化两江新区管理体制的决定》，撤销北部新区党工委、管委会，其职能职责分别划归重庆两江新区党工委、管委会。

陕西西咸新区与 5 个新城皆成立有党工委、管委会，5 个新城党工委书记、管委会主任同时也是西咸新区工委委员、管委会副主任。西咸新区涉及西安和咸阳两市的 7 个县区，5 个新城中有 3 个（空港新城、泾河新城、秦汉新城）完全位于咸阳，但交错隶属于不同县区；沣东新城和沣西新城部分隶属于西安市，部分隶属于咸阳市。西咸新区特殊的区域分布造成了西咸新区与西安市、咸阳市，5 个新城管委会与所在县区、镇街之间关系十分复杂，实际运行中因权力划分不清和利益难平衡不可避免出现矛盾和冲突。尽管陕西省为平衡各主体的利益，提出了行政区划不变、统计口径不变、利益格局不变，但并未使此情形有所缓解。

四川天府新区的管理体制也较为复杂，设立了三个片区，分别为成都片区、眉山片区和资阳片区。每个片区均成立了党工委、管委会，分别为成都市、眉山市和资阳市党委、政府的派出机构，行使经济管理权限。

（三）政府与管委会体制并行模式

现阶段，采用政府与管委会体制并行模式的新区包括：浙江舟山群岛新区、青岛西海岸新区、大连金普新区、云南滇中新区。管理体制采用这种模式的新区与其所辖范围有着密切的关系，一般是因为新区范围与某个行政区范围一致。当然，也有因为发展需要，如云南滇中新区，为理顺昆明市与滇中新区的关系，采用了“市区融合发展”的思路。总体来看，这种体制模式具有如下特征：一是新区管委会与某级行政区政府并存，两个机构在领导任职上多有交叉；二是新区与行政区内设部门合署办公现象普遍；三是新区与功能区关系较为复杂，部分新区与功能区管理体制理顺面临难题。

二、国家级新区的产业发展体系创新

从产业发展主要驱动因素的角度，可将国家级新区分为第三产业主导型，第二产业主导型，第二、第三产业双轮驱动型。需要说明的是，国家级新区基本上都提出了要发展现代服务业、先进制造业、高新技术产业和战略性新兴产业，这里主要是基于新区目前的产业结构来划分的。这并不意味着某一新区没有发展主导产业之外的其他产业，也不意味着其他产业对于新区发展就不重要。

（一）第三产业主导型模式

第三产业主导型模式的最典型特征是第三产业成为拉动国家级新区经济发展的主导力量，第三产业占国家级新区地区生产总值的比重超过第一产业和第二产业。现阶段，国家级新区中仅有上海浦东新区符合这种模式的特征。

（二）第二产业主导型模式

第二产业主导型模式的最典型特征是第二产业成为拉动国家级新区经济发展的主导力量，第二产业在三大产业中占地区生产总值的比重最大。这类国家级新区主要有：天津滨海新区、甘肃兰州新区、广州南沙新区、陕西西咸新区、贵州贵安新区、大连金普新区、四川天府新区、湖南湘江新区、南京江北新区、福州新区、云南滇中新区、哈尔滨新区、长春新区。

（三）第二、第三产业双轮驱动型模式

第二、第三产业双轮驱动型模式的国家级新区在产业转型升级发展中，以高端制造业和现代服务业引领发展，第二、第三产业在地区生产总值中所占比重相差不大，共同成为拉动新区快速发展的引擎。这种模式的国家级新区包括：重庆两江新区、浙江舟山群岛新区、青岛西海岸新区。

三、国家级新区发展有待破解的难题

尽管国家级新区在成立后，竞争力和活力明显增强，发挥了较好的示范效应，甚至形成了一些可复制推广的经验，但不容否认，一些新区在发展过程中也面临着一些亟待解决的难题，主要表现在：

（一）新区发展体制机制有待进一步优化

现阶段，国家级新区的管理体制总体上可分为政府管理体制和管委会管理体制。就政府管理体制而言，要着力解决如下问题：如何转变政府职能，深化行政审批制度改革，处理好与市场、社会的关系；如何调整政府机构设置，改变政府部门职责交叉的情况，建立起职能有机统一的大部门体制，健全部门间协调配合机制；如何处理好新区政府与上一级政府、上一级政府职能部门、下一级政府、功能区管委会的关系；如何加强行政领导，配备精干、高效、能胜任新区事务管理的领导班子；如何优化行政决策，建立起专家决策咨询制度和涉及民众利益事项的公民参与制度；如何加强对政府的监管和政府绩效管理；如何改进政府管理方式和手段，提高政府管理效能；等等。就管委会管理体制而言，则要着力解决如下问题：如何处理新区管委会与上一级政府及其职能部门的关系、管委会与所涉行政区政府及其职能部门的关系、管委会与区内功能区管委会的关系；管委会应承担哪些职能，其职能在不同阶段该作出何种调整，如何更好地行使协调职能；管委会的领导班子如何配置；如何优化决策机制和执行机制；如何优化管委会的管理方式和手段；等等。总体来看，国家级新区、所涉行政区与各类经济功能区的关系如何处理、利益关系如何协调是现阶段国家级新区在管理体制机制方面面临的共性问题，而这一问题直接关系到国家级新区的长远发展和相关政策的落地情况。

（二）产业结构有待进一步优化升级

国家级新区发展有赖于产业的支撑。现阶段，国家级新区产业结构优化升级方面还存在如下问题：

一是产业结构不合理现象依然存在，大部分新区以第二产业为主，第三产业对经济增长的贡献率不高。天津滨海新区、甘肃兰州新区、广州南沙新区、四川天府新区、大连金普新区、青岛西海岸新区等第二产业占比均在60%左右，亟待提升现代服务业的比重。

二是部分新区仍然以高耗能的能源重化工业为主，发展面临较大的资源和环境约束。受历史条件影响，大连金普新区、哈尔滨新区、长春新区的传统重化工业占比较高，在国家倡导绿色发展的今天，面临着繁重的产业转型升级任务，产业结构亟待优化调整。

三是在国际整体经济形势低迷的大背景下，国家级新区的产业盲目布局导致恶性竞争和产能过剩，国家级新区同样需要加快供给侧结构性改革，部署实施“三去一降一补”。从各国家级新区的主导产业来看，多以先进制造业、战略性新兴产业为主，虽然这些产业代表发展趋势，但若各国家级新区在不考虑自身产业发展基础和优势的前提下“一窝蜂”式地发展这些产业，在国内需求短期内增长有限、国际需求萎缩的情况下，同样会出现产能过剩的问题。光伏、风电、多晶硅、锂电池、碳纤维等新兴产业曾出现的较为严重的产能过剩应当引起警醒。

（三）要素集约节约程度有待提高

在国家级新区的开发和建设中，出现了盲目追求规模和速度的现象，以“大、快”为导向，而忽视了规划的导向作用，忽视了成本、质量和效益。土地等要素的集约利用程度不高，个别地方存在建设用地用途安排不合理、投入产出效率低、开放建设与生态环境保护不协调等问题，不利于国家级新区的健康发展。[①] 也正是如此，国家发展和改革委员会、国土资源部、环境保护部、住房和城乡建设部于2015年4月联合出台了《关于促进国家级新区健康发展的指导意见》。不仅如此，部分新区贪大求全，采取全面铺开的开发模式，而不注重开发节奏和时序的把控，导致产业园区和功能区布局分散，不利于要素集聚效应的发挥，也引致了新区基础设施重复建设、区块间

① 国家发展和改革委员会．国家级新区发展报告2015［M］．北京：中国计划出版社，2015：35.

产业无序竞争等问题。

（四）社会建设水准有待持续提升

在19个国家级新区中，有的新区只享有经济管理权限，社会事务管理则由行政区管理；有的新区下设直管区和非直管区，新区对直管区的社会事务有管辖权；有的新区则对区划内所有地方都享有社会事务管理权限。这些管理权限上的差异，客观上造成新区社会事业发展水平差异较大。从主观上看，部分新区沿袭以往开发区建设的思路，只注重新区的经济发展，而忽视了社会建设和发展。从长期来看，随着国家级新区的发展，人口将不断集聚，社会事务也将不断增加。若长期忽视社会事业的发展，或不未雨绸缪，终将影响新区的持续健康发展。

四、“十四五”时期优化国家级新区管理运营机制的相关对策建议

“十四五”时期国家级新区的可持续发展，不仅涉及国家级新区自身和所在省市，而且关联国家级新区所在区域，乃至影响全国的经济社会发展状况。为此，重庆智库课题组重点选择国家级新区的创新发展、协调发展、开放发展三个维度进行研究。

（一）“十四五”时期国家级新区管理运营机制创新发展的共性、差异和需注意的问题

国家级新区创新发展应重点抓好体制机制创新和产业体系创新。这里从这两个方面进行具体比较。

就管理体制而言，国家级新区管理运营机制可分为政府体制模式、管委会体制模式、政府与管委会体制并行模式。这三大模式既有共性又有差异。某种体制模式的形成，并非单一因素作用的结果。研究发现，跨行政区域的新区一般会选择管委会体制模式，这也是多方利益博弈和协调的结果。

从共性来看，表现在如下几个方面：一是三种模式的国家级新区均强调加大简政放权力度，深化行政审批制度改革，取消和下放审批管理权限，优化行政审批机制和服务，或成立行政审批服务中心或政务中心推行行政审批

事项办理，或借鉴天津滨海新区的经验，成立行政审批局，集中审批职能，提高审批效率。二是三种模式的国家级新区均强调通过大部门制改革，整合相似职能，加快建立统一高效的管理体制。如各新区成立的市场监督管理局、城市管理行政执法局等，都是整合多个部门相似职能的基础上建立的，有效地解决了“九龙治水”的难题。上海浦东新区的这些实践被其他国家级新区所复制，不少新区都采取了这方面的举措。三是三种模式的国家级新区均强调推行权力清单和责任清单，实行“行政权力进清单、清单之外无权力、权力和责任相对应”的体制，精简行政权力，激发市场活力和潜力。

从差异来看，表现在如下几个方面：一是在新区与功能区的关系上，政府体制下的新区与功能区关系相对较为明晰，管委会体制和政府与管委会体制并行下的新区与功能区关系错综复杂。国家级新区是一种综合功能区，在新区内一般有不同层级、不同功能的经济功能区：既有国家级的功能区，又有省级或市级的功能区；既有经济技术开发区，又有高新技术产业开发区、综合保税区、保税港区、保税区等。其中不少经济功能区都成立了党工委、管委会，有的经济功能区和新区一样，都是同一级党委、政府的派出机构，都要接受同一级党委、政府的领导，仅靠新区领导的高配和兼任理顺它们之间的关系是十分困难的，新区在发展过程中遇到的障碍和掣肘也是可以想见的。重庆市撤销北部新区党工委、管委会，大连市撤销金州新区党工委、管委会和普湾新区党工委、管委会，将其职能分别划转至重庆两江新区党工委、管委会和大连金普新区党工委、管委会。从这两个新区的实践可以看出，理顺新区与功能区的关系是一道难解的题，也是国家级持续健康发展必须破解的一道难题。二是在新区管理权限上，政府体制下的新区既拥有经济事务管理权，又拥有社会事务管理权；管委会体制下的新区情况较为复杂，有的新区只享有经济事务管理权，不享有社会事务管理权，社会事务主要由新区内的街镇负责，有的新区分直管区和非直管区，在直管区内同时享有经济事务管理权和社会事务管理权，在非直管区内只享有经济事务管理权，还有的新区仅是议事协调机构，权力由片区党工委、管委会享有；政府与管委会体制并行下的新区一般享有经济事务管理权，行政管理权则由街镇行使。三是在新区的机构设置上，政府体制下的新区机构数量明显比管委会体制下的新区多，这与其拥有的权限更多有一定关系。管委会体制下的新区机构多为与经济发展密切关联的部门，如发展规划、土地、财政、金融等。政府与管委会体制并存下的新区则有新区内设部门与某一级政府部门合署办公的情形。

就产业体系而言，国家级新区管理运营机制可分为第三产业主导型模式，第二产业主导型模式，第二、第三产业双轮驱动型模式。三种模式国家级新区的共性在于：第一，均强调产业的优化升级和集群发展，注重对产业的统筹规划和管控，以功能区引导产业集聚和合理布局；第二，均强调科技创新和人才对产业发展的重要支撑作用，强化科技创新驱动，优化人才引进、培养、使用、评价、激励机制，集聚一批领军人才；第三，均强调以项目带动产业发展；第四，所选择发展的产业代表了一段时期内的产业发展方向，如高新技术产业、战略性新兴产业、先进制造业、现代农业、现代服务业，等等。三种模式国家级新区的差异在于：第三产业主导型新区的现代服务业占地区生产总值的比重要明显高于其他两种新区，第二产业主导型新区的工业占比较大，而第二、第三产业双轮驱动型新区则强调第二、第三产业的融合发展，它们占新区地区生产总值的比重差距不大。

需要说明的是，就现阶段的国家级新区发展而言，不能简单地评价得出某种模式优于另一种模式。我们认为，适合新区发展的产业体系才是最优的，因为新区有自身的产业基础和产业发展要素，盲目地放弃比较优势而去追求另一种理论上认为更优的模式并非明智抉择。

（二）“十四五”时期国家级新区管理运营机制协调发展的共性、差异和需注意的问题

从协调发展的角度，可将国家级新区管理运营机制分为经济社会协调发展模式、区域协同发展模式、城乡协调发展模式、陆海统筹发展模式、人与自然协调发展模式。某个国家级新区可同时归入几种协调发展模式。

从共性来看，每个国家级新区在发展中都要注重经济社会协调发展、区域协同发展、城乡协调发展、人与自然协调发展，在各新区的发展规划和总体方案中也都有这方面的具体要求和举措，这也是国家级新区持续健康发展的内在要求。陆海统筹发展则主要是针对大连金普新区和青岛西海岸新区而言的。

从差异来看，每种发展模式的侧重点不同，经济社会协调发展强调的是经济与社会的关系，区域协同发展强调的是区域合作与竞争的关系，城乡协调发展强调的是城市与农村的关系，陆海统筹发展强调的是陆地和海洋的关系，人与自然协调发展强调的是人与自然的关系。处理好这些关系而采取的系列措施就构成了相对应的发展模式。

（三）“十四五”时期国家级新区管理运营机制开放发展的共性、差异和需注意的问题

从开放发展的角度，可将国家级新区管理运营机制分为自由贸易试验区带动型模式、“一带一路”依托型模式、内陆开放型模式、重点区域开放型模式。从共性来看，四种开放模式都是新时期国家级新区扩大对外开放的重要手段。从差异来看，每种模式适合不同的国家级新区，自由贸易试验区带动型模式适合与自贸试验区关联密切的国家级新区，如上海浦东新区、天津滨海新区、广州南沙新区、福州新区，也可以是自贸试验区周边的国家级新区，还可以是复制自贸试验区改革创新经验扩大对外开放的其他国家级新区；“一带一路”依托型模式主要适用于与“一带一路”建设关联密切的国家级新区，如陕西西咸新区和福州新区，也适合其他所有的国家级新区，每个国家级新区都需要积极参与到“一带一路”建设中来，只是参与的程度、方式有异；内陆开放型模式主要适用于内陆地区的国家级新区，如重庆两江新区、四川天府新区、贵州贵安新区、湖南湘江新区，这些新区地处内陆地区，缺乏对外开放的有利地理条件，但通过创新体制机制，走出了一条内陆地区开放的新路；面向重点区域开放型模式主要适用于邻近其他国家和地区的国家级新区，对地缘优势的要求较为突出。

五、“十四五”时期国家级新区管理运营机制总体走向的判断

（一）推行“三个清单”模式，加强不同模式下的国家级新区管理体制创新

要按照服务型、法治型、责任型、透明型、回应型等善治理念的要求，加强服务型政府和服务型管委会的建设，深化重点领域体制机制创新，努力

破解制约发展的体制机制障碍。探索形成协同管理、精简高效、权责一致的管理模式，推进治理能力现代化。国家级新区可试点推行负面清单管理模式。按照“非禁即入”的原则，制定发布投资、产业发展等领域负面清单，在重点领域和环节开展负面清单管理试点，形成示范带动效应，为市场主体提供更大空间。推行权力清单和责任清单，并向社会公布，压缩各类重复交叉权力事项，最大限度精简行政权力，进一步规范市场秩序，激发市场活力和潜力。

实行政府体制模式的国家级新区要加强管理体制创新。重点从如下方面着手：创新公共服务供给方式，建设服务型政府；推进大部门制改革，建设扁平化政府；处理好政府与市场、政府与社会组织的关系，建立协同型政府；创新管理方式，完善政府绩效评估体系，实施流程再造，建立高效能政府。

实行管委会体制模式的国家级新区应推行大部门体制，加快协调制度建设。受诸多因素的影响，管委会体制在一定时间内仍将存在。现阶段应对其进行优化，可根据国家级新区经济社会发展需要对职能相近、业务范围雷同的机构进行重组，切不可模仿行政区政府的机构设置。如何处理新区管委会与上一级政府职能部门、所涉行政区政府及其职能部门、所涉其他经济功能区管委会、辖内镇政府和街道办事处的关系，是管委会模式实际运行的最大难题。为此，可加快政府间、部门间协调制度建设，包括协调启动、协调程序、协调监督和追责等制度，通过制度化的方式，优化协调机制。此外，还可通过人事任免权下放、改革绩效考核指标体系等方式，增强协调制度的约束力。

实行政府和管委会体制并行模式的国家级新区，可考虑在时机成熟时，将新区党工委、管委会与所在地党委、政府部门进行合并，像上海浦东新区、天津滨海新区一样，实行政府体制模式。由于新区地域与行政区完全或基本重合，这一体制变动的成本较小，面临的阻力不大。在两种体制并行期间，可按前述政府体制模式加强管理体制创新。

（二）结合要素资源禀赋合理选择重点发展产业，规避新一轮的产业同质化

不同的自然资源、人文资源、科技资源、政策资源、要素资源在某种程

度上决定了国家级新区的产业选择。在进行产业定位时，必须充分考虑到这些因素，此外还要对区域内外产业配套和产业竞争状况有全面的了解，找准优势所在。在此基础上，充分利用政策优势，完善配套服务体系，吸引内外资源，促进产业融合和产业集聚。在产业定位和选择时，切忌不顾自身实际盲目追求"高大上"，一哄而上发展战略性新兴产业和高新技术产业，而应充分利用原有产业优势，夯实发展基础，做好产业配套，延伸产业链条，实现产业合理有序向高端攀升。

（三）吸收协调发展模式理念精髓，推动国家级新区全方位协调发展

推动国家级新区全方位协调发展，具体应从如下方面着手：一是注重经济和社会协调发展。在促进新区开发和建设的同时，加强社会治理，为辖区居民和企业提供差异化、高质量的公共服务，以发展的眼光满足新区未来人口集聚的需求，使其有更多获得感、幸福感，打造宜居宜业新区。二是注重对改革创新发展经验的总结，在科学评估其可复制性、可推广性的基础上，将新区发展成功经验辐射到其他新区和行政区。发挥新区对国家重大区域战略的辐射带动作用。三是推进以人口为核心的新型城镇化，结合新区自身特点，探索差异化的新型城镇化模式。陕西西咸新区的田园城市城镇化和贵州贵安新区的山地特色城镇化都是较为成功的探索，切实做好了转户居民的全方位政策保障工作，出台使新市民更快融入城市的系列举措。推动城乡协调发展，既要发挥城镇对乡村的汲取效应，又要发挥城镇对乡村的扩散效应，不能把城镇的快速发展建立在乡村的凋敝上。四是牢固树立生态文明理念，积极发展绿色产业，大力推广绿色建筑、绿色交通、绿色能源，倡导绿色消费，促进资源循环高效利用及人与自然和谐相处，实现生态文明建设与经济社会发展良性互动。

（四）探索适合国家级新区的开放模式，提升对外开放层次和水平

结合自由贸易试验区战略、"一带一路"建设、内陆地区开放战略等，结合自身区位和优势，探索适合新区的开放发展新模式，具体可从如下方面着手：一是创新开放体制机制，推动建立高效便捷的通关和口岸监管模式，探索关检"一次申报、一次查验、一次放行"合作模式。二是立足开放平

台，逐步在开放的广度、深度上实现新的突破。在开放广度上，要主动融入国家战略，寻求全方位多层次的对内对外开放；在开发深度上，由一般贸易、加工贸易向总部贸易、转口贸易和服务贸易拓展。三是通过重点发展总部经济、订单经济、平台经济，充分发挥开放型经济对实体经济的推动和促进作用。

（五）优化国家级新区布局，凸显新区特色实现差异化发展

我国已批准设立 19 个国家级新区，2014 年以后批准 13 个。这些国家级新区有 8 个位于东部地区，6 个位于西部地区，3 个位于东北地区，2 个位于中部地区。尽管目前国家级新区数量众多，但地方的申报热情依然很高，据悉，有 8 个城市有意向打造国家级新区，分别是武汉长江新区、石家庄正定新区、南宁五象新区、合肥滨湖新区、中山翠亨新区、沈阳沈抚新区、济南黄河新区、襄阳东津新区。[①] 由于国家级新区所肩负的带动区域经济发展的任务已基本分配完毕，在“四大板块”战略和“三个支撑带”战略实施方面均已布局，数量已趋于饱和，以后国家对国家级新区的批复将变得更为谨慎。这从 2016 年 2 月 21 日国务院发布的《关于进一步加强城市规划建设管理工作的若干意见》中的“严控开发区和城市新区设立”的相关表述中可见端倪。在国家级新区数量已趋于饱和的情况下，不宜再盲目批复成立新的国家级新区，否则将会造成资源浪费，形成同一区域国家级新区在人才、产业、资源等要素方面的恶性竞争，阻碍区域经济的协同发展。即便再批复设立国家级新区，也应严格控制数量，考虑布局在中部地区。

不仅如此，新区的定位应更为明确，凸显差异化。例如：浙江舟山群岛新区和青岛西海岸新区皆定位于发展海洋经济，实施海洋战略；重庆两江新区和四川天府新区皆承载打造内陆开放高地、推进统筹城乡发展的功能；等等。区位相近、功能定位类似的新区在发展中难免出现同质竞争，影响要素资源的合理配置。在国家级新区进行新布局时，应充分考量各新区的发展定位，不宜重复布局。

---

① 唐孜孜．我国 24 年 17 个国家级新区获批，部分被指沦为空城［N］．南方都市报，2016－02－23.

（六）加强国家级新区间的协作与互动，告别“以邻为壑”

现阶段，各国家级新区在发展中还缺乏必要的互动互信，区位相近、功能相近的国家级新区缺乏协作，从各国家级新区的规划和总体方案中可以找到加强区域互利合作方面的表述，但突出强调与其他国家级新区协作、借鉴其他国家级新区改革成功经验的较少。因此，有必要在国务院及国家发展和改革委员会的协调下，建立联席会议机制，定期举行国家级新区发展座谈会，建立国家级新区之间的常态化联系机制，加强信息互通、经验共享，协作共治，尤其是相邻区域的国家级新区，更应频繁互动。

（七）实现国家级新区领导干部配置及队伍结构的科学化、合理化

国家级新区肩负着重要的改革试验使命，在全面深化改革的进程中扮演着排头兵的角色，其复杂性和难度较大，这对新区领导者个人的素质和能力以及领导班子的优化配置提出了更高的要求。新区的领导者，不仅要在政治上过硬，还要懂经济，对经济领域出现的一些新事务、新的经营理念和方式要有敏感的认知，善于捕捉发展机遇，有长期从事园区、开发区管理的经验。在主要领导的任命上，要规避以领导秘书或有秘书经历的干部担任国家级新区主要领导的现象。在新区领导干部队伍的配置上，要坚持多元化和专业性的统一。

渤海大湾区规划的战略意义及规划要点*

刘崇献　冯乔治　李欣月**

内容提要： 研究报告首先指出我国北方经济发展失速明显，南北方发展差距持续拉大，强调应推出地域范围更大、区域带动力更强的渤海大湾区战略规划，打造双循环发展改革试点区；其次，从扭转北方经济下滑、推动东北振兴、京津冀协同发展、"一带一路"北方桥头堡建设、区域设施联通等方面分析了渤海大湾区建设的必要性，并从产业和经济基础、城市群基础、技术条件、经济腹地和政策优势等方面分析了渤海大湾区建设的可行性；最后，从战略定位、交通、产业、跨海隧道、行政区划调整、要素市场培育、市场化改革、组织创新等十个方面探讨了渤海大湾区规划建设的要点和关键领域。

关键词： 大运河智库；渤海大湾区；南北失衡；渤海隧道

大湾区经济被认为是大国经济集约化发展、优化资源配置和提升国际经

---

* 基金项目：国家社科基金项目"'一带一路'倡议实施中的物流瓶颈及解决方案研究"（项目批准号：17BGL011）；北京社科基金项目"北京市产业疏解与对外经济辐射的协同效应研究"（18YJB010）。

** 作者单位：中国大运河智库联盟北京城市副中心发展研究中心，北京物资学院经济学院。

济影响力的重要路径和抓手。我国目前已经把粤港澳大湾区发展确立为国家战略大力推进，而杭州湾大湾区在相关省市的推动下也在加速整合，为我国珠三角和长三角地区经济发展注入了新的活力。相对而言，近些年我国北方地区经济增长萎靡不振，持续走弱，在全国排名持续下滑，京津冀协同发展战略在可预见的中短期内区域带动作用有限，南北方经济发展差距持续扩大。当前我国北方地区迫切需要出台新的促进区域经济发展的国家战略规划，从区域均衡发展和现实基础看，有必要推出地域范围更大、区域带动力更强的渤海大湾区战略规划了。

一、北方经济发展失速明显，南北方发展差距持续拉大

（一）环渤海地区经济增长乏力，与长三角、珠三角发展差距拉大

与长三角和珠三角相比，无论是作为我国传统三大经济发展重心的环渤海地区还是作为我国三大国家发展战略规划区域之一的京津冀协同发展区都显得暗淡无光，发展乏力，在全国的地位显著下降。

2010 年河北省经济总量在全国排名第 6，2019 年河北省在全国排名第 13，已经落后于北京市；天津市经济总量从 2016 年全国城市第 5 名，下滑到了 2019 年全国城市第 10 名，掉出前 10 名的势头明显。辽宁省 GDP 从 2014 年全国第 7 名下滑到了 2019 年全国第 15 名。其他北方省份如山西、吉林、黑龙江的经济增长率更是多年全国垫底，明星省份山东省 GDP 在 2019 年也出现大幅度缩水，与全国第 2 名江苏省的 GDP 差距从 2017 年的 1.3 万亿元迅速拉大到了 2019 年的 2.8 万亿元。

从在全国的经济占比看，长三角江浙沪从 2010 年的 19.7% 上升到 2019 年的 20.3%，珠三角广东省从 2010 年的 10.5% 上升到 2019 年的 10.9%，京津冀从 2010 年的 10.0% 下降到 2019 年的 8.6%。整个华北、东北经济塌陷趋势明显。

（二）京津冀协同发展战略的区域带动作用有限，甚至呈现区域抑制效应

自 2014 年京津冀协同发展战略提出并上升为国家战略以来，京津冀三地在生态、交通、产业等领域积极推进协同发展，取得了一定的成效。但从

最终效果看，除了北京市保持相对稳定的经济增长，实力在持续增强之外，其他北方省区经济发展出现了相对停滞和大面积塌陷，“环北京贫困县”逐步升级到了“环北京贫困省”。

京津冀地区的市场化水平相对比较低，不能引导创新要素在地区间自由流动，创新资源配置效率低下。例如：科技服务机构和技术交易市场发挥不足，导致大量科技创新成果流向区域以外，从而形成了京津冀地区科技成果跨地区转化的“蛙跳”现象；缺乏全国性证券交易所等资源配置平台，虽然北京金融资产存量全国第一，但缺乏为区域内企业提供融资支持的渠道，影响民营经济的发展。

规划建设北京城市副中心和河北雄安新区是解决北京大城市病、促进京津冀协同发展的关键一招。北京城市副中心和雄安新区建设，号称北京的新两翼，都是定位为“千年之城”。从两个千年之城建设模式看，主要是通过高标准规划和巨额投资树立标杆和样板，吸引高端要素和人才集聚，属于绿地投资模式。从为中心城区治理大城市病分忧解难来看，周期长，见效慢。如果采取“泄洪区法”，适度降低产业和人口准入标准，定向引导分流中心城区增量的产业和人口，则可以在较短时间内聚集较大规模的产业和人口，尽快形成“副中心”效应，能有效减轻中心城压力，也有利于促进北京非首都职能疏解和京津冀协同发展。

客观地看，出于种种原因，京津冀协同发展的战略目标实现度较低，北京市的经济辐射和区域带动作用非常有限，出于治理北京大城市病和生态环保的需要，北方省区的部分主导产业受到相关政策显著影响，正处于艰难的供给侧结构性调整和产业升级之中。

（三）京津冀地区投资热点转换过快，新区建设缺乏标杆效应

从国内外经验看，城市新区建设对于区域经济发展具有重要的拉动作用，是战略驱动模式的重要举措。近年来，为推动京津冀协同发展，河北、天津和北京一直不断通过提出创建新区来拉动京津冀地区经济的发展，曹妃甸新区是河北主导的，滨海新区是天津主导的，北京城市副中心是北京主导的，而雄安新区则是由中央政府给予很大支持，虽然雄安新区和北京城市副中心、滨海新区、曹妃甸新区的定位、功能不同，但是都处于京津冀地区，

同一地区频繁另起炉灶，投资热点转换过快，会分散资源，呈现“猴子掰玉米”效应，造成了较高的沉没成本。

曹妃甸新区的重投资、轻改革的建设并没有依靠钢铁、煤炭等大型工业拉动发展，在一定程度上成为烂尾工程；2006 年始建的滨海新区第二轮改革接近尾声，但相应的成就并不明显，近年来出现 GDP 大幅度缩水。

北京城市副中心建设一度吸引了全国的关注，但从城市副中心高标准建设模式看，严格限制产业准入和人口规模，投资方向多为非生产性的生态和基建投资，宜居不宜业倾向明显，并且北京城市副中心未来发展受雄安新区在高端产业和要素方面的分流明显，缺乏人口和产业集聚将制约副中心的产业发展潜力和功能定位的实现，相当长时期内将只是行政副中心。

雄安新区的产业基础和区位优势也并不突出。从“空间资源聚集条件”角度来看，雄安新区从零起步，虽然起点很高，理念先进，但中短期内雄安新区的人口规模、产业规模和技术创新能力都相对有限，所具备的资源聚集能力较低。区域经济学理论提出，国家级新区的辐射扩散效应发挥作用必须建立在区域生产要素高度集聚的前提下，但目前雄安新区的辐射扩散效应并未达到（李乐乐、张驰，2020）。

二、适时规划推进渤海大湾区建设的必要性和可行性

（一）渤海大湾区建设的必要性

1. 我国北方地区需要新的强有力“增长引擎”

我国广义的北方地区包括东北、华北和西北，而东北和华北历来是我国经济发展的重点区域，环渤海地区则是“三北”地区的核心和枢纽地带。如前所述，环渤海地区虽然有京津冀协同发展战略、北京城市副中心和雄安新区建设等重大战略，但短期内成效不明显，导致我国华北和东北地区经济增长迟缓，产业结构转型升级困难，急需一个强有力的增长引擎来推动。

我国经济增长的动力数次转换，从计划经济时期重工业化，到改革开放之初招商引资轻工业化，到 20 世纪 90 年代出口导向国际化，再到电商物联网信息化和房地产驱动泡沫化，目前受国际形势和房地产调控影响，出现招商引资回潮和 5G 应用为基础的智能化发展趋势。20 世纪 90 年代以来，国家

出台了一系列各类战略规划，通过国家战略配置资源，引导投资，呈现明显的战略驱动特征。目前我国南方地区在粤港澳大湾区战略、长江经济带战略、长江三角洲区域一体化战略和“一带一路”建设的引领下，发展势头良好，产业转型升级取得重大进展。

为了保持南北方经济发展的相对均衡，我国北方地区需要在一个更宏大的格局内优化整合盘活资源，需要适度超越首都的政治和生态抑制，打造相对独立更有活力的经济增长中心。从渤海大湾区的辐射影响范围、经济体量、产业人口基础和交通区位优势看，适宜树立为我国北方地区“双循环发展改革试点区”。参照国际国内样板，推出国家级的渤海大湾区规划事不宜迟。

推出渤海大湾区国家战略，高起点打造我国北方高质量发展环，形成环形产业带、文化带、科创带和休闲生活带，可以牵引融合众多国家战略，形成纲举目张的整合效应。渤海大湾区一方面可以融合京津冀协同发展、“一带一路”（中俄蒙和新亚欧大陆桥经济走廊）、东北振兴、黄河流域高质量发展（山东）、大运河文化产业带等国家重大战略，另一方面通过大运河文化产业带可以联通陇海经济带（陆上丝绸之路经济带）、长江经济带和长江三角洲区域一体化（杭州湾大湾区）等重点战略经济区，具有很强的辐射带动作用和扶贫效应。

2. *东北振兴需要渤海大湾区这个龙头带动发展*

我国东北地区在1949年前后的相当长时期内，都是我国工业最发达的地区，被称为共和国的“长子”，承担了重要的历史使命。但自改革开放以来，尤其是建立社会主义市场经济体制以来，东北地区出于和国际市场接轨较慢、体制机制转型迟缓、技术创新和设备更新换代慢、受地缘政治环境和自身的营商环境及气候条件影响等种种原因，东北地区经济发展迟缓，人才、资金外流严重。尽管国家在2003年和2009年陆续出台了一系列振兴东北经济的战略措施，但东北地区的经济总量和经济活力仍在持续下降，近10年萎缩趋势进一步加快。

从现实看，“东北振兴战略”由于涉及地域较大，缺乏龙头城市带动，不能有效改善东北地区在全国经济格局中的边缘化地位。东北区域发展环境相对封闭，向东的日本海出海口出路不畅，只能重点向南发展。只有在渤海大湾区规划被确立为国家战略，其控制性工程大连—烟台隧道才有可能被提上议事日程，而这个跨海隧道将是改变我国东北地区全国市场末梢和边缘地带的关键工程，将会极大地改善东北地区和全国的市场联系，形成直通华东华中的快速通道。处于桥头堡地位的大连、沈阳等城市将会获得重大发展机遇。同时在渤海大湾区战略推动下，东北地区将会更多地受到北京、天津和山东的技术、资金、人才和产业投资的辐射带动。

3. 华北地区发展和京津冀协同发展需要进一步加强区域联动

目前华北地区的主要发展战略是京津冀协同发展战略和“一带一路”建设。京津冀协同发展战略影响区域有限，虽然北京的经济实力雄厚，但产业结构和津冀两地差别较大，产业链联系薄弱，公共服务水平差距巨大，对周边的虹吸效应长期大于辐射效应。此外，由于北京受困于大城市病，在环保政策和产业结构方面对周边省市提出了协同发展要求，但在帮助周边省市实现产业结构升级方面发挥的作用有限，甚至在一定程度上制约了周边地区的经济发展。

北京对河北和天津的辐射带动作用不明显，对处于不东不西的山西和内蒙古，以及环渤海城市群两端的辽宁和山东的影响基本上可以忽略不计。在全国区域经济竞争进入城市群、经济带竞争的今天，北京市如何引领华北和环渤海城市更好地发展，华北和环渤海城市如何更好地联动和协同发展，将成为一个重大的现实问题，事关我国南北经济均衡发展大局。

渤海隧道贯通以后，高铁、5G、电商、快递网络为渤海大湾区建设 5 小时经济圈提供了技术和硬件支持，渤海大湾区将形成以天津为中心，以唐山、秦皇岛、锦州、营口、大连、烟台、东营、沧州为主要节点的“内环”，形成以北京为中心，以威海、青岛、济南、保定、承德、沈阳、丹东为主要节点的“外环”，内外环构成的“活力之环”相当于为我国北方塑造一个强有力的心脏，形成我国经济发展的“丹田”，对内辐射带动“三北”和华东地区，对外牵引俄、蒙、日、韩、朝等国融合发展，有塑造世界最大湾区的潜力。

4. “一带一路”中俄蒙和大陆桥通道需要一个强大的“桥头堡”

“一带一路”倡议跨越了中国许多地域，却较少触及渤海附近的山东、辽宁等地，环渤海地区可谓是处在了此倡议边缘地带，如果环渤海大湾区能对接“一带一路”倡议，则可以化劣势为优势（陈晨，2019），渤海大湾区的建设可以将“一带一路”中俄蒙和大陆桥的资源和政策优势相结合，形成一个强大的桥头堡群，对“一带一路”沿线地区和渤海大湾区城市都有着重要的意义。

渤海大湾区建设可以突出山东主要港口在新亚欧大陆桥经济走廊中的东桥头堡作用，形成以青岛、烟台、日照为主的“新亚欧大陆桥东端桥头堡群”，最终构筑山东“两端多极束状”连通新亚欧大陆桥的新格局。中国、俄罗斯、蒙古、日本、韩国的工业品、农产品、矿产品贸易运输都离不开“一带一路”的中俄蒙通道。打通中俄蒙三国经济合作的走廊建设，渤海大湾区的天津、唐山、黄骅、秦皇岛乃至大连，将共同构成中俄蒙经济走廊的桥头堡群。

5. 环渤海地区设施联通和区域联动程度低

相对于长三角或珠三角城市群，环渤海城市群的设施联通程度较低。作为京津冀协同发展核心城市的北京市和唐山市的京唐高铁尚未开通，作为京津冀重要城市的北京市和秦皇岛市的京秦高速尚未通车。北京到环渤海的营口、大连、东营、烟台的交通条件并不便利。环渤海的高速公路、高速铁路、客运大巴、沿海港口之间的客货运航线、航空航线缺乏从一个经济圈的整体角度进行统筹规划和协调推进。

设施联通程度低导致环渤海各城市在经济发展方面的区域联动程度低。北京市虽然在北方一城独大，但北京市的产业影响力甚至没走出北京市，对辽宁和山东的影响可以忽略不计。京津冀地区的市场化水平比较低，不能引导创新要素在地区间自由流动，创新资源配置效率低下。例如，科技服务机构和技术交易市场作用发挥不足，导致大量科技创新成果流向区域以外，从而形成了京津冀地区科技成果跨地区转化的“蛙跳”现象；京津冀地区间的创新主体或者创新部门间各自为政，尚未形成良好的交流互动机制；相同创新方向的高校、企业、科研院所之间也没有建成统一科学联盟，严重影响创新成果的转化。

（二）渤海大湾区建设的可行性

1. 环渤海各省市经济发展基础良好、产业互补性强

渤海大湾区的核心省市北京市、天津市、河北省、辽宁省和山东省无论

从历史看还是从现实看，都是我国北方地区的经济和工业大省（市），经济发展基础良好，产业互补性强。从经济总量看，作为一个整体，渤海大湾区的经济总量将仅次于长三角。其中，北京市的高新技术产业和高端服务业，天津市的制造业和航运产业，河北省的制造业和特色农业，辽宁省的钢铁业、机械制造和造船业，山东省的制造业、航运业和特色农业都是或曾经是全国闻名。

从现实基础看，环渤海地区分布有我国最多的“双一流”大学，有全国最多的跨国公司总部，有全国最多的2.5亿人口，有吞吐量全国第一的港口群和机场群，人口、技术、资金、土地等生产要素充裕，龙头企业众多，产业多样化，互补性强，智力资本雄厚，创新能力强。渤海大湾区规划如果能够有效整合环渤海地区的硬件联通状况、要素配置状况、营商环境状况，渤海大湾区必将成为我国最有发展潜力的都市圈。

2. 环渤海地区已经形成三个重要的次级城市群

在以前高铁尚未普及的情况下，环渤海经济圈曾经多次被讨论。但由于环渤海地区地域广阔，交通基础设施联通薄弱，缺乏能辐射带动整个地区发展的中心城市，始终没能形成一个一体化或者协同发展的经济圈。各省制定各省的发展规划，省域竞争和发展的结果初步形成了京津冀、辽中南和山东半岛三个城市群。这三个次级城市群都拥有较为雄厚的资金、技术实力，在高科技产业、制造业、航运业、特色农业方面各自具备一定的比较优势。

3. 高铁电商等新技术设施发展有助于克服时空障碍

环渤海地区有众多沿海城市和工业开发区，也有众多自然条件优良的港口、风景优美的岸线沙滩、广阔的盐碱滩涂，适合发展高新技术产业、现代高端制造业、出口加工产业、临港物流产业、科创文创产业、娱乐休闲产业、医疗养老产业、会议会展产业。借助现代高铁技术和电商物流技术，通过修建环渤海高铁、高速公路、城际铁路、地铁，环渤海观光大巴、游船，能够克服时空障碍，同时配套完善的医疗、养老、教育、会展、物流、餐饮设施，在各省市协同规划、分工合作下将把渤海大湾区打造成为富有国际竞争力的生活和工作区。

4. 环渤海地区经济腹地广阔、资源丰富、区位优越

环渤海地区是我国北方地区的心脏，是联结我国东北、华北、西北、华

东地区的“四会”之地，拥有天津、大连、青岛、秦皇岛、烟台等重要港口，海运线路四通八达，拥有首都机场、大兴机场等枢纽国际机场，联通全球五大洲，是国内铁路、高铁、高速公路交汇之地，是中俄蒙经济走廊、新亚欧大陆桥经济走廊的东方桥头堡，区位优越。渤海大湾区的山东、河北、北京、辽宁、天津，以及其辐射区的内蒙古、山西、陕西、吉林、黑龙江、河南等都是经济大省，拥有丰富的煤炭、钢铁、石油、有色金属矿产资源，技术实力和产业基础雄厚，人力资源和科教资源丰富，是我国辐射地域范围最广、发展潜力最大的大湾区。

5. 渤海大湾区建设具有一定的政策优势和巨大潜力

渤海大湾区规划如果能上升为国家战略，则会有效整合京津冀协同发展、雄安新区、北京城市副中心、天津滨海新区、河北曹妃甸新区、黄河流域生态保护和高质量发展等发展战略规划，在更大空间、更高定位、更多功能、更多可能方面进行规划协同，可以有效整合片段化的发展战略，重塑我国经济版图，打造我国辐射面积最大、带动能力最强、发展空间最大的大湾区都市圈，必将获得国家更大的政策支持和资源倾斜。此外，渤海大湾区本身拥有北京、天津两大直辖市和大连、青岛、沈阳、济南四大副省级城市，这些高段位的城市本身就具有较强的政策自主权，如果再考虑首都优势和行政区划优化调整释放的组织创新活力，渤海大湾区必将释放巨大的发展潜力。

三、渤海大湾区规划和建设要点及推进策略探讨

（一）把渤海大湾区建设上升为国家中长期战略

中国区域政策的空间范围一般很大，像“西部大开发战略”占我国版图面积的比例已经接近50%，而西部地区的内部城市又有着较大差距，城市与城市之间发展程度各不相同，城市功能和定位又有一定区别，这就使战略的实施有着一定的难度。另外，以省或者以市县为代表的区域政策有些碎片化，区域发展又有着一定的限制。为解决环渤海地区城市单打独斗所带来的产业布局无序、资源环境关系紧张等问题，并从根本上解决我国南北发展不平衡问题，应将渤海大湾区建设上升为中长期的国家战略。

中国沿海有三大湾区，一是粤港澳大湾区，二是长三角，这实际上是大杭州湾，三是渤海大湾区。环渤海湾地区有中国东北地区的辽宁，有京津冀，有山东，这是中国北方经济最发达的地区，创新资源最集中的地区，开放条件最好的地区。想要解决南北经济差异过大的问题，不可能把整个北方作为政策的着陆点，而是必须在北方选发展条件最好、发展基础最牢固、创新开放条件最好的地区，这个地区就是中国的环渤海湾地区。如果把该地区作为北方经济开发开放的重点来打造，纳入国家战略，它的起飞是完全有能力辐射带动整个东北地区和华北地区的，甚至向西北扩散。对于这样一个地区，值得认真地研究，拿出切实有效的措施，把渤海大湾区建设作为国家中长期战略来推动它的开放和开发。

（二）尽快启动渤海隧道工程，打通末端梗阻，形成高效“发展环”

渤海是中国最大的内海，从山东蓬莱经长岛至辽宁旅顺最短距离 56 海里，平均水深约 25 米，最大水深约 86 米。庙岛群岛 32 个岛屿呈东北—西南走向，位于渤海海峡的中部和南部，目前连接两个半岛的交通方式主要是环渤海铁路运输和烟大水路运输。

渤海海峡跨海通道利用渤海海峡的有利地理条件，建设公路和铁路相结合的跨越渤海的直接快捷通道，将现有的绕行山海关铁路运输由 1500 多公里缩短为跨海通道的 100 多公里，烟大水路运输由 6 ~ 8 小时缩短为 1 小时，进而形成纵贯我国南北从黑龙江到海南十省（区）一市的东部铁路、公路交通大动脉。

跨海通道的建设，带来通道两端山东、东北城市经济联系的增强，加速要素资源的集聚，将促进海峡南北两岸的区域经济一体化发展，在渤海海峡南北两岸地区有望形成三个层次的“哑铃”结构，分别是“烟台—大连”“山东—辽宁”“华北—东北”，形成南北对接、三横两纵的局面，加快区域经济全面协调发展，改变中国的区域经济版图。

渤海湾跨海桥隧系统的建设除了便利南北交通，形成北方地区经济社会发展心脏之外，也有利于增强我国的战略安全。以维护跨海桥隧安全为由，可以加大对进出渤海的军舰、潜艇和非友好国家的商船的准入检查力度，大幅度增加京津重地的战略纵深。

（三）适当进行行政区划和功能定位调整，增设2~3个直辖市

天津、唐山和秦皇岛的港口发展优势明显且存在一定的同质化竞争，其临港制造业发达，天津、唐山和秦皇岛都属于京津冀区域的中心地区，鉴于北京去经济中心化定位，建议天津、唐山和秦皇岛合并为新的天津市，打造北方经济中心；或者唐山和秦皇岛合并成新直辖市秦唐市，形成京津唐核心三角都市区。

河北北三县夹在北京、天津两大直辖市之间成了“飞地”，也成为京津冀核心区京津唐核心区的塌陷地区，为增强核心区的凝聚力，中央政府部分职能可以考虑迁入河北北三县，成立中央政务区，牵引京津唐三大直辖市向中央政务区对接，纲目举张地促进京津唐的一体化发展。

为进一步适应渤海大湾区建设，促进行政管理扁平化，提升城市的自主发展能力，增强经济和社会资源的配置能力，增设直辖市将是一项重要战略举措。针对渤海大湾区城市发展现状，建议增设大连直辖市（必要时可合并丹东、营口）、青岛直辖市（必要时可合并烟台、威海），与天津直辖市呈“品”字型布局，分别依托东北、山东和华北地区，共同承担北方经济中心的职能，通过组织变革和赋予新权限来进一步带动地方经济发展，尤其是对渤海隧道建设和运营，对提升渤海大湾区整体建设具有重要的意义。

（四）启动沿渤海交通走廊建设，推动高铁、地铁、大巴公交化、同城化

环渤海湾高铁建设是渤海大湾区经济国家战略层面的重要契机。这一地区有辽宁中南城市群、京津冀城市群、山东半岛城市群，未来环渤海高铁建成后，沿线城市时空距离将拉近，届时城市群之间可能会进一步整合。天津到青岛不到2小时就可直达，比目前时间缩短一半以上。大连到烟台海底高铁建成后，两地之间只需要半小时左右就可直达，城市群之间经济互动将更频繁。

加强港口的分工合作，合力打造布局合理、分工明确、功能完备、辐射力强的辽宁沿海、津冀沿海、山东沿海三大现代化综合性港口群；完善首都机场和大兴机场功能分工，培育发展沈阳、大连、天津、青岛、济南、石家庄、太原、呼和浩特等区域性枢纽机场，支持支线机场发展，加快形成环渤

海地区世界级机场群；增强对外陆路交通通道建设，增强煤炭运输通道能力建设，加强港口与腹地的交通联系，推进交通网络衔接，推进交通运输服务一体化，全面构筑内通外联的综合交通运输体系。

以交通为牵引，引导功能产业带状分布，避免城市摊大饼状发展。打造京沈大、京唐秦、京津、京沧烟、京济青等放射状产业走廊，包络环渤海环状重点产业带。在渤海大湾区全域内让飞机、轮船、港口、高铁、城市轻轨进行无缝对接换乘，构建渤海大湾区系统的立体交通网络，是将大华北、大山东、大东北亚地区各国、各省、各城市间进行快速商务活动，推动新经济全球化发展的最为重要保障。

（五）规划环渤海产业功能布局和分工，配套医疗、商业等公共服务

从环渤海地区来看，各个省市都有较为突出的优势产业。北京市科技机构密集、研发能力较强，以中关村为代表的高科技产业集群发展迅猛，金融、软件、商务服务、计算机、手机、汽车等产业集群优势明显。天津依托直辖市的政策优势，与北京邻近的地理优势及传统的机械制造，形成了以电子信息、汽车、化工、现代冶金、医药、新能源及环保六大支柱产业为代表的优势产业。河北省依托传统药材生产及农产品加工发展了一批自发成长型产业集群，山东省和辽宁省产业集群以传统制造业和传统服务业为主，三省要利用自身产业和地理优势，在保证农产品和制造业稳步发展的基础上，大力发展养老医疗产业和旅游观光产业，集中资源，提高竞争力。

渤海大湾区根据不同区段的地理特征和腹地产业结构，可以在风景优美的海滩岸线地区规划养老医疗、度假休闲、会议会展功能区和科教园区，让有度假或养老需求的北方居民可以享受到规范优质的度假和养老服务；可以在港口附近布局临港物流园区、出口加工区、高科技产业园区，发展外向型经济和高端生产性服务业；在盐碱荒地可以在适当平整基础上发展电子信息产业、高端制造业和其他污染可控的机械、造船、汽车、化工工业，尽量减少对土地肥沃的平原地区的耕地占用。同时要增强沿海与内陆地区联动，在环渤海产业带建设交通、医疗、商业、餐饮等配套设施，推动基本公共服务均等化，形成城乡一体、陆海统筹、缩差共富的区域协调发展格局。

（六）积极对接“一带一路”建设通道，打造欧亚经济圈东方“桥头堡”

渤海大湾区建设不仅仅对国内经济整合具有重要的作用，而且对东北亚区域经济合作和欧亚经济合作具有重要的意义。渤海大湾区是联通世界两大经济重心的东亚和欧盟的重要东端桥头堡，是我国“一带一路”倡议中中俄蒙经济走廊、新亚欧大陆桥和第一亚欧大陆桥的东方桥头堡，其影响腹地不仅包括我国东北、华北、华东和中原地区，而且可以辐射和服务日本、韩国、朝鲜和蒙古国。虽然渤海大湾区是“一带一路”倡议多条物流通道和经济走廊的交汇点和结合部，但整个环渤海地区在“一带一路”建设合作中一直处于相对边缘化地位，没有形成良性互动。

在渤海大湾区战略下，应积极对接“一带一路”相关规划，把环渤海地区打造成为“一带一路”建设核心区之一。打造以天津港、唐山港、秦皇岛港为主要节点的中俄蒙物流和产业大通道的桥头堡港口群，以青岛港、日照港、烟台港、黄骅港为主要节点的新亚欧大陆桥物流和产业走廊的桥头堡港口群，以大连港、营口港、丹东港为主要节点的第一亚欧大陆桥的桥头堡港口群。同时积极推动东亚合作协商，在东亚发起中长期倡议，建议修建通过朝鲜，连接韩国，通过海底隧道联通日本的“泛东亚大铁路”，打造联通欧亚经济的大通道。

（七）积极培育资本、技术等要素市场，促进要素聚集与优化配置

环渤海地区经济发展受计划经济影响较大，市场化程度较低，国有经济长期占比较高，民营经济和外向型经济不发达，经济发展过分依赖投资，容易在技术革新和消费升级中落伍并陷入被动。与国内的珠三角和长三角相比，环渤海地区的生产要素市场建设滞后，缺乏能够为区域企业提供融资便利的金融中心和全国性交易所，缺乏支持技术创新、产品创新的市场环境。环渤海地区虽然不缺乏科技创新能力很强的大学和科研院所，但是这些技术创新没能有效地在当地实现产业转化，而是更多地流向了东南沿海地区。

未来在渤海大湾区规划之下，环渤海地区应当仁不让地规划建设北方的金融中心、知识产权交易中心、大数据交易中心、高端人才交流中心，积极谋划设立证券交易所、期货交易所、碳排放交易所、知识产权交易所，积极

引导科技创新成果在区域内转化应用，建立重点大学、科研院所对口转化示范基地，积极规划引导产业链、供应链在区域内有序布局。适度放宽行业准入，鼓励混合所有制经济发展，鼓励民营经济、外向型经济发展，逐步消除阻碍资金、技术、人口、信息等生产要素跨地域流动的限制，促进生产要素的聚集和优化配置。

（八）深化市场化改革，把握好行政干预、环境保护和经济发展之间的平衡

相对于我国南方地区而言，我国北方地区重工业比重较高，污染物排放量较大，而自然条件相对脆弱，降水量偏小且季节分布不均衡，环境自净能力弱，遇到不利的气象条件容易形成严重的雾霾天气。另外，北方地区由于市场经济不发达，广大农村和乡镇地区缺乏就业机会，人口主要往大城市聚集，容易形成较为严重的交通拥堵、社会治安差等大城市病。此外，首都地处北京，经常会有重大的外事活动，对城市交通、社会治安和空气质量有较高的要求。

出于以上种种原因，我国北方地区，尤其是北京地区存在着较为强势的出于环境保护或政治原因的行政干预经济的现象，频繁要求众多企业停工停产，甚至直接关闭，影响时间往往长达数个月，影响的范围甚至远远超越了京津冀地区。从政治和环保角度考虑，这些措施是有必要的，但从保护经济发展和就业考虑，也要把握好干预的力度、时间和方式，给相关地区一个产业结构调整升级的缓冲期，给相关企业一个技术升级、技术改造的缓冲期，避免一刀切式、过度干预，造成北方地区经济持续下滑。

（九）推动组织创新，创设跨省区的协调机构、运营组织或企业集团

在我国区域经济一体化进程中，行政区划和基于行政区划存在的区域发展竞争对区域经济一体化发展形成了重大的阻碍。尽管长三角存在“市长联席会议”，京津冀也成立了以副总理牵头的京津冀协同发展推进小组，但区域内各省市仍然主要关注自己的“一亩三分地”，省域边界效应问题依然突出，其中的核心原因是经济利益、发展优势的争夺和各种成本的规避。

为有效打破省域壁垒，有必要充分发挥市场机制，或者扩大企业边界，

把相关成本内部化，充分实现双赢和多赢的效果。建议创设跨省区的协调机构，如渤海大湾区各省区让渡部分发展规划职能，成立渤海大湾区发展规划委员会，类似的还可以成立大湾区商务委、交通委、海关协作领导小组，从整体上规划交通、产业发展、商品流通、公共服务提供等职能；在操作层面可以在资本联合的基础上规划成立渤海大湾区港务集团、航空集团、轨道交通集团、旅游集团、物流联盟、教育联盟、医疗联盟、渤海大湾区发展银行等跨省区组织，各个跨区域集团企业与各个省区都利益攸关，不容易受到歧视和排斥，有利于在更大的范围内开展业务，推动公共服务均衡化发展。

（十）持续打造渤海大湾区若干重点产业区，形成示范和标杆效应

与南方相比，环渤海地区的产业结构偏“重”，国有经济比重大，主导产业多为钢铁、汽车、化工、煤炭等重化工业，设备和技术水平如果不能紧跟产品生命周期及时实现更新换代，加上受到环保要求和首都政治效应制约，很容易出现产品滞销或产能受限，导致环渤海省区缺乏有竞争力的龙头产业。要提升渤海大湾区的经济活力，需要充分发挥市场配置资源效应，改善营商环境，引导做大5G和人工智能产业相关的高科技产业、金融和大数据服务等现代服务型产业、物联网等现代商贸物流产业，壮大民营经济和外向型经济，打造北方航运、贸易、金融、娱乐中心。

建议充分利用沿海滩涂或通过填海形成的滨海荒地，如滨海新区、曹妃甸新区、黄河三角洲等，减少平原肥沃地区的建设用地。提升这些重点区域的教育、医疗、娱乐休闲等配套设施，形成临港外向型出口加工、高科技制造中心，娱乐教育休闲中心。在秦皇岛、葫芦岛、威海、青岛、大连等部分临海地区打造医疗、养老、旅游、娱乐中心。在产业制造中心应多配套理工科大学，在贸易金融产业中心可以配置经管类大学，在娱乐休闲会展中心可以配置艺术类高校，例如可以组建渤海联合大学，相关院系由区域内各重点大学的王牌院系负责对口建设，形成对区域产业发展的智力支持，培育类似硅谷、好莱坞等产业高地，形成示范和标杆效应。

参考文献

[1] 李乐乐，张驰. 雄安新区建设与区域协调发展：机理、问题与路径 [J]. 华北电力大学学报（社会科学版），2020 (01)：67 – 74.

[2] 陈晨. 环渤海大湾区来临？一强四弱背后阻力重重 [EB/OL]. [2019 – 03 – 11]. https：//www. jiemian. com/article/2934735_ qq. html.

[3] 如何解决南北差距？徐林：建议环渤海湾大湾区纳入“十四五规划” [EB/OL]. [2020 – 06 – 10]. https：//baijiahao. baidu. com/s？id = 1669075634856171218&wfr = spider&for = pc.

[4] 渤海海峡跨海通道研究进入新阶段　研讨会将召开 [EB/OL]. [2018 – 05 – 05]. https：//baijiahao. baidu. com/s？id = 1599591695117471080&wfr = spider&for = pc.

[5] 又一个大湾区有望横空出世　多名政协委员建议启动建设环渤海大湾区 [EB/OL]. [2019 – 03 – 06]. https：//www. sohu. com/a/299437534_120065720.

后记
大运河幸其澄净，大运河智库载于旷达

大运河智库——中国新型智库建设的独立智库、新型智库，其过往、当下和未来：浩渺处、展襟怀。

大运河智库：美欧开启全球化不确定性的帷幕，由大运河文化保护传承利用折射的中国方案俯瞰花开花落和眺望云卷云舒，不惮于一地一区、一城一池。我理解，诸多全面深化改革举措的释出，市场经济优势和社会主义制度优越性最大限度地耦合，标志着大运河文化保护传承利用对现代市场经济内在规律的准确把握，以及对完善社会主义市场经济体制的坚强信念和坚定信心。因为，资讯从来就不是稀缺资源，但准确的选择是！机会从来就不是稀缺资源，但理性的分析是！甚至连财富也不是稀缺资源，但独到的眼光是！所谓：多元时代风采益新，筑梦空间征途竞秀。

大运河智库：遵循经济思想和法治思想推进大运河文化保护传承利用发展在于敢啃“硬骨头”：从大运河文化带与生态带、旅游带同频共振；从大运河都市圈到城市群统筹推进；从大运河国家文化公园建设到核心要素市场化。我认为：大运河文化保护传承利用正以更大勇气和毅力去打破惯性形成的部门、行业利益和固有掣肘；大运河文化保护传承利用方略不是行为规范、惯例和自我限定的行为准则，而是宪法、法律、法规、规章、条例的权威导引。亦即：苍穹霞飞尽染山川，江河月映碧透舷舸。

大运河智库：经济、政治、文化、社会、生态文明和党的建设等各领域涵盖体制机制和法律法规安排。我研判，这一整套由紧密相连、相互协调的国家制度构成的国家治理体系，是执政党领导下管理国家的制度体系，大运河文化保护传承利用不仅要有完整和科学的制度安排，还要建立起把改革开放放在更加突出位置攥紧，进而协调有效的、保证制度和组织体系灵活运行的机制。恰是：蓄势开新前推后继，云帆高挂论衡醒世。

大运河智库——中国新型智库建设的独立智库、新型智库，其过往、当下和未来：浩渺处、展襟怀。

大运河智库：经济转型的肯綮是建立起制度的约束。我研究，经济学已将现代经济增长分成三个阶段：第一个是以机器生产代替手工劳动为主要内容的早期增长，从18世纪后期到19世纪后期，也就是从第一次产业革命开始到第二次产业革命发生；从19世纪后期第二次产业革命发生，一直到20世纪50年代，是经济增长的第二个阶段；第三个阶段是20世纪50年代开始的信息时代。20世纪80年代，增长的动力主要来自计划向市场转型所带来的制度效率（体制释放），大运河文化保护传承利用发展搭上了第三个阶段，透着坚定和冷静。所谓：韬光今日叠念浓，气荡江河几回眸。

大运河智库：宏观政策要稳、微观政策要活。我分析，根据新古典经济学的界定，市场机制有效配置资源要以完全市场为基础，包括供求规律、竞争规律、价值规律、货币流通规律等在内的市场规律，在大运河文化保护传承利用进程中将如影随形，而更有效率、更有利于生产力发展的前提是由市场配置资源。因此，大运河文化保护传承利用将触发中国经济增长动力的调整和增长方式的重构，及至各类企业发展方向的改变，将历经时间的淬炼。亦即：林茂树茏臂擎天，漫天柳絮倩谁梳。

大运河智库：大运河文化保护传承利用中的政府干预、主导经济的手段仍难避免，这是渐进式市场经济国家与成熟型市场经济国家的“分水岭”。我解释，尽管中国属于前者，但必须厘清政府与市场的边界：政府的哪些干预是当下和未来必须一以贯之的；政府哪些主导经济的手段在现阶段较弱而未来是需要强化的；政府的哪些干预是当下必不可少但未来必须淡出的；政府的哪些主导经济的手段无论在当下还是未来都必须“退出”的。恰是：漫道智库一腔豪，纵使身心洒甘霖。

大运河智库——中国新型智库建设的独立智库、新型智库，其过往、当下和未来：浩渺处、展襟怀。

大运河智库：事件载入历史，现象描摹铭心，源于若干平凡人的点滴努力。我正视：求仁，即关爱他人；讲义，即崇尚道义；守礼，就能遵纪守法；明智，就能好学上进；言忠，即上下同心；行孝，即促进家庭和睦；守节，就能爱国爱身。前述即大运河文化保护传承利用必须持续培植的特定精神家园。所谓：应谋远虑植新区，盎然愿景我华夏。

大运河智库：因势而谋，才能谋定后动；顺势而为，才能有效作为。避免社会群体易变、冲动、浮躁的“羊群效应”，我凝望，一个可持续发展的、笃定而妥帖的、顿开愿景的大运河文化保护传承利用的预期殊实不易。尤其是，让大运河文化保护传承利用的社会预期与经济发展彼此促进、良性循环，将考验各层级执政者智慧。所谓：本色曾经风雨磨，群峦如今势峥嵘。

大运河智库：世事人情皆有盛极必衰、否极泰来之理。每个人都活在自己的历史里。我远眺，设若取舍都来自个体得失，是非都源于自己的有无，则小我的枝叶将遮蔽愿景的丛林。我再远眺，改革方向、改革方法、改革路径、改革主体、改革动力能够成为“空谈误国，实干兴邦”的得力注脚，盖因度尽人世劫波不可能逢岁再临，人性幽暗的如影随形终将被曙光洞穿！

大运河幸其澄净，大运河智库载于旷达。《中国大运河智库报告》（第二卷）付梓前后，大运河智库多次切磋大运河文化保护传承利用的进行时和将来时，正所谓：掩卷轻吟淡淡风，纵墨浸迹韵尤清。念及国波、崇献和晓峰等教授级论者及至大运河智库暨重庆智库的一众青年写手的默默奉献，恰如是：沧桑里追寻雪泥鸿爪，现境中凝思灿若夏花……

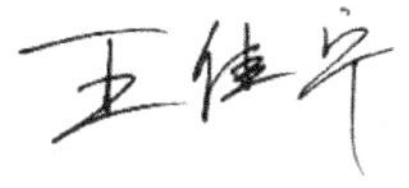

中国大运河智库联盟理事长、首席研究员

重庆智库创始人兼总裁、长江经济带研究院院长

北京物资学院大运河研究院院长

2021 年 10 月 1 日于大运河智库北京本部